«Wir fuhren mit der Linie 1, die nur kurz unter der Erde und danach die ganze Zeit oben entlangfuhr, was an diesem Tag gar nicht so gut war. Olivia, ihre Mutter und die anderen Engländer blickten durch die Fenster auf einen grauen Himmel über kaputten Häusern, auf überwucherte Brachen und Gleisanlagen, die seit Ewigkeiten außer Betrieb waren. Die Engländer sahen gesund und rotbackig aus, sie strahlten und waren bereit, alles *lovely* und *fantastic* zu finden, während die Leute in der U-Bahn tendenziell so grau und trüb und manchmal auch so kaputt wirkten wie die Stadt draußen, was mir ohne Engländer noch nie so sehr aufgefallen war. Leider reichte mein Englisch nicht aus, um das Kaputte und Graue mit Worten interessant zu machen.

Am Schlesischen Tor in Kreuzberg stiegen wir aus und gingen bis nah ran an die Mauer. Die Engländer staunten sehr. Sie murmelten wieder: ‹The Wall› und machten viele Fotos, von der Mauer und von sich vor der Mauer. Dann stiegen wir alle noch auf eine Aussichtsplattform und guckten rüber in den Osten, wo es eindeutig nicht weniger trüb aussah als im Westen. ‹This is such a shame›, sagte Olivias Mutter. Ich erkannte diese Worte wieder aus dem Lied *Such A Shame* von der britischen Gruppe Talk Talk.»

ULRIKE
STERBLICH

DIE HALBE STADT, DIE ES NICHT MEHR GIBT

Eine Kindheit in Berlin (West)

Rowohlt Taschenbuch Verlag

*In diesem Buch ist vieles erinnert
und vieles erfunden.*

4. Auflage Juli 2014

Originalausgabe
Veröffentlicht im Rowohlt Taschenbuch Verlag,
Reinbek bei Hamburg, Oktober 2012
Copyright © 2012 by Rowohlt Verlag GmbH,
Reinbek bei Hamburg
Umschlaggestaltung ZERO Werbeagentur, München
(Abbildung: Topographische Karte, Blatt: Berlin-Mitte,
Stand 1981 [Landesarchiv Berlin, F Rep. 270,
Nr. A 240, Blatt 0808]; Foto: Hanns-Jörg Fiebrandt)
Abbildungen aus Falk Extra Stadtplan Berlin
© Falk Verlag, D-73760 Ostfildern
Foto der Autorin: Miriam Ellerbrake
Satz Minion PostScript, InDesign
Gesamtherstellung CPI books GmbH, Leck
Printed in Germany
ISBN 978 3 499 62840 5

INHALT

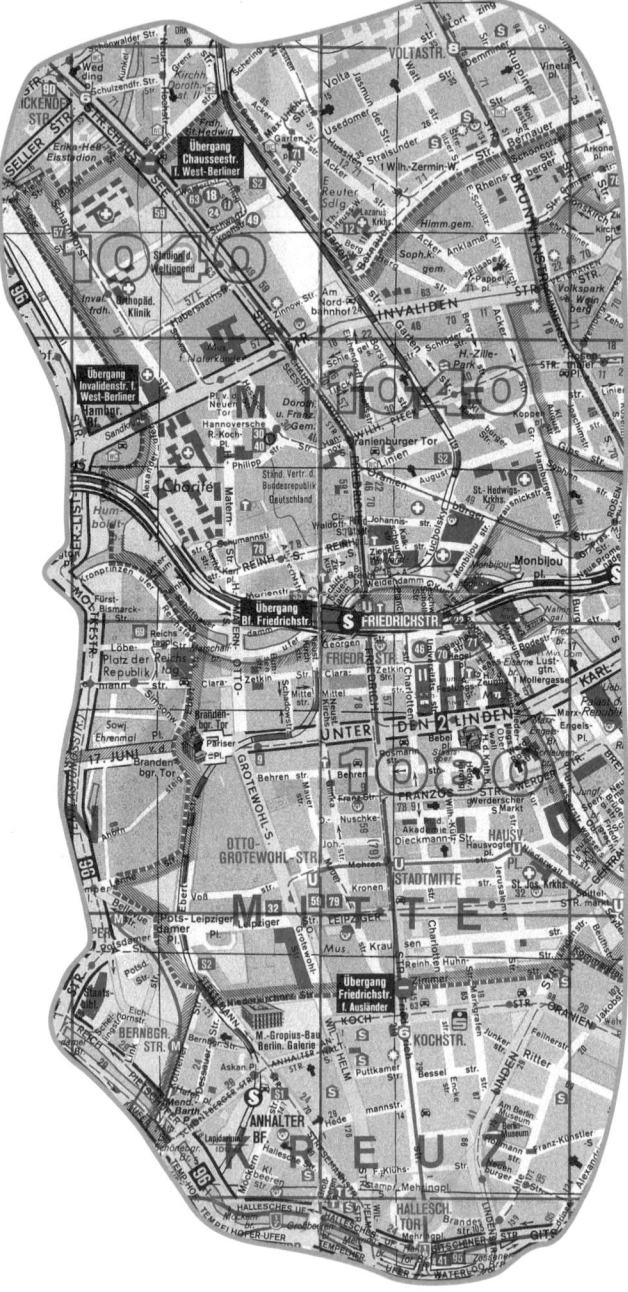

DANACH:
PRENZLAUER BERG

*P*lötzlich war es dann ja möglich, den Osten einfach so zu betreten. Man musste sich kein Visum besorgen in einem der tristen «Büros für Besuchs- und Reiseangelegenheiten» (BFBR) und sich auch nicht mehr durch ganz merkwürdig kulissenhafte Räume an hinter Glasscheiben sitzenden Kontrolleuren in grauen Uniformen vorbeischieben, die mit mindestens so viel willkürlicher Macht ausgestattet waren wie ein Berliner Busfahrer. Nachdem man also ohne diese zweifelhaften Kicks einfach so nach drüben konnte, kam natürlich schnell die Frage auf, wo man vielleicht mal ausgehen könnte, abends in Ost-Berlin. Das war, bevor die vielen Wessis aufkreuzten und da was aufmachten, diese ganzen Bars und diese Clubs.

Es hieß, man solle nach Prenzlauer Berg fahren, da gäbe es auf jeden Fall ein paar Läden, in denen die Jugend tanzt und trinkt, so um den Senefelderplatz herum. Ich notierte mir die beiden Namen und stellte dabei fest, dass Ost-Berlin ganz normal mit drin war in meinem zerfledderten Falk-Plan. Das war mir jahrelang überhaupt nicht aufgefallen. Entsprechend unzerfleddert war der rechte Teil vom Stadtplan. Der Senefelderplatz ließ sich einfach über das Straßenverzeichnis finden, so wie die Plätze im Westen auch. Der einzige Unterschied war, dass die Häuserblocks auf der Westseite rosafarben und im Osten grau eingezeichnet waren.

Als Holger und Mariola mich abholten, setzte ich mich mit dem Falk-Plan auf den Beifahrersitz neben Holger. Mariola stieg hinten ein, obwohl es ihr Auto war und sie sonst immer fuhr. Sie wirkte etwas lustlos.

Wir wollten auf jeden Fall durchs Brandenburger Tor in den Osten fahren, aber das war noch gar nicht möglich. Wir fuhren also doch nicht auf jeden Fall durchs Brandenburger Tor, sondern daran vorbei und dann durch den offenen Grenzübergang Invalidenstraße. Danach verfuhren wir uns sofort. Zwar hatte ich den Stadtplan auf den Knien, aber das nützte uns wenig, weil Holger mit dem Phänomen Straßenbahn nicht zurechtkam. Er konnte nie so fahren und so abbiegen, wie ich es ihm sagte, weil immer irgendwo Schienen waren und die Verkehrsführung auch sonst so sonderbar war, dass er irgendwann nur noch fluchte. Wenn ich sagte: «Jetzt rechts!», schrie er: «Ja, *wie* denn bitte!», und dann mussten wir Ewigkeiten auf derselben großen Straße weiter geradeaus fahren, weil in deren Mitte eine Straßenbahntrasse entlangführte und kilometerweit keine Wendemöglichkeit vorgesehen war. Die schlechte Straßenbeleuchtung tat ein Übriges, deswegen hatten wir überhaupt erst die Seitenstraße verpasst, in die wir eigentlich einbiegen wollten.

Mariola bekam noch miesere Laune. Sie hatte sowieso schon keine große Lust auf den Osten gehabt, wo es ihrer Meinung nach einfach nur genauso aussah wie in Polen, also, was sollte sie da.

«Man *soll* sich hier verfahren», sagte sie. «Das ist Strategie.»

Ich hielt diese Einschätzung bestenfalls für eine Mischung aus Wahrheit und Propaganda. Allerdings sah es wirklich trist aus, dieses graue, kaputte Ost-Berlin im Graupelregen. Schließlich bogen wir doch noch irgendwo ab und entdeckten nach einigen

Runden um ein paar Häuserblocks eine kleine Gaststätte. Holger stellte das Auto direkt vor der Kneipe ab, Parkplätze gab es reichlich. Drinnen im Lokal war es schummrig und gut gefüllt. Manche Leute saßen, manche standen. Wir blieben stehen, orderten ein billiges Bier und erfragten vom Mann hinterm Tresen Hinweise darüber, wo wir sonst noch hingehen könnten, hier in der Gegend, worauf er uns ein fußläufig erreichbares Tanzlokal empfahl. Daraus, wie lang der Weg dorthin tatsächlich war, konnten wir später schließen, dass man im Osten offenbar Strecken als fußläufig bezeichnete, für die wir ganz klar das Auto genommen hätten, zumal bei nasskalter Witterung.

Das Tanzlokal war nur mäßig besucht, und wir fühlten uns deplatziert, weil wir gleich als Westler auffielen. Im Osten als Westler aufzufallen war meiner Meinung nach viel unangenehmer als andersherum. Es war nicht zu leugnen, da musste man Mariola recht geben, dass es im Osten einfach schlechter war als im Westen. Das Bier schmeckte so mittel, die Cola gar nicht, die Musik war nicht der neueste heiße Scheiß aus London, der Sound war schlecht, und um das ostige Interieur super zu finden, würde man erst einmal diesen dreifach gebrochenen Retro-Trash-Geschmack ausbilden müssen. Unser Trip in den Osten hatte einen Beigeschmack von Elendstourismus. Außerdem war es für uns als West-Berliner kaum zu ertragen, plötzlich «Wessis» genannt zu werden, wo doch unser Leben lang andere die Wessis gewesen waren.

Am Ende des Abends setzte sich Mariola wieder ans Steuer; sie fuhr auch besser als Holger. Zur Erholung gingen wir noch ins Rock-It, unsere Stammdisco in der Karl-Marx-Straße, die trotz ihres Namens im Westen lag.

All die Kinder aus Westdeutschland, die nach der Wende unkontrolliert nach Berlin strömten, sahen den Osten der Stadt mit ganz anderen Augen. Je westlicher die Prägung, desto faszinierender

der Osten. Mariola war als gebürtige Polin rundum immun gegen jede Ostblock-Exotik, aber auch wir waren ja keine Wessis. «Wessis» waren in unserem Sprachgebrauch Leute aus Wessiland, und Berlin, auch West-Berlin, lag mitten im Osten Deutschlands. Geographisch, landschaftlich und architektonisch. Noch nicht einmal die freie Marktwirtschaft, das zentrale Wesensmerkmal des Westens, war jemals vollständig angekommen im Subventionsland West-Berlin. Mit Bröckelfassaden, Leerstand, Brandmauern, Brachen und allgemeiner Kaputtheit waren wir schon vor dem Mauerfall gut bedient gewesen, da gab es wenig Nachholbedarf.

Junge Zuwanderer aus Baden-Württemberg, Hessen oder Niedersachsen kamen da aus anderen Welten. Schon früher war West-Berlin das große Abenteuer für Schüler auf Klassenfahrt gewesen, aber der Berliner Doppelpack mit dem ruinierten Ostteil war es nun noch viel mehr. Und während das Gebot der Stunde in den Sechzigern Revolution hieß, in den Siebzigern Punk und in den Achtzigern Häuserbesetzung, ging es in den Neunzigern um Party. Die Fete war tot, jedenfalls als Wort, man sagte jetzt nur noch Party. Einige Jahre zuvor hätte ich gesagt, Partys sind Veranstaltungen, bei denen Erwachsene in schicken Klamotten und mit Martini-Gläsern in der Hand um einen Pool herumstehen, während im Hintergrund Bossa-nova-Musik läuft. Feten hingegen wären wild, laut und tanzorientiert. Dieses Bild war aber gekippt, in etwa zeitgleich mit der Mauer. Wer jetzt noch Fete sagte, hatte den Schuss nicht gehört und qualifizierte sich als Hörer von Radiosendern, deren Programmidee es war, die größten Hits der sechziger, siebziger und achtziger Jahre zu spielen. Zusammen mit der Fete wurde auch die Diskothek endgültig eingemottet, ab jetzt hießen Tanzlokale «Clubs». Wer in den Achtzigern einen Taxifahrer nach einem Club gefragt hätte, wäre vor einem Puff abgesetzt worden.

Die Club-Party ging also los, aber ohne mich. Die Neuzugänge aus dem Wessiland dominierten das Gelände, und in meiner von

Skepsis zerfressenen Wahrnehmung taten sie dabei so, als würden sie hier alles neu erfinden. Sie übernahmen auch die Stadtmagazine und die Lokalpresse und schrieben nur noch über ihre eigenen neuen Spielplätze im Osten der Stadt. West-Berlin fühlte sich wie das erstgeborene Kind, dem ein frisches, entzückend brüllendes Geschwisterchen die Show stiehlt, indem es einfach in die Windeln kackt.

Ich brauchte überhaupt kein neues Berlin, mein altes Berlin funktionierte noch sehr gut.

In meinem alten Berlin machte ich 1990 das Abitur und immatrikulierte mich danach an der Freien Universität im schönen Dahlem. Meine neue Stammstrecke wurde die damalige U-Bahn-Linie 2 (und heutige U3) zwischen Wittenbergplatz und Thielplatz, ein Streckenabschnitt mit fast lächerlich hoher Musikerfrequenz. Allein schon diesen einen, immer sehr ordentlich gekleideten kleinen Südamerikaner mit seiner Gitarre hatte man mindestens einmal am Tag im Waggon stehen, wie er mit fisteliger Stimme ein sentimentales Liebeslied mit «Corazon» drin sang, als hätte ihn jemand dazu verdonnert. Zu seinem Gesang und auch sonst trug er eine vorwurfsvolle Miene zur Schau, vielleicht wegen der Ausbeutung der Dritten Welt.

Im Studium lernte ich nach Berlin zugezogene Westdeutsche erstmals selber und in größerer Zahl kennen. Es war nur eine Frage der Zeit gewesen, bis das passieren würde, denn zugezogene Westdeutsche hatten die Altersgruppe der jungen Erwachsenen in West-Berlin von jeher dominiert, was man als einheimische Schülerin, die sich vornehmlich in einheimischen Schülerkreisen bewegte, nicht unbedingt mitbekommen hatte. Das war in jedem Fall interessant, und es waren natürlich ein paar ganz Nette dabei. Nach einigen Wochen hatte ich plötzlich Freunde, die gar nicht in Berlin zur Schule gegangen waren und keine Ahnung hatten, wo Bezirke wie Marienfelde und Rudow überhaupt liegen, geschweige denn, wie es da aussieht. Und die das zehn, fünfzehn Jahre später immer noch nicht wussten, es sei denn, sie hatten sich beizeiten auf eine romantische Beziehung mit einem Ureinwohner oder einer Ureinwohnerin eingelassen. Mit der fuhren sie dann hin und wieder zu den am Stadtrand lebenden Eltern und staunten dabei aus dem Auto- oder Busfenster heraus: «Dass das hier noch Berlin ist!»

Zum Ausgleich hatten die Studenten aus Westdeutschland aber, kaum waren sie hier, sofort ihre Fühler in den Osten ausgestreckt und wussten immer, in welche Clubs man gerade ging. Dabei nahmen sie weiterhin an, dass ich mich am besten auskennen müsste, so als Berlinerin. Sie waren sich nicht darüber im Klaren, dass sie eigentlich zwei Städte gleichen Namens bewohnten, von denen mir die eine genauso neu war wie ihnen.

Nur ganz langsam gewöhnte ich mich überhaupt an den Gedanken, den Osten in meine alltäglichen Bewegungen durch die Stadt mit einzubeziehen. Um von Kreuzberg nach Wedding zu kommen, zum Beispiel, fuhr ich noch lange auf den vertrauten Wegen um Mitte herum, bis mich bei irgendeiner Gelegenheit eine – natürlich westdeutsche – Kommilitonin darauf aufmerksam machte, dass ich einen Umweg nahm. An den einst bizarren Geisterbahnhöfen der U-Bahn-Linien 6 und 8 hielten jetzt die Züge. Man konnte dort einfach zum Spaß aus- und wieder einsteigen, sogar an der Station mit dem fast schon karikaturistisch-sozialistischen Namen «Stadion der Weltjugend».

In den achtziger Jahren waren die ersten «coolen» Reiseführer herausgekommen, solche, in denen Insider-Tipps zu Kinolandschaft, Shopping-Möglichkeiten und das Nachtleben Vorrang hatten vor den konventionelleren Informationen über Historie und Öffnungszeiten von Museen. Gerade unter West-Berlin-Besuchern gab es einen erhöhten Bedarf an Antworten auf Fragen wie: Wo ist es wild, wo ist es cool, wo chic und wo abgerissen, wo alternativ, wo lesbisch oder schwul, und wie muss man aussehen, um dabei nicht negativ aufzufallen.

Hin und wieder wurde in solchen Stadtführern auch auf eine junge Berliner Spezies hingewiesen, die mit hippen Neondiscobesuchern und anderem Szenevolk wenig gemeinsam hatte: die «Vorstadtjugend». Diese bevölkerte laut Reiseführer am Wochenende den Ku'damm, fiel in Kinos und Diskotheken ein und nervte dabei total rum. So wie es die Vorstadtjugend überall und zu allen Zeiten tat und tut und tun wird.

In West-Berlin allerdings gab es, in Ermangelung von Vorstadt, tatsächlich gar keine Vorstadtjugendlichen. Es gab allenfalls den Stadtrand. Und die Jugendlichen, die dort wohnten, waren mit der Innenstadt viel stärker verbunden als echte Vorstadtjugendliche in echten Vorstädten, allein schon deshalb, weil vom West-Berliner Rand aus gesehen der Blick automatisch in die Stadt gerichtet war, denn drumherum verlief ja die Mauer.

Es gab da also die große Gruppe derer, die im Berlin der Achtziger noch zu jung waren, um zu irgendeiner interessanten oder gesellschaftlich relevanten Szene zu gehören, die aber immer dabei waren, wenn die anderen am Inszenieren, Posen und Machen waren. Die selber noch nicht prägten, aber ihrerseits geprägt wurden, vom großen Getriebe West-Berlin, mit allen seinen Sonderlichkeiten.

Diese Jugendlichen, das waren wir.

Das Stadion der Weltjugend wird 1950 anlässlich des ersten «Deutschlandtreffens der Jugend» im Ost-Berliner Bezirk Mitte errichtet, wo es das im Zweiten Weltkrieg zerstörte Polizeistadion ersetzt und zunächst Walter-Ulbricht-Stadion heißt. Bei Umbauten im Folgejahr werden die Stadiontribünen mit den Trümmern des kurz zuvor gesprengten Berliner Stadtschlosses aufgefüllt. Für die 10. Weltfestspiele der DDR wird es 1973 abermals umgebaut und bekommt nun den Namen «Stadion der Weltjugend». Auch der angrenzende U-Bahnhof wird umbenannt, was allerdings nur für die West-Berliner Bevölkerung sichtbar ist, da der obere Zugang zur U-Bahn-Station verschlossen und kaum sichtbar ist, während von unten die West-Berliner Passagiere den Bahnhof ohne Halt durchfahren (siehe Kapitel «Geisterbahn»). 1992 wird das Stadion der Weltjugend abgerissen. Im Jahr 2005, nach dreizehn Jahren Zwischennutzung als Golf- und Volleyballplatz, kauft der Bundesnachrichtendienst das Gelände und beginnt dort im Oktober 2006 mit dem Bau seiner neuen Superzentrale.

DAVOR:
ALT-MARIENDORF

*D*er U-Bahnhof Alt-Mariendorf war einer der beiden Endbahnhöfe der Linie 6, und wie auf Endbahnhöfen üblich, warteten meistens auf beiden Gleisen Züge, in die man sich schon hineinsetzen konnte, bevor sie losfuhren. Manchmal allerdings gab es einen Zug, in den durfte man nicht einsteigen, weil er die Strecke Richtung Tegel nicht zurück-, sondern zur Wartung in den Betriebsbahnhof fahren würde. Der Schaffner brüllte dann «NICHT einsteigen» in sein Mikrophon, in einem Ton, als würde er mit einer besonders begriffsstutzigen Horde von Kindern schimpfen.

Nicht immer ganz zu Unrecht. Eines Morgens standen wir auf dem Bahnhof, die diensthabende Schaffnerin schrie: «NICHT einsteigen!», und plötzlich rannte Heike wie besessen los, sprang in den leeren Zug, die Türen schlossen sich hinter ihr, und der Zug rollte Richtung Betriebsbahnhof. Wir sahen Heike, wie sie uns durch eines der Fenster vollkommen entsetzt anguckte. Sie presste eine Hand gegen das Glas, ihr Mund ging auf und zu, aber man hörte sie nicht. Dann, kurz bevor Heike im Tunnel verschwunden wäre, brüllte die Schaffnerin: «ZUG ANHALTEN!» Der Zug hielt, die Türen gingen wieder auf, und Heike durfte aussteigen. Die Schaffnerin rief: «Und ick sach noch laut und deutlich: ‹NICHT einsteigen!› Dit nächste Mal hörnse mal zu, wat ick hier ansage, junge Dame.»

«Sag mal, Heike», meinte Nicole, als wir in der richtigen U-Bahn saßen und durch den Tunnel fuhren, «was wolltest du eigentlich im Betriebsbahnhof?»

«Ach, Mann», sagte Heike und holte ein Heft aus ihrer Schultasche. So einfach sollte Heike nun nicht zur Tagesordnung übergehen können, fand ich und legte meine Hand auf ihre Schulter: «Du musst schon auch zuhören, wenn man dir laut und deutlich etwas sagt, Heike!»

«Ist ja gut jetzt.»

Es war aber noch nicht gut, denn Anja wollte auch noch mal: «Schnell warst du! Trainierst du heimlich?»

Jeden Morgen trafen wir uns unterirdisch auf dem U-Bahnhof Alt-Mariendorf, um zusammen zur Schule zu fahren: Nicole, Anja, Heike und ich. Alt-Mariendorf war die südliche Endstation der in Nord-Süd-Richtung verlaufenden U6, und im Berliner Süden, da wohnten wir. Präziser gesagt: Wir wohnten im mittleren Süden von West-Berlin, dort, wo die große, abenteuerliche Stadt ganz besonders langweilig war, in den spießigen Tempelhofer und Steglitzer Unterbezirken Lankwitz, Mariendorf und Marienfelde. Weiter westlich lag Zehlendorf, da waren die Leute allgemein reicher und akademischer. Weiter östlich war Neukölln mit den Unterbezirken Britz, Buckow, Rudow und Gropiusstadt, wo die meisten unserer Mitschüler zu Hause waren. Unsere Schule befand sich in Nord-Neukölln, und da ging die Fahrt morgens auch hin, an jedem Schultag, eine Dreiviertelstunde hin und eine Dreiviertelstunde zurück, sieben Jahre lang, von 1983 bis 1990.

In Neukölln, Postbezirk 1000 Berlin 44, lebten auch meine Großeltern. Sie bewohnten eine Zwei-Zimmer-Altbauwohnung mit
Dielenboden und Stuck an der Decke, in der sie acht Kinder
großgezogen hatten. Vom Balkon aus konnten sie ihre Kirche auf
der anderen Straßenseite sehen, und die aus Breslau vertriebenen
Nonnen vom Orden der Armen Schulschwestern von Unserer Lieben Frau gründeten nach dem Ende des Zweiten Weltkriegs nur
eine Straße weiter eine katholische Schule. Das waren die wichtigsten Eckdaten für ein intaktes nachbarschaftliches Umfeld. Der
Opa ging Unterschriften sammeln für die staatliche Anerkennung
der Schule, und selbstverständlich wurden alle acht Kinder dort
eingeschult, sieben Töchter und ein Sohn.

Die jüngsten Kinder wohnten noch zu Hause, als die älteren
schon die ersten Enkel in Obhut gaben, damit sie von Oma Berge
handgeriebener Kartoffelpuffer mit Apfelmus serviert bekamen,
dazu Malzbier und hinterher selbstgebackenen Streuselkuchen.
Wenn sie mit umgebundener Schürze in der Küche vor sich hin
werkelte, sang sie dabei ausgedachte Lieder mit merkwürdig be-
deutungslosen Texten, in denen zum Beispiel «Bauze» auf «Plau-
ze» gereimt wurde.

Als kleines Kind blieb ich oft bei den Großeltern über Nacht
und ging sonntags an der Hand meiner Oma mit zur Kirche, ein
rotes Backsteingebäude mit hohem Kirchturm, das trotz seiner
Andersartigkeit mittendrin in der Häuserfassade stand. Der Opa
war nicht ganz so verlässlich beim Kirchgang dabei, meistens kam
er entweder später und stellte sich hinten in die letzte Reihe, oder
er blieb einfach zu Hause in seinem Sessel sitzen und las die Zeitung. Wenn die Oma sich darüber beschwerte, ging er manchmal
so weit zu behaupten, die Kirche sei kein Frosch, sie hüpfe nicht
weg.

Es war eine Eigenart der Kirche, extrem lange zu dauern. Länger als sonst irgendetwas, das ich kannte. Meine Oma saß mal,
und mal stand sie, dann kniete sie wieder. Ich machte Spiele mit

meinen Fingern, deren Unterhaltungswert sich bald erschöpfte. Danach sah ich mir die Bilder an. Auf einem großen Wandgemälde vorn neben dem Altar war etwas Ovales, Braunes drauf, das vielleicht ein Brot war oder ein Schuh, vielleicht auch ein Klumpen Matsch. Vieles in der Kirche war irgendwie unklar. Während der Gabenbereitung zum Beispiel sprach die Gemeinde den kryptisch-eindrucksstarken Satz: «Herr, ich bin nicht würdig, dass du eingehst unter mein Dach, aber sprich nur ein Wort, so wird meine Seele gesund.» Ich machte mir viele Gedanken darüber, wie und wann es wohl dazu käme, das der Herr einginge unter einem Dach. Bei Pflanzen wusste ich, dass man sie gießen muss, damit sie nicht eingehen. Aber der Herr?

Es gab viel Hall in der Kirche. Schon wenn etwas Kleines herunterfiel, hörte man es überall. Ich musste mich sehr zusammenreißen, nicht laut in die Stille zu rufen, um den Hall zu testen. Ab und zu wollte meine Oma mir zeigen, wie ich die Hände zum Gebet falten solle, dann guckte ich schnell weg, oder ich tat so, als wäre es mir nicht möglich, meine Hände so zu halten wie sie ihre. Danach blätterte ich im Gesangbuch, wo es seit dem letzten Mal auch nichts Neues zu entdecken gab, und irgendwann, wenn ich kurz davor war, vor Langeweile zu kollabieren, sang der Pfarrer schließlich: «Gehet hin in Frieden.»

«Dank sei Gott, dem Herrn», sang meine Oma, und die Orgel ertönte zum Schlusslied. Am Ende machten alle noch eine Kniebeuge neben der Bank, tauchten die Hand ins Weihwasserbecken und bekreuzigten sich. Ich hüpfte raus ans Licht und sprang die drei Stufen der Steintreppe vor der Kirche im Ganzen hinunter.

Oma klemmte ihre Handtasche unter und sagte: «So, dann werd ich jetzt mal Mittag machen.»

Gut zwanzig Jahre später, nachdem die Mauer gefallen und beide Großeltern gestorben waren, brachte es ihre Gegend zu deutschlandweiter Prominenz als amtlich beglaubigter Problembezirk mit hoher Arbeitslosigkeit, hohem Ausländeranteil und hoher Jugendkriminalität. In der Berichterstattung über soziale Missstände in Neukölln wird immer wieder gern darauf verwiesen, wie viele Geschwister der Intensivstraftäter XY hat und wie viele Mitglieder die Familie Z., wobei diese Familien meist nicht Familien, sondern Clans genannt werden. Offenbar haftet Großfamilien, wenn sie nicht gerade von Adel sind, nach wie vor etwas gesellschaftlich Suspektes an.

Meine Großeltern kamen zwar nicht aus dem Nahen Osten nach Neukölln, wie die meisten Zuwanderer heute, sondern aus Ostpreußen, und als Religion hatten sie den Katholizismus im Schlepptau. Aber eine Großfamilie auf engstem Raum gründen, das konnten sie auch.

Die katholische Schule in ihrer Nähe hatte sich seit ihrer Gründung im Jahr 1948 erheblich vergrößert. Sie war zweimal umgezogen und hatte sich in eine Grund- und eine Oberschule geteilt. Die Oberschule erhielt in den sechziger Jahren ein großzügiges Areal auf dem Gelände einer Kleingartenkolonie, mit zwei eigens gebauten Schulhäusern, einer Turnhalle, zwei Schulhöfen, Laubengängen und Blumenbeeten. Hinter dem einen Schulhof lag das Wohnhaus der Ordensschwestern, von denen seit Schulgründung nicht mehr allzu viele übrig waren. Diejenigen, die noch lebten, waren hochbetagt, und Neuzugänge waren kaum zu verzeichnen.

Es gab noch mehr katholische Schulen in Berlin: neben einigen Grundschulen zum Beispiel das Canisius-Kolleg im Bezirk Tiergarten, wo man, für Berlin ungewöhnlich, schon in der fünften Klasse aufgenommen wurde und Latein als erste Fremdsprache hatte. Die Jesuitenschule befand sich in einem merkwürdigen Niemandsland zwischen den unendlichen Weiten des Tiergartens und großen, verwunschenen Grundstücken, auf denen pittoreske Ruinen verlassener Botschaftsgebäude der ehemaligen Achsenmächte unter dichtem Gestrüpp vor sich hin verfielen. In Charlottenburg war die Liebfrauenschule, in Schöneberg St. Franzis-kus und im Berliner Norden hatten sie die Salvator-Schule – aber mit dem Norden hatten wir noch weniger zu tun als mit Zehlen-dorf. Bis heute hält sich die informelle Grenze zwischen Nord- und Süd-Berlin weitaus hartnäckiger als die zwischen Ost und West.

Morgens in der U-Bahn verglichen wir unsere Hausaufgaben oder fingen überhaupt erst damit an. Manchmal, wenn es sehr ruckelte oder der Zug plötzlich bremste, hatte man einen langen, ausgerutschten Strich im Heft. Überhaupt fielen die in der Bahn erledigten Hausaufgaben generell krakelig aus und konnten von den Lehrern leicht als U-Bahn-Werke identifiziert werden. Ab und zu wurden Grundsatzvorträge darüber gehalten, dass Aufgaben konzentriert und sorgfältig zu Hause und nicht husch, husch auf den Knien in der Bahn gefertigt werden sollten, es heiße schließ-lich Hausaufgaben und nicht U-Bahn-Aufgaben, das war dann der Spruch dazu. Allerdings war es nun einmal so, dass wir jeden Morgen eine Dreiviertelstunde in der U-Bahn saßen, wo es sonst nicht viel zu tun gab, während es nachmittags nach der Schule sehr viel zu tun gab. Die U-Bahn bot sich deshalb sehr wohl da-für an, dort Aufgaben zu erledigen, wie auch immer sich diese nannten. Schließlich wollten wir nicht die ganze Fahrt lang auf die gereimte Brot-Reklame über den Zugfenstern starren: «Janz wurscht, wat druffliecht – eens ist wichtig: mit Paech-Brot liechste imma richtig!» Oder: «Beim Jawort schweigt die junge Braut, weil sie noch schnell ein Paech-Brot kaut!» Dann schon lieber Haus-aufgaben.

Neben Nicole, Anja, Heike und mir stiegen noch andere Schü-ler unserer Schule jeden Morgen am Bahnhof Alt-Mariendorf ein. Zum Beispiel der Angeber und Napoleon. Der Angeber war groß und hager mit einem spitzen Adamsapfel und einem Aktenkoffer als Schultasche. Napoleon war kleiner als der Angeber, hatte einen sportlichen Rucksack und wirkte auf undefinierbare Art französisch. Wenn beide im Zug nebeneinandersaßen, sah man Napoleon kaum jemals reden, denn der Angeber redete die ganze Zeit. Ob Napoleon ihm dabei zuhörte, war schwer zu sagen, es schien aber nicht so. Der Angeber guckte manchmal auch zu uns rüber oder sagte hallo, Napoleon aber sagte nie hallo. Er beachtete uns gar nicht. Wir fanden beide ziemlich stulle, beobachteten sie aber genau, wo sie uns nun mal jeden Morgen, und oft auch noch am Nachmittag, gegenübersaßen. Jedenfalls so lange, wie sie auf unserer Schule waren, denn der Angeber und Napoleon waren zwei Stufen über uns. Als wir sie nicht mehr trafen, vermissten wir sie ein bisschen, und Anja gestand, dass sie Napoleon «eigentlich ganz süß» gefunden habe.

«Ich seh den manchmal in der Kirche», meinte Nicole. «Soll ich es ihm sagen?»

«Spinnst du?», rief Anja, und dann mit Nachdruck: «Wehe!»

Anja war sehr blond und bekam schnell einen roten Kopf.

Wenn wir in der U-Bahn keine Hausaufgaben machten, langweilten wir uns und wurden zur Pest. Heike hatte dieses Spiel erfunden, bei dem wir einem beliebigen Fahrgast entgeistert auf die Schuhe starrten und dabei tuschelten. Höchst verunsichert versuchten unsere Opfer irgendwann, die eigenen Schuhe möglichst unauffällig zu inspizieren. Dabei konnten sie natürlich nichts Besonderes entdecken. Sie warteten ein paar Augenblicke ab und sahen dann abermals und genauer hin. Danach guckten sie auf unsere Schuhe, und irgendwann stiegen sie aus, oder wir, und das Rätsel wurde niemals aufgelöst. Wahnsinnig komisch fanden wir das.

Manchmal setzten wir uns nicht nebeneinander, sondern verteilten uns im Waggon und taten so, als würden wir uns nicht kennen. Dabei versuchten wir vorsätzlich, nicht zu lachen, was ein probates Mittel war, grandiose Lachanfälle zu evozieren. Deren plötzliches Auftreten konnten die anderen Mitfahrenden wiederum nicht einordnen, was wir grässlicherweise wieder total komisch fanden und woraufhin wir noch mehr lachen mussten. Alle anderen waren natürlich schwer genervt, besonders Napoleon.

Die meisten Menschen sahen es uns aber letztlich nach. Sie dachten vielleicht: Ach, die armen Mädchen in dieser engen grauen Stadt, wenigstens lachen sie.

Auguste Viktoria Friederike Luise Feodora Jenny von Schleswig-Holstein-Sonderburg-Augustenburg, Gemahlin von Wilhelm II. und letzte deutsche Kaiserin, engagiert sich als Schirmherrin des «Evangelischen Kirchenbauvereins» zum Ende des 19. Jahrhunderts für die Errichtung evangelischer Kirchen in Berlin. Gleichzeitig ordnet sie an, dass katholische Kirchen nicht frei stehend, sondern in die Häuserfronten hineingebaut werden müssen.

HERMANN-PLATZ

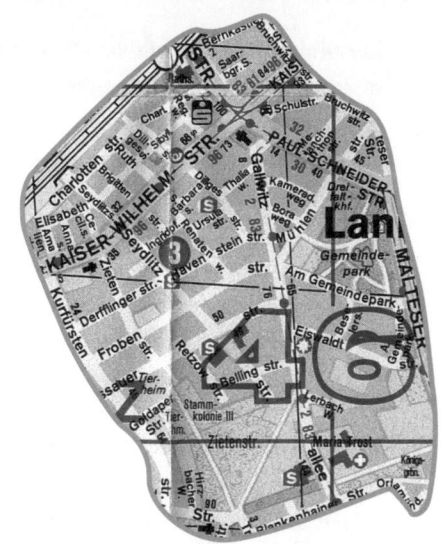

*Z*ur Grundschule war ich meistens mit dem Rad gefahren, von Lankwitz nach Marienfelde, jeden Tag ungefähr zwanzig Minuten hin und wieder zurück. Ein unspektakulärer Stadtrandschulweg durch die Ausläufer unserer Neubausiedlung hindurch, über eine vierspurige Straße, an einem Polizei-Übungsgelände vorbei und zum Schluss durch lauschige Einfamilienhausstraßen mit alten Bäumen am Straßenrand. Als es Winter und die Temperaturen ekelhaft wurden, zeigte mir meine Mutter, wie ich mit dem Bus zur Schule käme. Dafür musste ich erst in einen kleinen einstöckigen Bus steigen und dann, am dörflichen Knotenpunkt Lankwitz-Kirche, wechseln in einen großen gelben Doppeldecker der Buslinie 2.

Erstaunlich viele Leute wollten morgens mit dem 2er-Bus fahren, unter anderem die Schüler eines Oberstufenzentrums. Der Bus war, wenn er Lankwitz-Kirche anhielt, bereits gut gefüllt. Sitzplätze gab es keine mehr, weder unten noch auf dem Oberdeck. Trotzdem standen an der Haltestelle all diese Leute, und ich mittendrin. Einmal sah ich im Fernsehen einen Bericht über Tokio und wie eng die Leute da in der U-Bahn zusammenrücken müssen, und mein Vater sagte: «Ach du Scheiße, so schrecklich ist es also in Tokio», aber ich sah keinen Unterschied zum 2er-Bus.

Oft mussten Leute sogar draußen bleiben und auf den nächsten Bus warten, und manchmal war ich darunter. Ab Lankwitz-Kirche rauschte der Bus an den folgenden Haltestellen einfach vorbei, weil sowieso keiner mehr hineinpasste. Als Grundschulkind war ich kleiner als die Schüler des Oberstufenzentrums und trug auch noch diesen Schulranzen auf dem Rücken, einen sperrigen roten Scout. Das machte es nicht leichter. Erleichtern oder erschweren konnten es einem nur die Busfahrer. Manche schlossen einfach die Tür, obwohl noch Leute hineingepasst hätten, oder brüllten Verbote und Kommandos ins Mikrophon. Einige sagten aber auch: «So, jetzt alle mal noch enger zusammenkuscheln, damit wa keen draußen lassen müssen!» Oder: «Achtung, jetzt jeht's um die Kurve, umfallen kann ja keener.»

An einem besonders kalten Morgen, als sich die Schüler im 2er-Bus schon stapelten, wartete an einer Haltestelle ein kleines Mädchen, kleiner als ich, mit Schulranzen, Wollmütze und Puppe im Arm. Der Busfahrer fragte: «Kiekt ma da draußen, solln wa die Kleene nich noch mitnehm mit ihrer Püppi?» Der ganze Bus johlte: «Mit-neh-men!», und schob sich noch ein bisschen enger aneinander, damit die Kleene einsteigen konnte mit ihrer Püppi.

Viele Buskinder in meinem Alter trugen ihre Monatskarte in einem Lederetui um den Hals, wohl, damit sie nicht verlorengeht. Mir persönlich gefiel das nicht so gut. Noch unschöner als umgehängte Monatskarten fand ich nur die meist roten Zahnspangendosen, die man ebenfalls an einer Strippe um den Hals tragen konnte. Meine Monatskarte hatte ich in einer blauen BVG-Plastikhülle stecken und konnte auch so gut auf sie aufpassen. In der Oberschule stopfte man später alles Mögliche mit in diese blaue Monatskartenhülle hinein; Briefchen, Zettel, Fotos, Notizen. Außen gehörten Aufkleber darauf. Eine dicke Monatskartenhülle mit interessantem Inhalt war ein wichtiger Beleg für den sozialen Status.

Für die Monatskarte selber musste man jeden Monat eine neue Marke kaufen, und zwar an einem Monatsmarkenverkaufs-schalter. Davon gab es in der ganzen Stadt aber nur ein paar weni-ge. Einer war in einem dunklen, verpissten Winkel vom U-Bahn-hof Hermannplatz angesiedelt. Wenn man sich dort zum Ende des Monats eine Stunde vor Schalteröffnung einfand, standen schon mindestens vierzig Leute Schlange. Auf die Sekunde pünkt-lich ging der graue Rollladen vor dem Schalterfenster hoch, und dahinter kam ein übellauniger, teigiger Beamter zum Vorschein, der Machthaber über die Herausgabe der kleinen Klebemarken. Noch etwas später schlängelten sich die Monatsmarken-Aspiran-ten durch den ganzen Bahnhof, die Wartezeit lag bei bis zu fünf Stunden. Und wehe, man brauchte nicht nur eine neue Marke, sondern auch eine neue Monatskarte, weil die alte abgelaufen war. Dann hatte man besser das ganze korrekt ausgefüllte und korrekt abgestempelte Arsenal von Formularen, Passbildern und Beschei-nigungen dabei, sonst wurde man vom teigigen Schalterdiktator angeschnauzt und ohne Monatskarte weggeschickt.

Einmal, bei einer Familienfeier, erzählten meine Tante und mein Onkel von der ewigen Warterei in einem der «Büros für Besuchs- und Reiseangelegenheiten», in denen man die Visa für einen Besuch in der DDR beantragen musste. Alle schüttelten entrüstet die Köpfe und sagten, wie schrecklich, diese Schikane, aber ich sah keinen Unterschied zur gängigen Monatsmarkenver-kaufspraxis der BVG.

Im Mai 1987 führen die Berliner Verkehrsbetriebe (BVG) die Möglichkeit des Abonnements für Monatsmarken ein.

DIE PASSAGE

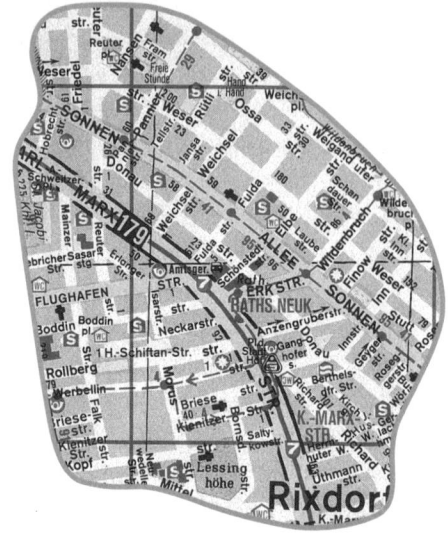

*J*eden Morgen um acht war der gesamte U-Bahnhof Karl-Marx-Straße rappelvoll mit Katholiken im Alter von zwölf bis zwanzig, die sich unbedingt dort treffen mussten, um, ihrem altersgemäßen Herdentrieb folgend, den Weg bis zur Schule grüppchenweise gehen zu können. Wegen der langen Anfahrtswege vieler Schüler begann der Unterricht erst um Viertel nach acht, oder, im Berliner Sprachgebrauch: um viertel neun. Die BVG beklagte sich in regelmäßigen Abständen bei der Schulleitung über die Verstopfung des Bahnhofs. Daraufhin wurden wir von den Lehrern ermahnt, uns nicht «unnötig» am Bahnsteig aufzuhalten, was wir aus unserer Sicht auch gar nicht taten, denn schließlich trafen wir uns dort, um zusammen zur Schule zu gehen, und das war nicht unnötig, sondern total nötig. Das sah man anders bei der BVG. Die Beschwerde bei der Schule war nur Teil einer größeren, konzertierten Aktion zur Rückeroberung des Bahnhofs, bei der wir unter anderem per Lautsprecher dazu aufgefordert wurden, «den Bahnsteig nach Verlassen des Zuges unverzüglich zu räumen». Wer trotzdem noch dort herumstand, bekam es mit stocksauren BVG-Beamten zu tun, die mit Bußgeldern drohten. Wir sahen uns dann vorübergehend dazu gezwungen, uns oberirdisch zu treffen, vorzugsweise an der Passage.

Die Passage, ein gründerzeitlicher Durchgang zwischen Karl-Marx- und Richardstraße, war einstmals als prunkvolles Kommerz- und Amüsierzentrum im Herzen Neuköllns angelegt worden, mit Kino und Festsaal und Pipapo. Aber das war vor dem Krieg gewesen. Jetzt war die Passage bröcklig und von zerzausten Neuköllner Stadttauben bewohnt. Die Inhaber der Geschäfte wechselten häufig, und manchmal standen die Läden lange leer. Eine Zeitlang gab es einen subkulturell orientierten Klamottenladen mit einem Doc-Martens-Schuhregal vor der Tür, aber keiner von uns hat ihn jemals betreten. Ich erinnerte mich, dass sich ganz früher das Kartoffelgeschäft «Krohn» an dieser Stelle befunden hatte, in dem meine Oma ihre Kartoffeln kaufte für die Kartoffelpuffer. Damals fand ich nichts Besonderes daran, dass es einen Laden nur für Kartoffeln gab, und auch dass meine Oma ihren Einkauf mit den Worten «Na, haben Sie schöne Kartoffeln heute?» einzuleiten pflegte, war völlig normal.

Irgendwann war dann ein McDonald's in der Passage, und im September 1989, als wir fast fertig waren mit der Schule, wurde die Passage doch noch rehabilitiert, indem das schöne große Passage-Kino da reinkam, wo achtzig Jahre zuvor schon einmal eines gewesen war. Darüber freuten wir uns, nicht nur wegen der Filme, sondern auch weil es schick und sauber war und damit das Gegenteil vom Möbelladen.

Der Möbelladen war Horror gewesen. Er war das Ranzigste, was man sich vorstellen konnte, und er war riesig. Alles, was später Kino wurde, war vorher Möbelladen. Das große, hohe Foyer war von oben bis unten zugerümpelt mit alten, speckigen Möbeln, und auch draußen in der Passage standen überall die keimigen Sofas herum und ließen sich von den Passage-Tauben vollkacken. Dazwischen saßen die Betreiber des Möbelladens. Sie trugen runde, verspiegelte Sonnenbrillen und lange Bärte, fuhren Harleys und sahen allgemein so aus, als wären sie Mitglieder der zeitgleich erfolgreichen Band ZZ Top. Ein beliebtes Spiel beim Durchgang durch die Passage war es, jemanden überraschend auf eines der Ekelsofas zu schubsen. Es war deshalb ratsam, immer auf der Hut zu sein und nicht zu nah an den Garnituren vorbeizugehen. Das Möbelgeschäft blieb mir ein Rätsel. Es konnte unmöglich Menschen geben, die Geld dafür bezahlten, diese Sachen anzufassen und mit nach Hause zu nehmen. Der tägliche Weg durch die vom Möbelladen dominierte Passage begründete in mir eine tiefsitzende Abneigung gegen Trödelläden und Flohmärkte und deren Geruch und ungerechterweise auch gegen die am Möbelladen völlig schuldlose Band ZZ Top.

Im Jahr 1908 lässt der Kaufmann Paul Dädlich auf einem schmalen Grundstück zwischen Karl-Marx- und Richardstraße das «Rixdorfer Gesellschaftshaus» als Ladenpassage und Amüsierzentrum mit Filmtheater und Ballsaal errichten. Nach dem Zweiten Weltkrieg folgen Leerstand und Zwischennutzung. 1985 beginnt die Yorck-Kino-Gruppe mit der Restaurierung der alten Kinosäle. Nachdem der ehemalige Ballsaal 1988 bereits vom Musiktheater «Neuköllner Oper» bezogen worden war, eröffnete am 13. September 1989 das neue Passage-Kino.

UNTER
DEN
LINDEN

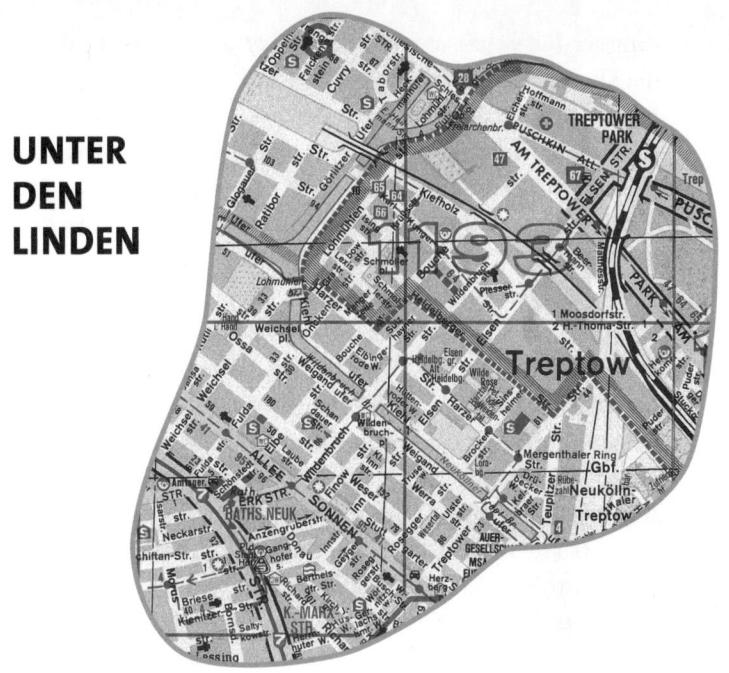

$\mathcal{D}$ ie Straße war voller Trümmer gewesen, als Oma im Sommer nach Kriegsende mit den ersten sechs von später acht Kindern nach Neukölln zurückkehrte. In der Straßenmitte gab es immerhin einen freigeräumten Trampelpfad. Sie waren gekommen, ohne überhaupt zu wissen, ob das Haus noch stand. Das Gebäude war in Ordnung, aber in der Zweizimmerwohnung hatte man eine fremde Frau einquartiert, deren Haus nicht mehr in Ordnung war, eine Metzgerin namens Frau Gut. Sie schlief fortan im Wohnzimmer, die Oma mit den Kindern im Schlafzimmer. Wo ihre Männer abgeblieben waren, wussten sie beide nicht. Frau Gut wohnte bei ihnen, bis sie endlich eine eigene Bleibe gefunden hatte und die Familie ihr zweites Zimmer wieder selber beziehen konnte.

Ein paar warme Sommerwochen lang hatten sie ihre beiden

Zimmer für sich. Dann, an einem Tag im August, an dem sich die Kinder schon wahnsinnig auf das große Weißbrot freuten, das meine Oma aus dem frisch erstandenen Mehl backen wollte, klingelte es an der Tür, und draußen stand die halbe aus Ostpreußen geflüchtete Verwandtschaft. Sieben Frauen und drei Kinder. Sie waren sehr erschöpft, hatten vorläufig keine Unterkunft und großen Hunger. Und die Krätze.

Immerhin konnten einige von ihnen professionell schneidern, und so wurden aus überflüssig gewordenen Textilien diverse Kleidungsstücke improvisiert. Die kleine Gitte bekam zum Beispiel ein sehr schickes, aber übel kratzendes Kleid aus einer alten Soldatenuniform, und nachdem von der endlich überflüssig gewordenen Hakenkreuzflagge das aufgenähte Hakenkreuz abgetrennt war, wurde daraus ein schönes rotes Sommerkleid für Renate.

Kurz vor Weihnachten rappelte der Briefschlitz, und auf die Dielen im Flur fiel eine Postkarte aus Frankreich. Sie war vom Opa, aus französischer Kriegsgefangenschaft. «La Schapelle», las Oma vor mit ihren schon damals nicht so guten Augen. Opa schrieb, es gehe ihm gut und er werde bald wieder da sein. Die Postkarte wurde an die Spitze des Weihnachtsbaums gesteckt, was ein sehr angemessener Ort war, denn Weihnachtsbäume waren Opas große Leidenschaft.

Von Beruf war er Tischler und an der Staatsoper Unter den Linden angestellt, wo es zu seinen saisonalen Aufgaben gehörte, den großen Weihnachtsbaum im Opernfoyer zu schmücken. Immer in der Adventszeit beschaffte er die riesige Tanne für die Treppenhalle und richtete sie weihnachtlich her, auch in jenen Jahren, als die nationalsozialistische Partei die Macht übernommen hatte und das Haus gern zum Repräsentieren nutzte. Hermann Göring, der zu diesem geschichtlichen Zeitpunkt gerade den eigens für ihn ausgedachten Titel «Reichsmarschall» trug, ordnete an einem Tag im Advent an, der Weihnachtsbaumschmücker der Staatsoper möge auch in seinem Heim den Baum beschmücken. Göring wohnte außerhalb von Berlin, in der Schorfheide, auf einem, wie man munkelte, übertrieben großen Anwesen, das er nach seiner verstorbenen Frau Carin «Carinhall» genannt hatte. Und so setzte Opa sich in die S-Bahn, fuhr da raus und dekorierte den Baum von Hermann und seiner aktuellen Frau Emmy Göring. Der zur Verfügung gestellte Baumschmuck war vermutlich der Ausstattung des Opernbaumes nachempfunden, von bunten Hakenkreuzanhängern aus Blech oder ähnlichen Kuriositäten hat Opa jedenfalls hinterher nichts berichtet.

Nun war also wieder Weihnachten, und Opa war nicht da, um den Baum zu schmücken; nur seine Postkarte aus La Chapelle hing daran. Es dauerte noch genau ein Jahr, bevor er zu seiner Familie zurückkehrte. Pünktlich zum Weihnachtsfest 1946 kam er mit einem Zug aus Frankreich und schmückte den Baum, zu Hause in Neukölln und an der Staatsoper Unter den Linden.

Neukölln und Unter den Linden befanden sich nun allerdings in politisch und wirtschaftlich auseinanderdriftenden Gebieten. Der Arbeitsplatz im Bezirk Mitte gehörte zum sowjetischen, der Neuköllner Wohnort zum amerikanischen Sektor der Stadt. Nachdem Nahrungsmittel lange Zeit nur auf Bezugsschein zu haben waren und alles andere auf dem Schwarzmarkt getauscht wurde, gab es im Sommer des Jahres 1948 endlich neues, stabiles Geld, die D-Mark. Im Sowjetsektor hatten sie die schöne D-Mark aber nicht. Da hatten sie jetzt eine andere Mark, und in dieser Mark bekam Opa sein Gehalt ausgezahlt – mit dem die Oma zu Hause in Neukölln nichts kaufen konnte. Die Kinder wurden zum Einkaufen bis in die sowjetische Zone nach Treptow geschickt. Das war nicht mal eben um die Ecke, sondern ein weiter Weg, vor allem retour, mit vollen Einkaufstaschen.

Opas Anstellung als Bühnentischler an der Oper hatte aber ohnehin bald ein Ende, denn allen Angestellten mit Wohnsitz in West-Berlin wurde alsbald gekündigt. In einem Schreiben teilte man ihnen mit, dass «die Provokationen des kapitalistischen

Adenauer-Regimes» diesen Schritt leider unausweichlich machten.

Natürlich hatte zu diesem Zeitpunkt niemand die Absicht, eine Mauer zu errichten.

1743 wird auf dem Prachtboulevard Unter den Linden die Königliche Hofoper fertig gestellt, der Architekt ist Wenzeslaus von Knobelsdorff. Genau einhundert Jahre später brennt das Gebäude vollständig nieder und wird im Jahr darauf, 1844, als Neubau wieder eröffnet. Nach dem Ende der Monarchie erhält das Haus den Namen «Staatsoper Unter den Linden». Im Zweiten Weltkrieg wird es durch Bomben zerstört; 1941 beginnt der Wiederaufbau. Seit 2010 wird die Staatsoper umfangreich saniert, für die Aufführungen wird vorübergehend das Schillertheater in Charlottenburg genutzt.

KOLONIE ALPENTAL

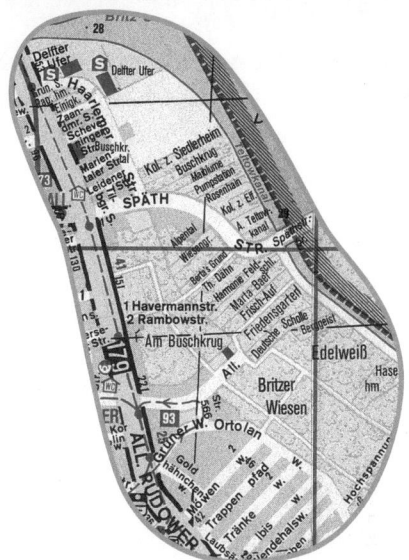

$\mathcal{A}$ ls Kind blieb ich manchmal eine ganze Woche bei den Großeltern, weil meine Eltern verreist waren. Ich schlief mit der Oma im großen Bett, Opa übernachtete im Wohnzimmer. Im Winter stand Oma sehr früh auf, heizte die Öfen an und legte sich dann wieder hin. Abends wurde ferngesehen.

Im Sommer goss Oma die Geranien auf dem Balkon, und wir fuhren zusammen in den Schrebergarten nach Britz. Britz ist offiziell ein Unterbezirk von Neukölln, der mit dem bekannteren Kiez aber keinerlei Ähnlichkeit aufweist. In Britz lebt man grün und beschaulich, und die Straßen tragen Namen wie Onkel-Bräsig-Straße, Trappenpfad oder Möwenweg. Der Garten gehörte zur Laubenkolonie «Alpental», die am Rande eines Industriegebiets lag, direkt an der Grenze. Ich wunderte mich nicht darüber, dass eine völlig plane Berliner Gartenkolonie in Mauernähe «Alpental» hieß.

Der Weg vom U-Bahnhof Blaschkoallee zur Gartenkolonie war lang für ein Kind, das ohnehin nicht gern lief, dazu staubig und öde. Rechts des Weges lagen Brachen hinter Backsteinmauern, links eine weitgehend unbefahrene Straße mit kaputtem Kopfsteinpflaster und dahinter irgendwelche Lagerhallen für Bretter. Schließlich, nachdem man das Tor zur Kolonie passiert hatte, ging es an einer Reihe von anderen Gärten vorbei. Gärten mit adretten braunen Holzhäuschen, wie man sie in den echten Alpen findet, zum Teil sogar mit Hirschgeweihen dran. Davor jeweils sehr gepflegter Rasen, Tannenbäume, Blumenbeete, plätschernde kleine Brunnenanlagen, Zwerge.

Unsere Parzelle war nicht so. Der Rasen war viel zertrampelter und voller Gänseblümchen und Löwenzahn, und manchmal lagen mengenweise zermatschte Kirschen darauf herum. Der Gesamteindruck war irgendwie uneinheitlich. Mein Opa pflanzte willkürlich hier mal eine Rose und dort eine Tulpe, es gab keine Figuren, Brunnen oder Geweihe, und die Laube war nicht aus Holz, sondern grau verputzt mit einem Vordach aus gelblichem Wellplastik, auch «Berliner Welle» genannt. Die Pächter der anderen, adretteren Anlagen waren vom wochenendlichen Remmidemmi in unserer Parzelle nicht begeistert.

Es war phantastisch. An warmen Tagen wurde das Planschbecken aufgepustet, alle, die kamen, brachten ein paar Snacks mit, und Oma hatte mehrere Bleche voll Streuselkuchen gebacken. Der Tisch und die Liegestühle wurden aus der Laube geholt und unter den Apfelbaum gestellt. Ich drehte mich an einer Hand um die Eisenstange, die das Vordach der Laube stützte, bis meine Handfläche ganz heiß wurde und nach Eisen roch.

Opa hatte einen Herzschrittmacher, und Oma hatte Zucker und schlechte Augen. Wenn sie den Kuchen auf den Tisch stellte, sagte sie: «Nehmt euch! Ich darf ja nicht», und wenn man ihr etwas zeigen wollte: «Ich kann ja nicht sehen.»

Noch öfter als ich war Omas Cousine Martha zu Besuch bei Oma und Opa. Sie saß auf dem Sofa, gackerte immer über irgendetwas und wirkte leicht verstrahlt. Gern tischte ich ihr wild erfundene

Geschichten aus meinem Alltag auf, in denen es hoch herging. Dann schlug sie die Hände über dem Kopf zusammen und rief: «Is nicht wahr!», und zu meiner Oma: «Fränze! Was die mir hier wieder erzählt!»

Oma: «Na, lass sie mal erzählen.»

Gemeinsam mit Tante Martha sahen wir uns die Hochzeit von Prinz Charles und Lady Diana an, die beeindruckend war, aber auch sehr lang. Oma und Tante Martha waren ganz ergriffen, besonders davon, dass im Wappen von Prinz Charles das Motto «Ich dien» zu lesen war. «Ich dien», sagte Oma immer wieder und nickte anerkennend. Es bestand kein Zweifel daran, dass dieser Mann ein guter und höchst integrer Mensch sein musste, und ein Prinz war er obendrein. Nur leider würde ich ihn nicht mehr heiraten können. Sehr viel später empfahl mir meine Mutter, ich solle mir doch «den Felipe von Spanien» angeln. Sie hatte im Fernsehen eine Doku über ihn gesehen und meinte: «Du, der hat ein paar sehr schöne Ländereien.»

Opa war längst nicht mehr am Leben, sein Sessel in der Ecke am Fenster schon lange leer, als ich bei Oma war und Kartoffelpuffer serviert bekam. Ein Kartoffelpuffer hatte einen komischen schwarzen Fleck, der anders aussah als einfach nur angebrannt. Ich schnitt den Fleck ab, pulte mit dem Messer daran herum und sah, dass Oma einen Käfer mitgebacken hatte, einen dicken Junikäfer. Ich sagte ihr nichts davon und entsorgte das Insekt unauffällig über der Balkonbrüstung, von wo es vier Stockwerke herunterfiel aufs Neuköllner Straßenpflaster. Sie konnte wirklich nicht gut sehen.

Als im 19. Jahrhundert im Zuge der Industrialisierung die Städte wachsen, entsteht die Idee der «Armengärten», in denen Arbeiterfamilien und Bedürftige selber Obst und Gemüse anbauen, sich erholen und ihren Kindern Naturnähe bieten können. Im Jahr 2012 existieren laut Senatsverwaltung für

Stadtentwicklung und Umwelt in Berlin 74 094 Kleingärten in 932 Kleingartenanlagen, die zusammen eine Fläche von 3046 Hektar (rund 3,5 Prozent der Stadtfläche) einnehmen und sich zu relativ gleichen Teilen auf ehemalige Ost- und West-Bezirke verteilen.

ZAUBER-KÖNIG

*I*ch war froh darüber, dass wir in Lankwitz ganz anders wohnten als Oma und Opa in Neukölln. Unser Haus war neu und sieben Stockwerke hoch, und trotzdem musste man niemals Treppen laufen, denn es gab einen Fahrstuhl. Die Wohnungen waren hell, die Wände darin nicht so hoch wie in den Altbauten, und ringsherum war alles grün mit Wiesen, Bäumen und Gebüschen. Meine Freundin Judith und noch ein paar andere Kinder wohnten im selben Haus, und in den Nachbarhäusern gab es noch viel mehr potenzielle Spielgefährten. Der Spielplatz als zentraler Treffpunkt lag direkt vor der Tür. Ich ging einfach raus oder klingelte bei jemandem, zuerst meistens bei Judith.

Bei Oma und Opa im Haus lebten nur alte Leute wie Frau Ewert oder Frau Zichi, und wenn wir Kinder zu viel tobten, kamen sie und beschwerten sich. Irgendwann zog bei Oma nebenan auch eine Familie ein. Sie stammten aus einem anderen Land, und ihr Sohn hieß Attila. Manchmal ging ich rüber zum Spielen; es gab dort sehr flauschige Auslegeware und an den Wänden viele Fotos in silbernen Rahmen.

Die anderen Kinder aus der Lankwitzer Nachbarschaft mussten immer zu einer bestimmten Zeit wieder zu Hause sein, zum Beispiel um sechs, oder sie sollten nur da spielen, wo ihre Mütter sie sehen und irgendwann hineinrufen konnten. Manche durften nicht alleine in die Einkaufspassage oder über die Straße. Für mich aber gab es keine Vorgaben. Ich durfte hin, wohin ich wollte, und ging dann nach Hause, wenn die anderen gingen. Als mir das auffiel, bat ich meine Mutter darum, mir auch mal irgendetwas zu verbieten und mir zu sagen, wann ich zu Hause sein muss.

«Was soll ich dir denn verbieten?», fragte sie.

«Na, irgendwas.»

«Na gut, ich verbiete dir, hinterm Haus zu spielen.»

«Nein, das geht nicht!»

«Was willst du denn hören? Was dürfen denn die anderen Kinder nicht?»

«Kathrin darf nicht rüber ins Einkaufszentrum, und Jana darf nur da spielen, wo ihre Mutter sie noch sehen kann, vom Fenster oder vom Balkon aus.»

«Okay, dann darfst du jetzt auch nicht mehr ins Einkaufszentrum.»

«Und wenn ich mir bei Zuntz Gummimäuse kaufen will?»

«Dann darfst du.»

Danach rief sie gleich bei Tante Evi an und erzählte ihr, dass ich mich über mangelnde Verbote beklagt hätte.

Dabei war es nicht so, dass ich mich vor nichts zu fürchten hatte. Im Gegenteil, es gab sehr viel zu fürchten. Das unangefochten Allerfürchterlichste war die Affenmaske. Sie tauchte eines Tages auf dem Spielplatz auf, ein Menschenkörper mit einem schrecklichen Affenkopf. Die Affenmaske jagte ein paar ältere Kinder über den Spielplatz, die schreiend auseinanderstoben. Ich rannte auch, beziehungsweise meine Beine rannten ganz von allein, und zwar irrsinnig schnell, so schnell, dass ich es selber gar nicht richtig mitbekam. Als wäre ich den gesamten Weg und durch alle Türen hindurch in einem einzigen Satz gesprungen, hing ich plötzlich an meiner Mutter und wollte sie nicht wieder loslassen.

Es gab diese Geschichte von einer etwas dicklichen Cousine, die nach dem Krieg draußen vor dem Haus spielte, als jemand aus Quatsch rief: «Die Russen kommen!» Die Cousine rannte los und sprang durchs geöffnete Fenster, eine Leistung, die hinterher selbst die sportlichen älteren Brüder nicht wiederholen konnten. Russen und Affenmasken konnten ängstlichen Kindern Superkräfte verleihen.

Meine Mutter blickte aus dem Fenster und sagte: «Guck doch mal, das ist nur ein Kind mit einer Faschingsmaske! Die spielen nur.» Ich kam nicht ans Fenster und ging an dem Tag auch nicht mehr raus. Dafür träumte ich jetzt regelmäßig von der Affenmaske, es waren schlimme Träume. Ich fragte andere Kinder, ob sie die schreckliche Affenmaske kannten, und die meisten hatten sie durchaus schon gesehen, waren aber nicht annähernd so beeindruckt wie ich.

Ein paar Wochen später, ich saß gerade auf der Schaukel, tauchte sie wieder auf dem Spielplatz auf, die furchtbare Affenmaske, und diesmal fuhren mir keine Superkräfte in die Beine. Ich rutschte von der Schaukel und konnte mich überhaupt nicht mehr bewegen. Die Beine schlackerten nur, und ich musste mich am Gestänge der Schaukel festhalten, um nicht umzufallen.

Am nächsten Tag fuhr mein Vater mit mir nach Neukölln, aber nicht zu Oma und Opa, sondern zum «Zauberkönig» in der Hermannstraße. Der Laden befand sich nicht unten in einem Wohnhaus wie andere Neuköllner Geschäfte, sondern besetzte ein kleines, flaches Gebäude gleich neben dem Eingang zum Friedhof. Eine Weile guckten wir in das Schaufenster, in dem lauter merkwürdige Dinge lagen: Zaubertinte und komische Brillen, Kugeln, die wie Augen aussahen, abgeschnittene Finger, Vampirzähne, bunte Girlanden und Kacke aus Plastik.

«Und drinnen», sagte Papa, «sind die ganzen Masken.»

Wir gingen hinein. Das Geschäft war klein und vollgestellt, und in den Regalen weiter oben entdeckte ich tatsächlich viele Masken, darunter auch eine Affenmaske, genau so eine wie die vom Spielplatz.

«Tach, Herr Klepke», sagte mein Vater zum Mann hinter dem Verkaufstresen.

Hier also kaufte mein Vater das Rohmaterial, die Ausstattung für seine Zaubertricks. Er ging regelmäßig zu diesem Zauberverein, unter dem ich mir gar nichts vorstellen konnte, und zu Hause führte er uns oft seine neuesten Tricks vor. Wenn ich ihn fragte, wie er das mache, sagte er meistens, das sei geheim. Manchmal gab er auch bei Familienfeiern eine kleine Vorstellung, und einmal zauberte er beim Schulfest.

«Ulrike wollte sich mal so eine Affenmaske ansehen», sagte mein Vater.

«Die da?»

Ich nickte. Herr Klepke holte die Maske vom Regal herunter und reichte sie mir über den Tresen. Mein Vater sagte: «Guck mal! Ist nur 'ne Maske.»

Ich drehte und bewegte sie ein bisschen hin und her.

«Setz doch mal auf», meinte mein Vater, doch das wollte ich nicht, sie roch komisch. Ich bekam aber auch keine Zitterbeine.

Ob ich jetzt weniger Angst hätte vor Affenmasken, fragte mich mein Vater auf dem Weg nach Hause. Tatsächlich hatte ich jetzt nicht mehr so große Angst. Trotzdem fand ich die Existenz von Affenmasken irgendwie überflüssig. Aus dem Sortiment vom «Zauberkönig» hatte ich mir lieber das Pupskissen ausgesucht, denn ich fand, im Gegensatz zu einer Affenmaske konnte man ein Pupskissen immer gut gebrauchen.

Den «Zauberkönig», 1884 gegründet, gibt es noch heute. Er wird von der Tochter des vormaligen Betreibers Günter Klepke weitergeführt.

MAU-MAU-SIEDLUNG

*D*er Junge, der zu der Affenmaske gehörte, wohnte in der Mau-Mau. Das war durchaus symptomatisch, denn ganz generell war es ein Problem, wenn man durch die Mau-Mau-Siedlung musste. Keiner konnte mir sagen, warum die so hieß und ob die Bewohner ihrerseits einen lustigen Namen für unsere Häuser hatten, vielleicht Memory-Viertel oder Quartett-Kolonie.

Die Mau-Mau war eine Ansammlung zweigeschossiger Reihenhäuser mit Grünflächen zwischendrin und lag ungefähr fünf Gehminuten in Richtung Stadtrand hinter unserem Viertel. Besonders brenzlig war der kleine, unbefestigte Fußweg, der direkt an der Mau-Mau entlangführte. Auf der einen Seite des Pfades war einfach gar nichts, nur leeres Gelände mit Gras, Gestrüpp und ein bisschen Müll, auf dem einmal im Jahr ein kleiner Zirkus mit schäbigen Wagen und traurigen Tieren herumstand. Zweimal schon hatten mich Kinder auf diesem Weg vom Fahrrad geschubst, und Kathrins Bruder hatten sie das Rad sogar weggenommen. Wenn meine Mutter mir verboten hätte, den kleinen

Weg neben der Mau-Mau zu nehmen, ich hätte das gut verstanden. Meine Eltern sprachen aber überhaupt nie irgendwelche Warnungen in Zusammenhang mit der Mau-Mau-Siedlung aus.

Einmal hatte Ramona aus dem Nebenhaus einen Jungen mit zum Spielplatz gebracht, der richtig spitze Wurfpfeile hatte. Abwechselnd warfen sie die Pfeile in den Sand. Ich fragte den Jungen, wie er heiße, und er antwortete: «Roland.»

So einen Namen hatte ich noch nie gehört und fragte deshalb nach: «Wie?»

«Ro-land», sagte er. «Bist du taub, oder was?» Und dann warf er mir einen Pfeil in den Fuß.

Ich sah runter auf meinen Fuß und sah den Pfeil darin stecken. Zuerst konnte ich es kaum glauben, dass da wirklich ein Pfeil steckte, in meinem Fuß, aber als kein Zweifel mehr daran bestand, fing ich an zu weinen. Ich zog den Pfeil heraus und rannte damit nach Hause.

Am Abend, als mein Vater von der Arbeit nach Hause gekommen war, wollte er alles ganz genau wissen.

«Und der hieß Roland, ja?»

«Ja, Roland. Ro-land.»

«Und hat der dir den Pfeil aus Versehen in den Fuß geworfen?»

«Gar nicht aus Versehen, sondern mit Absicht!»

«Habt ihr euch vorher gezankt?»

«Ich hab ihn nur gefragt, wie er heißt, und dann habe ich noch mal gefragt, und dann hat er mir gleich den Pfeil in den Fuß geworfen.»

Mein Vater hielt den Pfeil in seiner Hand.

«Und der ist ein Freund von der Ramona?»

«Ja.»

«Und wie alt ist der?»

«So wie Ramona.»

Ein paar Tage später saßen wir alle bei Tante Evi und Onkel Bobby, und mein Vater erzählte ihnen von Roland und dem Pfeil, und plötzlich auch von Rolands Eltern, die in der Mau-Mau-Siedlung wohnten.

«Ganz freundliche, vernünftige Leute», sagte mein Vater. Sie seien sehr erschrocken gewesen, als sie hörten, dass ihr Sohn anderen Kindern Pfeile in die Füße wirft.

Ich war total erstaunt darüber, dass mein Vater so schnell herausgefunden hatte, wer die Eltern von Roland waren.

«Du warst bei dem Roland zu Hause?»

«War ich.»

«Und woher wusstest du, wo der überhaupt wohnt?»

«Hab ich rausgefunden.»

Vielleicht lernt man so etwas im Zauberverein, dachte ich.

Im Fernsehen gab es auch eine Sendung, in der immer Verbrecher gesucht wurden. Es war eine sehr gute Sendung, denn sie bot den Leuten die Möglichkeit, der Polizei dabei zu helfen, die Verbrecher zu finden. Einmal ging es um einen Mann, der in etwa Babel Balalaika hieß, und als ich am nächsten Morgen aufwachte, hatte ich den Namen gleich wieder im Kopf. Es war ein finsteres Foto von Babel Balalaika gezeigt worden. Er war ein Mann mit Bart.

Es nieselte draußen, aber ich sah, dass Patrick Siegmann trotzdem mit einem Ball auf der Wiese spielte. Ich ging also raus und erzählte Patrick Siegmann von Babel Balalaika. Das interessierte ihn sofort. Er hatte früher mit seinem großen Bruder zusammen eine Detektei geleitet.

«Pass mal auf», sagte Patrick Siegmann und zog mich unter den Baldachin vor seiner Haustür, wo wir nicht so nass wurden.

Normalerweise machte ich nicht viel mit Patrick Siegmann. Manchmal wusste ich gar nicht genau, warum ich mit einigen mehr machte als mit anderen, Patrick Siegmann zum Beispiel war eigentlich sehr nett. Er war eines von den ordentlichen Kindern, immer sauber angezogen, und er sagte nie «Du alte Scheiße» zu anderen. «Du alte Scheiße» sagte immer Thomas Trummer. Trotzdem hatte ich mit Thomas Trummer bislang viel öfter gespielt als mit Patrick Siegmann, der mir jetzt erzählte, dass in dem Fliegenpilzhäuschen auf dem Spielplatz vorhin ein komischer Mann gesessen habe. Eventuell ein gefährlicher Mann. Ich fragte ihn, wie der Mann ausgesehen habe. Seine Beschreibung des Mannes passte exakt auf die Beschreibung, die ich ihm vorher von Babel Balalaika gegeben hatte.

Im Regen gingen wir zusammen zurück zum Spielplatz, aber das Fliegenpilzhäuschen war leer. Der ganze Spielplatz war leer. Wir beschlossen, Babel Balalaika in der Einkaufspassage zu suchen. Zuerst gingen wir in das Geschäft von Frau Albrecht und fragten sie, ob sie einen verdächtigen Mann mit Bart gesehen habe. Frau Albrecht sagte, sie könne uns leider nicht weiterhelfen. Patrick Siegmann hatte Geld dabei und kaufte sich bei ihr zwei Schaummäuse und zwei Cola-Flaschen-Gummis. Die Cola-Flaschen teilte er mit mir. Wir liefen überall herum, ohne einen Mann zu finden, der Babel Balalaika hätte sein können, und sahen uns dann die Auslagen im Spielzeuggeschäft an. Patrick Siegmann meinte, dass er sich zum Geburtstag einen Tacho für sein Fahrrad gewünscht habe. Ich wusste nicht, was ein Tacho ist, aber ich stellte mir vor, dass es etwas wäre, das sehr gut zu ihm und seinem silbernen Fahrrad passen würde. Ich beschloss, in Zukunft mehr mit Patrick Siegmann zu machen. Schließlich traute er sich noch, in den Blumenladen zu gehen und dort nach Babel Balalaika zu fragen. Ich wartete draußen und beobachtete durch die Scheibe, wie die Verkäuferin den Kopf schüttelte.

Wir kehrten um, und unterwegs wollte Patrick Siegmann von mir wissen, was für ein Auto wir hätten. «Audi», antwortete ich, und dann lieferte er mir detaillierte Informationen über den Wagen seines Vaters. Als wir zurück zum Spielplatz kamen, stupste er mich mit dem Ellenbogen und sagte: «Er ist wieder da!»

Babel Balalaika war zurück im Fliegenpilzhäuschen. Jetzt war auch klar, dass wir ihn nicht gefunden hatten, denn im Gegensatz zu uns war er im Meyer-Supermarkt gewesen, das sah man gleich an der Tüte. Er hatte sich etwas zu trinken gekauft. Jetzt waren wir ein wenig aufgeregt. Ich wollte gleich losgehen, um die Polizei zu rufen, aber Patrick meinte, wir müssten erst noch Beweise sammeln. Augenblicklich war ich damit einverstanden, denn er hatte natürlich mehr Ahnung.

Vorsichtig näherten wir uns dem Spielplatz, und zwar so, dass Babel Balalaika uns nicht sehen konnte. An der Hecke blieb ich stehen. Nicht so Patrick Siegmann, er wagte sich weiter vor Richtung Fliegenpilzhäuschen. Ich war wirklich sehr froh, ihn dabeizuhaben. «Du!», schrie er laut. Aber Babel Balalaika reagierte nicht. Patrick Siegmann ging noch näher ran, dann brüllte er abermals. Jetzt drehte Babel Balalaika sich zu ihm um, und Patrick rief: «Wie heißt du?»

Babel Balalaika murmelte etwas, aber ich konnte es nicht gut verstehen. Patrick kehrte zurück und meinte, der Mann hätte so etwas Ähnliches gesagt wie «Babel Bailailaikum». Wir sollten jetzt wirklich schnell die Polizei rufen, forderte ich, aber Patrick Siegmann war noch immer nicht so weit. Er wollte erst seiner Mutter davon erzählen. Er sagte, *sie* solle dann die Polizei rufen. Ich weiß die Nummer, sagte ich, 110. Patrick Siegmann erklärte, das wisse er auch schon, er müsse jetzt aber nach Hause. Schließlich ging er zu seiner Haustür und ich zu meiner.

Von unserem Fenster aus ließ ich den Spielplatz nicht aus den Augen und wartete auf die Polizei. Es hörte auf zu regnen. Nach einer Weile sah ich Patrick Siegmanns Mutter, die mit einer anderen Frau zum Fliegenpilzhäuschen ging und etwas zu Babel Balalaika sagte. Der nahm seine Einkaufstüte und verließ den Spielplatz in Richtung Einkaufspassage. Draußen wurde es heller, und anstelle von Babel Balalaika waren jetzt wieder einige Kinder auf dem Spielplatz, auch die kleine Schwester von Thomas Trummer. Sie sah zerstrubbelt aus und weinte schon wieder.

In den fünfziger Jahren werden am Rande mehrerer nach dem Krieg stark zerstörter Städte einfache Siedlungen für «unverschuldet in Not geratene», meist ausgebombte und geflüchtete Familien gebaut. Die abwertende Bezeichnung «Mau-Mau-Siedlung» bezieht sich in einer etwas undurchsichtigen Assoziationskette auf die afrikanische Guerillatruppe der Mau-Mau, die zur selben Zeit den Unabhängigkeitskrieg gegenüber den Briten in Kenia führte.

KARL-
MARX-
STRASSE

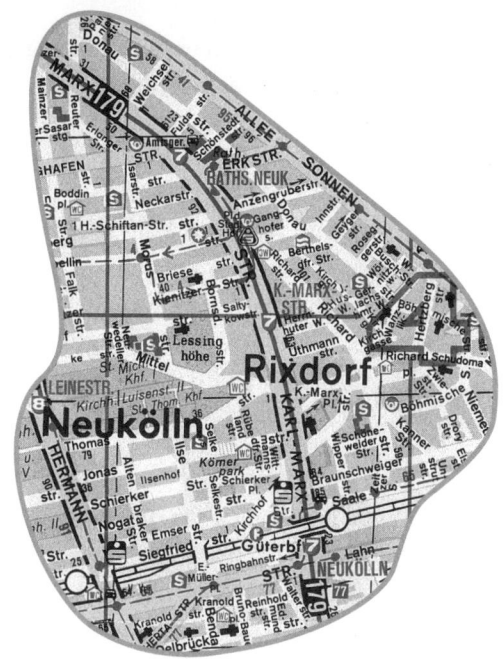

*D*anach kam ich kaum noch mit Kriminalität in Berührung. Dabei könnte man meinen, ich müsste viel erlebt haben im Laufe der späteren Jahre, schon weil ich ab der siebten Klasse jeden Tag mit der U-Bahn via Kreuzberg nach Neukölln und wieder zurück gefahren bin und noch ein paar Jahre später, so ab fünfzehn, sechzehn, an Wochenenden auch abends unterwegs war in der großen Stadt. Es gibt Leute, die steigen einmal im Jahr in ein öffentliches Verkehrsmittel und erleben gleich die fürchterlichsten Dinge. Ich habe aber äußerst wenig erlebt, was mir bedrohlich erschienen wäre. Bis auf ein einziges Mal.

Das Rock-It gehörte zu meinen wichtigsten Ausgehzielen während der letzten Schuljahre und besonders nach dem Ende meiner Schulzeit – dann auch unter der Woche. Dienstag und Donnerstag waren die angesagten Tage. Das Rock-It lag in Neukölln und war bei den oberen Jahrgängen unserer Schule äußerst beliebt. Es kamen aber auch Leute aus anderen Teilen der Stadt als Dauergäste ins famose alte Rock-It an der Karl-Marx-Straße, was kein Wunder war, denn es war ziemlich gut dort. Der Eintritt kostete fünf Mark, und für die fünf Mark erhielt man drei Getränkegutscheine, weshalb man eher von einem Eintrittsgeschenk sprechen konnte als von einem Eintrittspreis. Keine Ahnung, welche Idee dieser Kalkulation zugrunde lag. Die Musik im Rock-It war genau das, was die Jugend wollte, wenn ihr die teeniehafte Popcharts-Begeisterung und alles andere, was sie bislang gemocht hatte, auf einmal peinlich wurde. Plötzlich war es wichtig, sich komplexer, geheimnisvoller, dunkler, individueller oder jedenfalls anders als vorher darzustellen. Diese Bedürfnisse bediente man im Rock-It mit Musik von The Cure, den Smiths, Sisters of Mercy, Killing Joke, New Order, ein bisschen U2 und ein bisschen R. E. M.

Im Rock-It gab es kein Laufpublikum, keiner stolperte zufällig dort rein. Das war erstens der abseitigen Neuköllner Lage zuzuschreiben, denn ansonsten gab es dort keine weiteren angesagten Discos oder Bars; nur Eckkneipen mit Namen wie «Bierquelle» oder «Bei Dieter» und eine außergewöhnlich hoch frequentierte Currywurstbude an der Saltykowstraße, deren Betreiber angeblich schon Millionär war. Zweitens lag das Rock-It gut versteckt im ersten Stockwerk eines hässlichen, zwischen den Neuköllner Altbauhäusern etwas nach hinten versetzten Neubaus über einem traditionsreichen Bettengeschäft, und nur der aufgeklebte Schriftzug an der nicht allzu gut einsehbaren Fensterfront wies darauf hin, dass diese Lokalität überhaupt existierte. Durch einen Betoneingang gelangte man ins Treppenhaus, in dem man sich zu bestimmten Stoßzeiten gleich hinten in die Reihe stellen konnte, die sich treppauf bis zum Eingang zog.

Eines Abends zu Beginn der Neunziger, also schon nach meiner Schulzeit, war ich auf dem Weg ins Rock-It. Am Umsteigebahnhof Mehringdamm stand ich auf dem Bahnsteig, und ein paar Meter neben mir hampelte ein extrem nervöser Skinhead in Springerstiefeln mit weißen Schnürsenkeln von einem Fuß auf den anderen. Er war mies drauf und brütete Unheil aus. Nur hatte sich bislang noch kein geeignetes Objekt gefunden, an dem er seine überfällige Explosion hätte zünden können. Auf dem Bahnsteig hielten sich nur wenige Leute auf, und niemand beachtete ihn.

Als ich den jungen Türken herankommen sah, war klar, dass gleich etwas passieren würde. Das Spiel lief ab wie vorgesehen, und der Türke ging mit offensiv abschätziger Miene dicht am Glatzköpfigen vorbei. Unheilvolle Blicke kreuzten sich.

«Hast'n Problem, hast'n Problem? Kanake?»

«Was is? Was is?»

«Ob du'n Problem hast, hab ick dich jefragt.»

«Ey, was willst du, Pisser?»

Der Skinhead zog eine Pistole aus der Bomberjacke, darauf hatte er offenbar die ganze Zeit gewartet: «Wann kannick endlich meine Knarre ziehn, wann kannick endlich meine Knarre ziehn?»

Jetzt fuchtelte er also mit der Pistole herum und schrie weiterhin etwas von Problemen. Der Türke wollte verständlicherweise schnell weg und aus der Schusslinie raus, wusste aber nicht, wie er das anstellen sollte, so ohne Stolz-, Gesichts- und Ehrverlust. Deshalb machte er vor dem Skinhead halt, zeigte mit dem Finger auf die Pistole und wiederholte permanent: «Ey. Ey.» Ich, die danebenstand, wusste natürlich sofort, was zu tun war. *Mir* konnte ja nichts passieren. Ich nahm den Türken beiseite und sagte: «Wir gehen jetzt hier mal weg.»

Das klappte sehr gut. Er lief hinter mir her, und wir verließen den Bahnsteig, während der Verrückte mit der Knarre da stehen blieb. Danach kehrte ich zurück, und als die U-Bahn kam, stieg ich, diskret und mit gebührendem Abstand, mit dem Irren in denselben Waggon. Er beachtete mich nicht, möglicherweise war der Vorfall von vor drei Minuten auch schon in seinem vernebelten

Nazikopp versunken. Breitbeinig setzte er sich auf eine Bank und redete manchmal vor sich hin. Andere Fahrgäste schauten auf, aber kaum einer ahnte, dass er irgendwo eine Knarre in der Jacke hatte.

Karl-Marx-Straße stieg ich aus und machte mich auf die Suche nach uniformiertem Personal – BVG, Wachschutz, Polizei, irgendetwas. Aber ich fand niemanden. Dann ging ich ins Rock-It.

Dort traf ich Silke und Johnny, die eigentlich nicht oft tanzen gingen, und erzählte ihnen von dem bewaffneten Freak. Johnny machte den Mund auf, wohl um etwas zu sagen, nieste aber stattdessen, zweimal hintereinander, dann zog er ein leidvolles Gesicht. Silke war ohnehin die geeignetere Kommentatorin für den Vorfall, denn sie studierte Polizeivollzugsdienst an der Fachhochschule für Verwaltung und Rechtspflege, die merkwürdigerweise im Ku'damm-Karree residierte, wo es sonst nur Geschäfte und einen Trödelmarkt gab.

«Mehringdamm müsste doch 'ne Notrufsäule haben», sagte sie und hatte mich damit sofort auf dem falschen Fuß erwischt, denn an Notrufsäulen hatte ich während meiner heldenhaften Aktion gar nicht gedacht.

«Üble Geschichte jedenfalls», meinte Johnny. «Aber wir gehen jetzt mal, ich glaub, ich werd krank.»

Sie überließen mir jeweils zwei Getränkemarken und machten sich davon, während ich mich mit sieben Freigetränkebons in der Hosentasche auf die Suche nach den anderen begab, mit denen ich noch verabredet war an diesem Abend im Rock-It.

In dem populären, vom Informationszentrum Berlin ab 1981 herausgegebenen Stadtführer *Berlin für junge Leute* steht in der siebten, überarbeiteten und erweiterten Auflage von 1987 über das Rock-It: «Publikum bis dreißig, gute Atmosphäre um Mitternacht.» In den Neunzigern zieht das Rock-It weg aus Neukölln, seine Spur verliert sich nach diversen Umzügen und Umbenennungen im neuen Jahrtausend.

SCHULMESSE

$\mathcal{Z}$uerst wusste ich nicht, wie ich es finden sollte, als Silke zum ersten Mal erklärte, dass sie an der Fachhochschule Polizeivollzugsdienst studieren wolle. Silke, Anja und ich hatten eine Freistunde und saßen draußen auf dem Schulhof mit je einer frischen Rosinenschnecke vom Bäcker in der Sonnenallee.

«Ich mach Sport und Bio auf Lehramt», sagte Anja. «Oder Sport und Kunst.»

«Warum denn Kunst?», fragte ich. «Ist doch gar nicht so deine Sache, Kunst.»

«Ich weiß halt noch nicht so genau. Und machst du jetzt Psychologie oder Publizistik?»

«Vielleicht auch Politologie.»

«Hauptsache, irgendwas mit P, oder wie?»

«Was wird man denn mit so was?», fragte Silke.

Diese Frage mochte ich nicht, aber zum Glück redete Silke gleich weiter: «Ich geh übrigens zur Polizei, gehobener Dienst.»

Gehobener Dienst. Soso. Sie hatte offenbar nicht irgendwie irgendeine Idee, sondern einen ganz genauen Plan.

«Seit wann das?», fragte Anja.

«Hab ich mir so überlegt.»

«Na ja, paar Monate haben wir ja noch», meinte Anja. Aber ich wusste: Wenn Silke sagte, sie geht zur «Polizei, gehobener Dienst», dann war das bombensicher genau das, was sie auch tun würde.

Sie war eine unkomplizierte Person mit bemerkenswerten Muskelkräften, die sie erstmals an einem Mittwochmorgen unter Beweis stellte, als sie in der Schulmesse die Predigt ruinierte.

Jeden Mittwoch fand vor Beginn des Unterrichts in der Pfarrei St. Clara, der Kirche in Omas Straße, die Schulmesse statt. Die Teilnahme war grundsätzlich freiwillig, und die Versuchung, nicht zur Messe zu kommen, war enorm groß. Ihretwegen begann der Unterricht mittwochs erst um halb neun, der Gottesdienst aber war um halb acht. Ging man also zur Schulmesse, musste man eine halbe Stunde früher aufstehen als sonst. Ging man nicht, konnte man eine halbe Stunde länger schlafen als sonst.

In den ersten Wochen an der Oberschule in Neukölln waren die Schüler der siebten Klassen noch fast vollzählig im Schulgottesdienst vertreten. Im Laufe des Schuljahres dünnte das etwas aus, und bei den älteren Jahrgängen nahm die Teilnahme dann kontinuierlich ab. Abiturienten saßen kaum noch in der Schulmesse. Auch waren die Schüler am Mittwochmorgen um 7.30 Uhr singfaul, was dem Direktor ganz besonders missfiel. Er selbst kam immer zur Schulmesse und sang demonstrativ laut.

Reihum kümmerte sich eine Klasse um die Vorbereitung des Gottesdienstes, suchte die Lieder aus, formulierte die Fürbitten und legte fest, wer die Lesung vortragen sollte. Diese Aufgabe war gar nicht mal so unbeliebt. Sie bedeutete einen kleinen Auftritt vor der halben Schüler- und Lehrerschaft, bei dem man in ein Mikrophon sprach und dabei Gelegenheit hatte, die eigene Stimme in einem ungewohnten Sound durch ein riesiges Gebäude hallen zu hören.

An dem Mittwoch, als unsere Klasse erstmals die Schulmesse vorbereitet hatte, stellte der Pfarrer in seiner Predigt folgende These auf: In der Gemeinschaft ist man stärker als allein. Zur Illustration hatte er Mikadostäbchen mitgebracht, und er bat Silke, die zufällig links neben seinem Stehpult saß, sie solle mal aufstehen und ein einzelnes Mikadostäbchen durchbrechen. Silke erhob sich und zerbrach das hölzerne Stäbchen. Das Knacken hallte in den hohen Bögen der Kirche wider. Alle konnten nun sehen: Der Einzelne ist schwach und zerbrechlich.

Danach reichte der Pfarrer Silke ein dickes Bündel Mikadostäbchen, wie es selbst die meistens Jungs nicht hätten durchbrechen können. Silke aber bog es kurz, es krachte, und das dicke Bündel war entzwei. Des Pfarrers These war damit widerlegt, den Beweis hatte Silke eindeutig erbracht.

Sie setzte sich wieder hin. In ihrem Gesicht war keine Häme und kein Triumph. Sie hatte ganz absichtslos das getan, was sie tun konnte, ohne sich in die eine oder die andere Richtung manipulieren zu lassen. Weder hatte sie sich übermäßig angestrengt, das Mikadostäbchenbündel zu zerbrechen, um den Pfarrer zu brüskieren und die Mitschüler zu amüsieren, noch hatte sie sich für eine Versuchsanordnung einspannen lassen, deren Ergebnis eigentlich von vornherein feststehen sollte. Der Pfarrer jedenfalls hatte es anders erwartet, das sah man ihm an.

Das Ku'damm-Karree ist eine 1975 in Betrieb genommene weitläufige Ladenpassage, zu der nicht nur das Theater am Kurfürstendamm gehört, sondern auch die unterirdische «Mehrzweckanlage Ku'damm-Karree», ein Atomschutzbunker für 3592 Personen. 1999 eröffnet die Multimediaausstellung «Story of Berlin» im Ku'damm-Karree, deren Besuch auch die Möglichkeit einer Bunker-Besichtigung beeinhaltet.

DER POLIZEI-PRÄSIDENT IN BERLIN

*E*twas Besseres als Silke hätte dem Polizeivollzugsdienst gar nicht passieren können. Nachdem sie Anja und mir in der Freistunde auf dem Schulhof verkündet hatte, sie wolle zur Polizei, ging sie natürlich auch zur Polizei. Zur Schutzpolizei. Gehobener Dienst. Sie revidierte ihre Zukunfts- und Berufsvorstellungen nicht noch x-Mal, so wie ich. Sie absolvierte Praxisphasen, schloss ihr Studium ab und trat gegen Mitte der neunziger Jahre ihre erste Stelle an, und zwar auf einem Polizeiabschnitt in Neukölln.

Das war genau in der Zeit, zu der dieses Neukölln begann, in die Schlagzeilen zu geraten, als sozialer Brennpunkt. Ich studierte an der Freien Universität in Dahlem ein Fach mit P, meine Großeltern waren beide gestorben, das Rock-It war nach Schöneberg umgezogen, und so führte mich schon seit längerer Zeit nichts mehr nach Neukölln. Silke hingegen tauchte jetzt ganz tief ein in die Probleme unseres alten Schulkiezes. Wenn wir uns trafen, erzählte sie von einem Alltag, der von meinem grundverschieden war. Ich kannte all die Ecken und die Straßen, in denen sich die

Szenen aus Silkes Geschichten abspielten, und trotzdem kamen sie von einem anderen Planeten.

Meine eigenen beruflichen Pläne waren indessen immer noch reichlich verschwommen. Gerade überlegte ich, ob ich vielleicht «irgendwas mit Schreiben» machen sollte, und dachte, das, was Silke da täglich erlebte, wäre doch schon mal ein trefflicher Stoff für mindestens eine tolle Reportage.

«Sag mal, Silke», sagte ich zu ihr, als wir uns an einem Freitagmorgen vor ihrem Schichtbeginn im Café Atlantic in der Bergmannstraße zum Frühstück trafen. «Meinst du, ich könnte vielleicht mal mitkommen bei deiner Arbeit? Mit Streife fahren und so?»

«Warum?»

«Na ja, ich überlege, ob ich was darüber schreiben könnte.»

«Für eine Zeitung?»

«Keine Ahnung. Vielleicht für eine Zeitung.»

«Willst du jetzt Journalist werden?»

«Frag mich nicht immer, was ich werden will.»

«Ich mache mir halt Sorgen.»

Ich sah Silke an. Nein, das hatte sie nicht ernst gemeint.

«Außerdem würde ich, wenn schon, dann Journalist*in* werden.»

Silke biss von ihrem Marmeladenbrötchen ab, draußen brüllte ein Radfahrer einem Auto hinterher, das ihm gerade die Vorfahrt genommen hatte. Sie kaute und sagte: «Also, ich kann mich ja mal kundig machen bei meinem Vorgesetzten.»

Ein paar Tage später rief sie mich an mit der Nachricht, so etwas sei «prinzipiell möglich». «Mein Vorgesetzter kann das aber nicht entscheiden, du müsstest erst eine Erlaubnis bei der Pressestelle des Polizeipräsidenten beantragen.»

«Okay.»

«Haste was zu schreiben?»

«Hab ich.»

«Schreib dir mal auf: ‹Der Polizeipräsident in Berlin, zu Händen Frau Knakowske›, und dann musst du schreiben: PPr, und zwar großes P, großes P, kleines r, und dann: Stab 41.»

«PPr Stab 41.»

«Genau. Das ist die entsprechende Dienststelle. Die Adresse ist Platz der Luftbrücke 6, 12101 Berlin. Haste?»

«Hab ich.»

«Und dann beziehste dich in dem Schreiben am besten auf meinen Vorgesetzten, Polizeihauptkommissar Maschek. Der ist informiert.»

Diese Ansagen vermittelten mir gleich eine Ahnung von den weniger aufregenden Seiten des Polizeialltags, von der Polizei als Behörde.

Ich schrieb den Brief, schickte ihn ab und wartete. Nach zwei Wochen rief ich bei der Pressestelle des Polizeipräsidenten an und hinterließ eine Nachricht auf einem Anrufbeantworter. Nach noch mal zwei Wochen hakte ich die Idee ab und dachte nicht mehr daran, bis schließlich, fast einen Monat später, ein Schreiben von der Pressestelle des Polizeipräsidenten in meinem Briefkasten lag. Betreff: *Ihr Anliegen wurde genehmigt.* Darunter:

Sie dürfen ein Team der Polizei bei Einsätzen begleiten. Die Termine sind noch mit dem Dienstgruppenleiter abzustimmen. Die in der Anlage beigefügten Vordrucke bitte ausgefüllt an uns zurücksenden: 1. Einverständniserklärung zur Leumundsüberprüfung, 2. Niederschrift über die Verpflichtung zur datenschutzrechtlichen Geheimhaltung nach § 8 des Berliner Datenschutzgesetzes, 3. Verpflichtung nach § 1 des Gesetzes über die förmliche Verpflichtung nichtbeamteter Personen (Verpflichtungsgesetz).

Silke freute sich. Einen Moment lang hatte ich befürchtet, es könnte alles eine Zumutung für sie sein, aber sie freute sich.

Hauptkommissar Maschek saß in seinem Dienstzimmer und bot mir einen Kaffee an, einen klassischen Behörden-Filterkaffee aus der Thermoskanne. Er legte mir noch mehr unverständliche Formulare zum Unterschreiben vor und überreichte mir ein in Folie verschweißtes Schild zum Anklemmen, verbunden mit der Anweisung, dieses bitte stets sichtbar an meiner Kleidung zu tragen. Auf dem Schild stand «Praktikantin».

Es war früher Abend, die Spätschicht übergab an die Kollegen von der Nachtschicht. Silke stellte mich ihrem Kollegen vor, mit dem sie heute Streife fahren würde, holte mir eine schusssichere Weste aus einem Schrank, die ich mir überziehen musste, und dann ging es auch gleich los zum ersten Einsatz: Ladendiebstahl beim Aldi in der Hermannstraße.

Ein älterer Mann mit grauen Haaren, grauem Gesicht und roter Säufernase hatte ein Päckchen Wurst gekauft, dazu aber noch eine Packung Kekse geklaut. Ganz zerknirscht saß er in diesem Kabuff neben den Kassen, aus dem der Ladendetektiv heraus-, aber keiner hineingucken konnte, einer dieser Orte, von denen man gar nicht weiß, dass sie existieren. Als die Polizei kam, sagte er gleich:

«Ick jeb allet zu. Ick hab Scheiße jebaut, ick weeß dit. Dit is nich korrekt, wat ick jemacht hab, ick schäm mir.»

Silke musste alles in ein Protokoll notieren. Der Ladendetektiv war ein erstaunlich sanftmütiger Mensch mit einem langen, unaussprechlichen Namen; er sah den Mann an: «Ich kenne Sie, Sie sind ja Stammkunde.»

«Ja, ick bin hier Stammkunde.»

Silke fragte ihn, ob er einen Job habe, und der Mann erklärte, er arbeite Teilzeit. Warum er dann stehlen müsse, fragte Silke.

«War ja grad bei der Bank, und da warn fünf Mark minus. Da hab ick mir die Kekse einjesteckt.»

Der Detektiv seufzte. «Hier, ich geb Ihnen die zwei fünfzig für die Kekse, damit können Sie die an der Kasse bezahlen. Sie haben aber trotzdem ab jetzt zwei Jahre Hausverbot, tut mir leid.»

Gleich danach wurden wir zum nächsten Ladendiebstahl gerufen, diesmal bei H&M an der Karl-Marx-Straße.

Berlin ist das einzige Bundesland, in dem nicht nur die konkrete Person des Polizeipräsidenten, sondern die gesamte polizeiliche Behörde den Namen Polizeipräsident beziehungsweise «Der Polizeipräsident in Berlin» trägt. Die ersten weiblichen Polizistinnen werden 1926 eingestellt.

TRANSIT

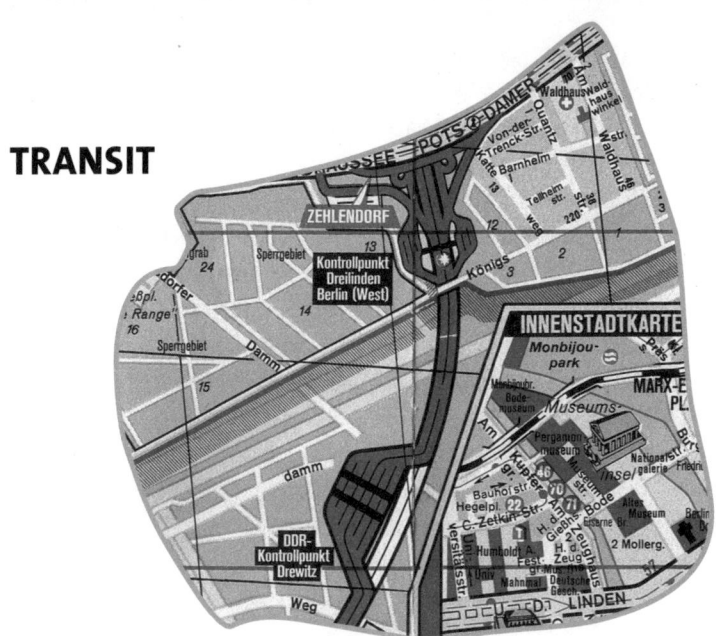

*A*lle anderen Kinder, mit denen ich in den Ferien auf der Nordseeinsel Föhr die Tage verbrachte, kamen nicht aus Berlin. Manche waren aus Lübeck, manche aus Hamburg und manche aus Bremen. Ein paar kamen auch von nirgendwoher, sie wohnten einfach dort auf der Insel. Einmal lernte ich am Strand ein Mädchen kennen, das sehr merkwürdig sprach, und sie erklärte mir, das sei Schwäbisch.

«Das klingt aber komisch», sagte ich zu ihr, denn ansonsten fand ich sie ganz nett. Sie meinte, Schwäbisch sei praktischer als Hochdeutsch, zum Beispiel heiße es auf Hochdeutsch: «Hast. Du. Einen. Ball.» Sie sprach das sehr umständlich, abgehackt und mit Pausen zwischen den Wörtern. Auf Schwäbisch aber könne man einfach sagen: «Haschtn Ball?», und das sei ja wohl viel kürzer und einfacher. Abends im Bett fiel mir auf, dass man auch ohne

Schwäbisch sagen kann: «Hast 'n Ball?» Aber am nächsten Tag war das Mädchen nicht mehr da, und ich konnte ihr nicht mehr beweisen, dass man Schwäbisch nicht brauchte.

Wenn ich erzählte, dass ich aus Berlin war, wollten die meisten gleich wissen: Ost oder West? Ich sagte: «West natürlich!», denn als Ost-Berliner konnte man nicht einfach nach Föhr fahren, um dort Urlaub zu machen. Manchen musste ich das extra erklären. Fast allen aber musste man erklären, dass die Mauer nicht durch Berlin hindurch, sondern um Berlin herumgebaut ist. Also wohl auch durch Berlin hindurch, aber eben nicht nur. Um ganz West-Berlin stehe die Mauer und dahinter sei alles Osten, in jeder Richtung. Viele wollten das nicht glauben und lieber erst mal ihre Eltern fragen, ob das auch die Wahrheit sei. Besonders schrecklich war es, wenn eines der Kinder hinterher meinte: «Mein Vater sagt, das stimmt gar nicht!» Das machte mich sehr wütend, denn die Welt war so geregelt, dass es reichte, erwachsen zu sein, um gegenüber Kindern recht zu haben. Ich machte mir eine innere Notiz: Wenn ich später erwachsen bin, will ich nur dann recht haben, wenn es auch wirklich stimmt, was ich sage.

Die, die mir glaubten, dass die Mauer um die ganze halbe Stadt herumführt, waren manchmal schockiert. Wie man denn da rauskäme? Na, mit dem Auto oder mit dem Flugzeug, meinte ich. Ob es nicht schrecklich wäre, immer so eingesperrt zu sein? Erstens, sagte ich, sieht man die Mauer nur, wenn man da hinfährt. Da, wo ich wohne, sehe ich die zum Beispiel nie und ich sei auch noch niemals zufällig dagegengeprallt und musste mir denken: Oh, die Mauer, dann muss ich wohl jetzt wieder umkehren. Und zweitens konnte ich immer auf das Meer um Föhr herum zeigen und erklären: «Berlin ist auch wie eine Insel.» Das war das überzeugendste Argument, danach hatte es jeder verstanden. Nur einmal tauchte der Einwand auf, das Meer sei aber viel schöner als eine Betonmauer. Im Meer lebten Fische und Krebse, außerdem bewege es sich und bei Ebbe sei es sogar manchmal weg. Es war ein einheimisches Kind, das mich damit konfrontierte. Ich hatte dem nicht viel entgegenzusetzen. Eine Insel im Meer war wirklich schöner als eine Insel im Osten, oder, wie meine Mutter sagte, in der Täterä.

Zu der Insel im Meer fuhr man mit einer Fähre, was an sich schon toll und Bestandteil vom Urlaub war, obwohl es bei trübem Wetter an Deck extrem ungemütlich sein konnte, während man bei Sonnenschein keinen Schatten fand und die Möwen beängstigende Attacken flogen. Durch die Täterä fuhr man mit dem Auto oder mit dem Zug. Ich fand es nicht uninteressant, wenn mein Vater an der Grenze hielt und wir darauf warteten, dass ein Mann in grauer Uniform herantrat und nach Schusswaffen, Munition, Funkgeräten und Kindern fragte. Waffen und Funkgeräte verneinte mein Vater, aber er sagte: «Ein Kind», und das war ich. Der Grenzer guckte nach hinten rein zu mir, und ich guckte zurück. Danach kam noch mal irgendwas mit Papieren, und dann konnte man durch den Osten fahren. Kulunk, kulunk machte es immer bei der Fahrt über die Betonplatten der Transitautobahn, weil die Fugen dazwischen so groß waren. Das Grenzprocedere gehörte, ähnlich wie das Fährefahren, zum Gesamterlebnis des Reisens.

Verwirrend war die Berlin-Beschilderung außerhalb der Stadt. Da stand: «Berlin – Hauptstadt der DDR». Berlin sei nicht die Hauptstadt, hatte ich von meinen Eltern gelernt und mich immer schon ein wenig darüber gewundert, denn Berlin sah einfach sehr danach aus, als müsste es eine Hauptstadt sein. Und nun bestätigten die Schilder meinen Eindruck. Groß und offiziell war darauf zu lesen, dass Berlin eben doch die Hauptstadt ist. Ich machte meine Eltern darauf aufmerksam, dass sie da womöglich etwas übersehen hatten, von wegen «nicht die Hauptstadt», aber eine Erklärung hatten die Erwachsenen natürlich wieder schnell bei der Hand: Nicht West-, sondern Ost-Berlin sei Hauptstadt der DDR, die Hauptstadt von Deutschland sei Bonn. Meiner Meinung nach war das eindeutig ein Pluspunkt für die DDR.

Meine Eltern hielten trotzdem nie in der DDR an den Intershops an, aus politischen Gründen, und waren froh, wenn ich unterwegs nicht auf die Toilette musste. Beim Teekesselchenspiel auf der langweiligen Transitstrecke punktete ich dann mit dem Teekesselchen «Berlin», von dem es ja offenbar zwei verschiedene gab, eine Heimatstadt und eine Hauptstadt.

Es war schließlich meine Mutter, die mal rausmusste. Wir hielten an einer Raststätte, und während sie zur Toilette verschwand, kaufte mein Vater ein paar belegte Brote für uns. Nachdem sie wieder zurück war, betrachtete meine Mutter ihr Brot mit Misstrauen und biss nur sehr zögerlich hinein.

«Wie sah es dadrin denn aus?», fragte sie.

Mein Vater zuckte die Schultern. Wie sollte es da schon ausgesehen haben.

«Die Bedienung hatte Pickel an den Beinen», sagte er, und meine Mutter steckte die Stulle angewidert zurück in die Tüte.

An die Nordsee fuhren wir aber meistens mit dem Zug und ohne Männer. Wir, das waren meine Mutter, ich, Tante Evi und ihre Pflegetochter Mbuyi, die wie ich in Berlin geboren, deren Eltern aber aus Afrika nach Berlin gezogen waren. Ihre Papiere wurden an beiden Grenzübergängen immer extra ausführlich kontrolliert – ein Procedere, das wir gern noch einmal nachspielten, wenn der Zug wieder rollte.

Wenn wir endlich auf der Insel waren, flanierten Mbuyi und ich über die Strandpromenade, wo sich alte Tanten mit Hut in unseren Weg stellten, um dem kleinen dunkelhäutigen Mädchen Bonbons zuzustecken und ihre Haare anzufassen.

«Versteht sie Deutsch?», fragten sie mich.

«Nein», sagte ich. Und dann zu Mbuyi: «Huba huba huba?»

«Hubala hubala», antwortete sie.

«Sie bedankt sich herzlich für die Bonbons.»

Der Transitverkehr zwischen West-Berlin und der restlichen Bundesrepublik verlief über festgelegte Strecken, die nicht verlassen werden durften. Treffen mit DDR-Bürgern waren dabei streng verboten. Bei der Durchreise durch die DDR mit dem Auto wurden am Grenzkontrollpunkt die Personal- und Fahrzeugpapiere geprüft, und die Durchreisenden erhielten ein Transitvisum mit Datum- und Uhrzeitstempel, das bei der Ausreise wieder abgegeben werden musste.

ÄGYPTISCHES MUSEUM

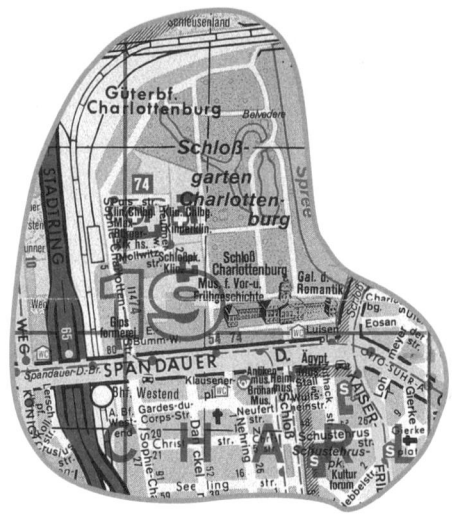

*J*m Frühjahr 1980 gastierte die große Tutanchamun-Ausstellung im Ägyptischen Museum in Berlin. Schon Wochen vorher hingen Plakate mit dem goldenen Pharaonenkopf überall in der Stadt, ich sah ihn in Zeitungen und Magazinen. Er sah so kindlich, so schön und so prächtig aus, dass sich alle kleinen Mädchen in Tutanchamun verliebten. Meine Freundin Jana aus dem Nebenhaus ging mit ihren Eltern am ersten Wochenende nach der Eröffnung ins Museum und brachte einen großen Ausstellungskatalog mit, in dem wir blätterten, als ich bei ihr zu Hause war. Während wir die Abbildungen von Hieroglyphen und Schätzen betrachteten, erzählte ich ihr, dass ich am nächsten Wochenende ebenfalls die Tutanchamun-Ausstellung besuchen würde.

Schön für dich, sagte Jana, aber nicht ungefährlich, wegen des Fluchs. Ich fragte sie, was denn für ein Fluch? Ich solle bloß nichts von da mitnehmen, meinte sie, man könne bei der Ausstellung nämlich Sachen kaufen, aber die stammten aus dem Grab von Tutanchamun, und wenn man sie mitnähme, treffe einen der Fluch der Pharaonen.

«Echt?»

«Guck mal hier.» Jana, oder Janas Eltern, hatten vorne in den Katalog Zeitungsausschnitte hineingelegt, in denen es darum ging, wie Grabplünderer vom Fluch der Pharaonen heimgesucht wurden. Alle starben binnen Tagen bei mysteriösen Unfällen oder an schrecklichen Krankheiten.

Am Sonntag fuhr ich mit Mama und Papa ziemlich weit, quer durch die Stadt bis zum Schloss Charlottenburg. Eine zwiespältige Gegend, wie ich fand. Natürlich stand da das schöne Schloss, in dem wir auch schon mal drin gewesen waren. Bei der Besichtigung mussten sich alle Besucher große Filzpantoffeln über die normalen Schuhe ziehen, in denen man nicht richtig gehen konnte, nur schlurfen. Dass alle in großen Filzschuhen herumschlurfen mussten, war das Eindrücklichste am Schloss Charlottenburg, zusammen mit einem Zimmer, das bis dicht unter die Decke voll war mit Porzellan. Der Rest war ganz schön und mit viel Gold, aber ich war froh, als wir die Filzschuhe zurückgeben und wieder nach draußen gehen konnten.

Danach spazierten wir durch den Schlossgarten, zusammen mit all den anderen Berlinern, die sich an diesem Sonntag gedacht hatten: Und heute fahren wir mal zum Schloss Charlottenburg. Irgendetwas musste man offenbar immer unternehmen am Sonntag, aber irgendetwas stimmte auch nicht an dieser Idee, oder warum sonst waren Sonntagsausflüge meist irgendwie bedrückend? Um das Schloss Charlottenburg herum war es jedenfalls besonders bedrückend, was vielleicht an der gediegenen, weitläufigen Leere der Gegend lag, in der die Sonntagsberliner herumirrten auf der Suche nach Glorie und Vergangenheit, Kaffee und Kuchen.

Das Ägyptische Museum befand sich gegenüber vom Schloss. Draußen hingen überall die bekannten Plakate mit dem goldenen Tutanchamun darauf. Auf dem Weg vom Auto zum Museum war es windig, kalt und nass, und nach der langen Fahrt hatte ich die

Lust auf die gesamte Unternehmung fast verloren. Im Museum aber war es trocken, warm und angenehm beleuchtet, und vor allem waren die Dinge, die es dort zu sehen gab, wahnsinnig faszinierend. Vor der berühmten goldenen Totenmaske des Pharaos drängelten sich die Leute, Tutanchamun war der große Star. Alle starrten ihn an, alle wollten etwas von ihm. Daran war er selbst nicht unschuldig, denn sein Blick, seine großen umrandeten Augen, seine eigenartige Haube mit einem Schlangen- und einem Geierkopf über dem Gesicht, sein ganzes massivgoldenes Wesen suggerierte einem, dass er Bescheid wusste über alle Geheimnisse der Welt. Und über die anderer Welten auch.

Unten im Museum, bevor man sich an der Garderobe seine Sachen zurückholte, war tatsächlich dieser Laden, in dem es ägyptische Sachen zu kaufen gab, genau wie Jana berichtet hatte. Mir gefielen besonders die kleinen goldenen Kettenanhänger mit Hieroglyphen, und meine Mutter meinte, ich könnte mir einen aussuchen.

«Aber der Fluch!», sagte ich. Sie sah mich an. «Jana hat mir erzählt, die Sachen darf man auf gar keinen Fall mitnehmen, weil einen sonst der Fluch der Pharaonen trifft.»

«So ein Unsinn.»

«Das ist kein Unsinn, das stand sogar in der Zeitung. Hat Jana mir gezeigt.»

«Ulrike, es gibt Zeitungen, die schreiben nur Quatsch. Außerdem sind das hier gar nicht die echten Sachen aus den Pharaonengräbern. Das ist doch alles nachgemacht.»

So kam ich zu einem sehr schönen, echt nachgemachten goldenen Anhänger mit Hieroglyphen, der in einer kleinen blauen Schmuckschachtel zwischen Samtkissen eingeklemmt war.

Gleich am nächsten Tag zeigte ich Jana und Kathrin den Anhänger.

Jana sagte: «Hätt ich lieber nicht gemacht an deiner Stelle.»

Ich erklärte ihr, dass man in dem Museumsladen gar keine

echten ägyptischen Sachen kaufen könne, bloß Nachbildungen, aber Jana meinte: «Hätt ich trotzdem nicht gemacht.»

Als ich meinen neuen Anhänger abends an einer Kette um meinen Hals hängen wollte, konnte ich ihn nicht mehr finden. In der Schmuckschachtel war er nicht, und auch nirgendwo sonst. Am nächsten Tag traf ich Jana und erzählte ihr davon. Sie machte ein ernstes Gesicht und sagte: «Also, ich hab gestern gesehen, wie Kathrin sich etwas in die Hosentasche gesteckt hat, nachdem du uns den Anhänger gezeigt hast.»

«Hat sie den Anhänger eingesteckt?»

Jana hob die Schultern. «Es war irgendwie klein und golden.»

«Dann muss ich jetzt sofort zu Kathrin und sie nach dem Anhänger fragen!»

«Würde ich nicht machen.»

«Warum?»

«Wird sie ja nicht zugeben, dass sie den geklaut hat. Ich will eh nicht mehr so viel mit Kathrin machen. Meine Mutter sagt auch, Kathrin ist eigentlich kein guter Umgang.»

Das hatte ich noch nie gehört: «kein guter Umgang».

«Hat sie dir auch schon mal was weggenommen?»

«Schon ganz oft.» Jana hob wieder die Schultern.

Ich war schockiert. Mir hatte sie bis jetzt noch nie etwas weggenommen.

Zu Hause erzählte ich meiner Mutter, dass Kathrin mir den Anhänger aus dem Ägyptischen Museum gestohlen habe, Jana hätte es gesehen. Meine Mutter meinte, dann solle ich zu Kathrin gehen und ihr sagen, dass sie mir den Anhänger wiedergeben soll, vielleicht wollte sie ihn ja nur mal borgen und hätte sich nicht zu fragen getraut.

Genau, dachte ich mir, genau so muss es gewesen sein. Sie wollte den Anhänger vielleicht gar nicht stehlen.

Bei Kathrin zu Hause war ich nur selten, weil sie sich das Zimmer mit ihrer kleinen Schwester teilen musste, was nervte. Das andere Zimmer teilten sich ihre beiden Brüder, und die nervten noch mehr. Kathrin hatte ein Meerschweinchen, und einen Hund gab es auch. Es war insgesamt sehr voll in der Wohnung. Das letzte Mal war ich bei ihr gewesen, als ihr kleiner Bruder von einem Auto angefahren wurde. Damals klingelte ich bei Kathrin, lief nach oben, weil sie im ersten Stock wohnte, und sagte ihrer Mutter Bescheid. Die stand gerade in der Küche mit einer Schüssel in der Hand, die sie einfach auf den Boden fallen ließ und dann rausrannte. Kathrins Bruder war nicht viel passiert, er hatte am nächsten Tag nur einen Verband an der Hand und ein Pflaster am Knie.

Ich klingelte also wieder bei Kathrin. Sie konnte gerade nicht runterkommen, deshalb ging ich zu ihr hoch. Ihr kleiner Bruder rannte mit einem Flugzeug in der Hand durch die Wohnung und schrie dabei: «Torpedo! Torpedo!» Kathrin war in ihrem Zimmer und sollte den Meerschweinchenstall sauber machen. Ihre kleine Schwester saß auf dem Bett und kämmte eine Puppe. Ich erzählte Kathrin, dass Jana gesehen hätte, wie sie etwas Kleines, Goldenes in ihre Hosentasche gesteckt hat, und fragte sie, ob sie sich meinen ägyptischen Anhänger hätte ausleihen wollen. Kathrin sah mich mit offenem Mund an.

«Ich hab den Anhänger nicht», sagte sie. «Ich hab mir überhaupt gar nichts von dir in die Hosentasche gesteckt!»

«Wär aber auch nicht schlimm», meinte ich. «Wenn du dir was borgen willst von mir, kannst du mich ruhig fragen.»

«Ja, weiß ich ja.»

«Aber ich finde seit gestern meinen Anhänger nicht mehr.»

«Ich hab ihn aber nicht! Jana lügt!»

Ein paar Tage später kam Jana zu mir. Sie holte ein kleines Papierknäuel aus ihrer Hosentasche, drückte es mir in die Hand und sagte, ich solle es erst auswickeln, wenn sie weg sei. Danach ging sie gleich wieder. Ich faltete das Papier auseinander und fand darin den goldenen Anhänger. Ich freute mich riesig, lief zu meiner Mutter und sagte: «Guck mal, Jana hat mir den Anhänger zurückgebracht!»

«Ich kann Jana nicht leiden», meinte meine Mutter.

«Wieso?»

«Weil sie eine intrigante kleine Zicke ist.»

In den ehemaligen Offizierskasernen, die der preußische Baumeister Friedrich August Stüler gegenüber vom Schloss Charlottenburg nach Entwürfen Friedrich Wilhelms IV. errichtet, residiert ab 1960 das Ägyptische Museum. Im Jahr 2005 zieht die ägyptische Sammlung West zurück an ihren ursprünglichen Standort auf der Museumsinsel im Ostteil der Stadt; die während der deutschen Teilung in zwei Sammlungen verwahrten Exponate werden dort wieder zusammengeführt. Im östlichen Stülerbau befindet sich seit 2008 die Sammlung Scharf-Gerstenberg mit vielen Gemälden der Surrealisten, im westlichen, seit 1996, das Museum Berggruen.

AM
INSULANER

*D*ie Allianzen innerhalb der Kinderszene in unserem Viertel waren stetig im Wandel. Einen Sommer lang hatte ich mich fast ausschließlich mit Daniela Graf getroffen, es war 1982, der Sommer der Neuen Deutschen Welle. In Spanien war gerade Fußballweltmeisterschaft. Manchmal sahen Daniela und ich uns ein WM-Spiel im Fernsehen an, und dann schrieben wir auf die Melodie von Peter Schillings «Major Tom» einen Song für Pierre Littbarski mit dem Refrain «Ja, wenn Litti stürmt, jeder Torwart türmt». Wir nahmen das Lied auf Kassette auf, hatten aber selbstverständlich keinen Schimmer, wie die Kassette zu Pierre Littbarski kommen sollte.

Ich danke dem Himmel, dass es damals nicht die Möglichkeit gab, selbstgemachte Videos auf YouTube hochzuladen.

Fast täglich fuhren wir mit dem Fahrrad zum Sommerbad am Insulaner. Der Insulaner ist ein begrünter Hügel, ein erhöhter Park, zu dem neben dem Bad eine Sternwarte, ein Planetarium und eine Minigolf-Anlage gehören. Wie bei so ziemlich allen begrünten Hügeln Berlins liegen darunter die Trümmer der Stadt, Steine, die noch in den dreißiger Jahren Gebäude waren.

Schon während wir unsere Räder zwischen den anderen

zweihundert Rädern vor dem Bad anschlossen, brachte uns die Geräuschkulisse aus Kindergekreisch, dem Sound ins Wasser plumpsender Körper, den Ansagen des Bademeisters durchs Megaphon («Nicht vom Rand springen!») zusammen mit der verheißungsvollen Geruchsmelange aus Chlor, Sonnencreme und Pommes in herrlichste Sommerbadstimmung.

Wir lagen auf unseren Badetüchern und spielten Kniffel, das war unser Ding. Ab und zu ging es zur Abkühlung ins Wasser. Manchmal suchten wir aber auch den Spielplatz auf, denn das quadratisch angelegte Klettergerüst war ein angesagter Treffpunkt, um Viereckenraten zu spielen. Für Viereckenraten brauchte man vier Mitspieler, aber weil der Andrang groß war, spielten wir in Zweierteams zu acht. Daniela und ich waren natürlich ein Team. Oben auf dem Klettergerüst, auf jeder Ecke, saßen also jeweils zwei Spieler. Einer musste eine Frage stellen, und zwar nach dem Muster: «Eine Blume mit R.» Die anderen mussten raten, welche Blume mit R gemeint ist, und wer die richtige Antwort hatte, konnte mit dem Fragesteller die Ecke tauschen, also runterspringen vom Gerüst und auf der anderen Seite wieder hochklettern. Wenn man oben war, hatte man «Sitze!» zu schreien. Wer Erster war, durfte die neue Frage stellen.

In diesem Sommer lautete jede dritte Frage: «Eine Gruppe der Neuen Deutschen Welle mit XY», was eine neue Spaß-Dimension in dieses grundsimple Spiel brachte, denn Neue-Deutsche-Welle-Gruppen hatten sehr viel interessantere Namen als Blumen, Länder oder Mädchen. Daniela und ich kannten anfangs nur Trio, Nena und Falco, aber es gab da diesen etwas älteren Jungen, der sich sehr gut auskannte mit Gruppen der Neuen Deutschen Welle. Von ihm lernten wir so irritierende Bandnamen wie Einstürzende Neubauten, Stahlnetz, Fehlfarben oder Neonbabies. Um mithalten zu können, bemühten wir uns intensiv um Weiterbildung. Wir hielten Augen und Ohren offen für alles, was deutsch war und einen schrägen Namen hatte, im Radio, auf den kleinen, an

Stromkästen geklebten Plakaten, in Zeitschriften, im Fernsehen. Auf einem Plakat entdeckte ich den Bandnamen «Sprung aus den Wolken». Ich war entzückt und brachte ihn beim nächsten Viereckenraten am Insulaner sofort zum Einsatz. «Eine NDW-Gruppe mit S», forderte ich, und bekam Stahlnetz, Spider Murphy Gang und Spliff. Als niemand mehr weiterwusste, löste ich auf: «Sprung aus den Wolken.» Alle waren beeindruckt. Musik von denen kannte ich nicht. Hätte mir wahrscheinlich auch nicht gefallen, denn für experimentellen Industrial Noise Punk hatte ich mit elf noch kein Ohr.

Immerhin aber hatte ich, als die Schule wieder losging, von NDW unendlich mehr Ahnung als alle anderen in meiner Klasse und fand Nena und Markus unfassbar langweilig.

Nachdem der Sommer vorbei und das Bad am Insulaner geschlossen war, gingen Daniela Graf und ich noch zusammen Minigolf spielen auf dem Minigolfplatz am Lankwitzer Gemeindepark. Ich hatte dort schon einmal mit meiner Mutter Minigolf gespielt, wobei sie mir die Spielregeln erklärt hatte, aber leider völlig falsch. Sie hatte gesagt, man hätte zehn Versuche, den Ball ins Loch zu schlagen, und wenn man es nicht schafft, bekommt man eine 11 in den Block eingeschrieben. Irgendwann stand der Mann vom Minigolfplatz neben uns und fragte:

«Wat machen Sie denn hier?»

Wir wussten nicht gleich, worauf er hinauswollte.

«Sie spielen ja ewig hier. Man hat nur sechs Schläge.»

«Ach so», sagte meine Mutter.

Aber der Mann war noch nicht fertig mit uns.

«Wenn sich jeder hier zwanzig Schläge nimmt pro Bahn, dann könnwa ooch den Eintritt verdoppeln, hier. So jehts ja nich, hier.»

Außer uns waren nur zwei andere Männer auf dem Platz. Die waren mehrere Bahnen vor uns und hatten jeder ein kleines Köfferchen dabei, in dem sie ihre eigenen Bälle mitgebracht hatten. Unterschiedliche Schläger hatten sie auch. Ihnen winkte der

Mann freundlich zu, als er ging und uns endlich wieder in Ruhe ließ. Irgendwie war die Minigolfpartie danach für mich verdorben, und meine Mutter nannte den Mann einen Spießer.

Daniela Graf ging gern Minigolf spielen; sie hatte sogar ein paar eigene Bälle und einen eigenen Schläger, so wie die Männer auf dem Platz damals. Es war in Ordnung, mit ihr zu spielen, aber erstens gewann sie ständig mit ihren Spezialbällen, und zweitens hatte der Minigolfplatz irgendwie verschissen bei mir, zumal derselbe Mann, der Spießer, immer noch da in seinem Häuschen saß. In den Ferien am Insulaner und während der Fußball-WM war es einfach besser gewesen mit Daniela. Die Kassette mit dem Littbarski-Lied blieb bei ihr liegen und wurde vergessen oder mit NDW-Musik überspielt.

Im Finale der Fußball-WM besiegte Italien Deutschland mit 3:1.

Der Insulaner an der Bezirksgrenze von Steglitz und Schöneberg ist einer der vielen Erhebungen Berlins, die nach dem Zweiten Weltkrieg aus den Trümmern der Stadt aufgeschüttet werden. Seinen Namen erhält der Trümmerberg 1951 durch einen Ideenwettbewerb an Schöneberger Schulen. Die Siegeridee «Insulaner» bezieht sich auf die äußerst beliebte kabarettistische Radiosendung «Die Insulaner», die von 1948 bis 1964 im RIAS lief.

Die 1980 gegründete Berliner Band Sprung aus den Wolken zählt zur Bewegung der «Genialen Dilletanten». 1987 steuern sie ein Stück zum Soundtrack des Films *Der Himmel über Berlin* von Wim Wenders bei. Ihr vorläufig letztes Album erscheint 2011.

UNION-FILM-STUDIOS

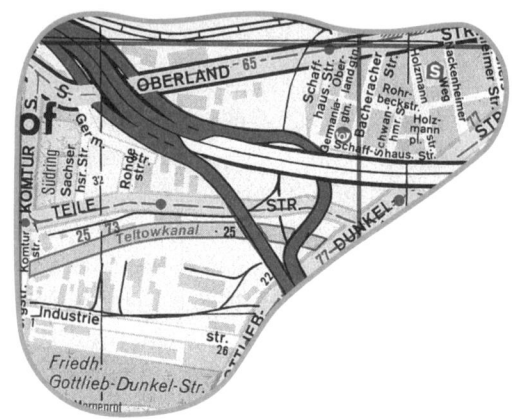

*D*ie Einzige aus dem ganzen kinderreichen Viertel, mit der ich dieselbe Schule besuchte, war Judith, denn Judith war ebenfalls katholisch. Wir gingen auch zusammen zur Erstkommunion in unserer kleinen, flachen Neubau-Kirche, die überhaupt nichts gemeinsam hatte mit der großen, hohen Kirche in Neukölln. Vor der Erstkommunion besuchten wir einmal in der Woche den Erstkommunionsunterricht. Davor waren wir schon zum Beichtunterricht gegangen. Den Abschluss des Unterrichts bildete die erste Beichte, bei der es darauf ankam, dem Pfarrer die Sünden aufzuzählen, die wir begangen hatten.

Am Tag vor der Beichte saßen Judith und ich vor je einem Zettel, auf dem wir gerade die Sünden notierten, von denen wir am nächsten Tag bei der Beichte erzählen wollten. Das hatte uns die Katechetin so geraten, damit wir in der Aufregung nicht alles vergessen. Unser Sünden-Brainstorming verlief etwas schleppend, wobei mir mehr Sünden von Judith einfielen als von mir selber. Zum Beispiel hatte sie mich auf dem Nachhauseweg vom Beichtunterricht einfach nur so aus Gemeinheit in die Büsche geschubst, und einmal, als wir allein bei ihr zu Hause waren, hatte sie mich zu einer Mutprobe aufgefordert, die darin bestand, auf der Balkonbrüstung entlangzuspazieren. Judith wohnte im siebten Stock. Ich wäre noch nicht einmal bei uns im zweiten Stock auf der Balkonbrüstung spaziert, aber Judith schwang sich hoch und lief von links nach rechts. Und als sie sah, dass ich fast ausflippte vor Angst, ging sie provozierend langsam zurück von rechts nach links.

Auf meinen Beichtzettel schrieb ich, dass ich meiner Mutter manchmal nicht geholfen hatte mit irgendwas, dass ich mein Zimmer nicht aufgeräumt und dass ich geschwindelt hätte.

Judith war nicht von Anfang an mit mir auf der katholischen Grundschule, sie kam erst zur fünften Klasse dazu. Hauptsächlich, weil ihre Eltern sich davon einen positiven Einfluss auf ihre Tochter erhofften, die sich schon damals mehr für Jungs als für Schule interessierte. Dabei ließen sie leider völlig außer Acht, dass nicht Judith von ihrem Umfeld geprägt wurde, sondern dass es stets andersherum war.

Wenig überraschend hatte Judith nach dem Schulwechsel keinerlei Schwierigkeiten, in ihrer neuen Klasse anzukommen, alle wollten sofort mit ihr befreundet sein, Mädchen wie Jungs. Judith verteilte ihre Gunst mal so und mal so. Nachmittags standen jetzt plötzlich die Jungs aus der Klasse vor der Tür zu unserem Haus. Sie klingelten bei Judith, und weil ich zufällig auch in dem Gebäude wohnte, klingelten sie noch bei mir. Judiths Eltern waren wenig begeistert von diesem Andrang. Ihrer Ansicht nach sollte ihre Tochter am Schreibtisch sitzen und lernen. Judith aber wollte unbedingt raus, besonders wenn Ingo Römer vor der Tür stand.

Ganz anders die Problematik bei mir. Ich hatte gar kein Interesse daran, nach draußen zu gehen, wenn die Jungs aus der Klasse bei uns zu Hause klingelten. Ich wusste überhaupt nicht, was ich mit denen anfangen sollte, und mir war auch völlig klar, dass sie gar nicht wegen mir da unten standen. Nur meine Mutter wollte das nicht einsehen.

«Also, jetzt hör mal», sagte sie. «Die sind extra hergekommen. Du gehst jetzt schön da runter!»

Judith und Ingo Römer gingen schließlich miteinander, wobei Judith zusätzlich noch mit Frank Hellberger von ihrer alten Schule ging, was Ingo Römer aber nicht so mitbekam.

An einem Nachmittag fuhr Judiths Vater seine Tochter und mich zu den Berliner Union-Film-Studios, den ehemaligen UFA-Filmstudios, in der Oberlandstraße südlich vom Flughafen Tempelhof, und setzte uns dort ab. In der Gegend standen keine Wohnhäuser, nur Gebäude mit sehr wenigen Fenstern und Metallzäunen davor. Es sah gar nicht aus wie sonst in Berlin, es war ein komisches Nirgendwo. Von hier wurde also die ZDF-Hitparade gesendet. Wir waren ziemlich aufgeregt, schließlich verfolgten wir die Hitparade, seit wir denken konnten, und in der aktuellen Ausgabe waren Geier Sturzflug, Hubert Kah, die Conditors und Nena dabei. Die Karten, die Judiths Vater irgendwoher hatte, waren allerdings nicht für die echte Übertragung der Sendung, sondern für die Generalprobe vor der Übertragung der Sendung. Das war uns aber egal, und Judith freute sich wahnsinnig auf Nena.

Kaum waren wir aus dem Auto gestiegen, bog der schnauzbärtige Saxophonist von Geier Sturzflug um die Ecke. Geier Sturzflug hatten gerade viel Erfolg mit ihrem Hit «Bruttosozialprodukt». Judith und ich stießen uns gegenseitig die Ellenbogen in die Seiten und gingen aufs Studiogelände, wo eine Menschentraube um einen kleinen Mann mit schwarzen Haaren herumstand. Er schrieb den Leuten Autogramme auf alle möglichen Zettel, denn er war einer von Nena. Merkwürdig, dass es diese Leute, die man sonst nur im Fernsehen sah, auch in Wirklichkeit gab. Judith wollte unbedingt ein Autogramm von Nena haben, aber nur von Nena selber, die Band war ihr egal.

Wir hatten 1-a-Plätze oben auf der Galerie, gleich in der zweiten Reihe. Es war sehr hell und warm, überall hingen Lampen und Scheinwerfer. Kameraleute lümmelten hinter unglaublich riesigen Fernsehkameras, einer trank aus einer Büchse Cola. Wir guckten noch so herum, als plötzlich Dieter Thomas Heck vor uns auftauchte, als hätte er sich da hingebeamt. Er sprach mit dem Rücken zu uns in eine Kamera und sagte mit seiner original Dieter-Thomas-Heck-Stimme: «Hier ist Berlin! Willkommen zur Generalprobe der ZDF-Hitparade.» Wir waren begeistert.

Bevor es losgehen konnte, ging es noch ein bisschen hin und her mit irgendwelchen Signalen aus der Regie, die wohl nicht so gut funktionierten, und ab und zu ertönte eine laute Stimme und machte eine Ansage. Doch dann traten endlich die Conditors auf. Sie hatten eine als Freiheitsstatue verkleidete Frau dabei, die auf der Treppe hinter ihnen unbeweglich verharrte, dazu sangen sie ihr Lied «Himbeereis im heißen Tee».

Ansonsten wunderten wir uns etwas über die Sänger und die anderen Bands, wie sie aussahen und was sie so taten. Definitiv hatten die meisten nicht die Sachen an, die sie normalerweise fürs Fernsehen anzogen, und sie gaben sich auch sonst nicht besonders viel Mühe mit ihrer Probe-Performance. Besonders Nena, die am Schluss dran war, hatte ganz klar ganz wenig Bock. Als sie fertig war und mit ihr die Veranstaltung, stürmten haufenweise Zuschauer los, um sich ein Autogramm von ihr abzuholen. Auch Judith lief die Treppe runter zu Nena, und ich hinterher. Dort standen wir vor einer Wand von dicht aneinandergedrängten großen Rücken, durch die sich nicht einmal Judith durchschieben konnte, die ja sonst immer alles konnte. Es dauerte eine Weile, bis der Pulk sich etwas lockerte und wir zu Nena vordringen konnten, die da etwas genervt auf Blöcken, Zetteln und Plattenhüllen herumkritzelte, die Leute ihr unter die Nase hielten. Ab und zu pustete sie ihren Pony hoch, so wie wir das auch oft machten. Ponyhochpusten war eine angesagte Geste. Judith streckte ihr einen Block entgegen und wartete, bis Nena mit ihrem Stift bei ihr vorbeikam. Endlich war Judith mal nicht die Königin im Raum.

Als wir wieder bei ihrem Vater im Auto saßen, sahen wir uns in aller Ruhe Nenas Autogramm an, einen blauen gebogenen Strich, nach hinten raus krakelig abgerutscht.

Berlin ist das einzige Bundesland der alten BRD, in der die Grundschule auf sechs, anstatt auf vier Jahre ausgelegt ist, mit Ausnahme einzelner, vor allem altsprachlicher Gymnasien, die bereits mit der Klassenstufe fünf beginnen. Die sechsjährige Grundschule existiert heute in Berlin und Brandenburg.

Am 15. Dezember 1984 moderiert Dieter Thomas Heck zum letzten Mal die *ZDF-Hitparade*; im Jahr 2000 wird die Sendung ganz eingestellt.

AM
GLIENICKER
SEE

$\mathcal{K}$urt Mühlenhaupt hatte wei-
ße Haare und einen weißen
Bart, trug ein mit Farbe bekleckertes
Hemd und eine weite Leinenhose, dazu
Künstlerschuhe. Auf dem Kopf hatte er
natürlich einen Hut. Die Erwartungen,
die unbedarfte Fünftklässler aus Berliner
Mittelschichtsfamilien an einen schratigen Künstler stellten, er-
füllte er mühelos. Er empfing uns merklich routiniert, denn so
ziemlich jede Berliner Schulklasse auf Klassenfahrt in Kladow
stattete ihm einen Besuch ab. Der Bezirk Kladow, grün, dörflich
und etwas isoliert westlich der Havel gelegen, war für Klassen-
fahrten innerhalb Berlins hoch favorisiert. Und Kurt Mühlenhaupt, der dort wohnte, hatte die Monopolstellung als lokale kulturelle Attraktion.

Was wir gleich gut fanden an Kurt Mühlenhaupt, war, dass
er nicht mit uns redete wie mit kleinen Kindern. Er polterte und
berlinerte einfach drauflos, während er uns zeigte, was er gemalt

und sonst noch gebastelt hatte, eine Menge Zwerge zum Beispiel, die überall in seinem wucherigen Garten und dem kramigen Haus herumstanden. Manche wirkten müde, einige hatten rot lackierte Fingernägel, alle trugen einen Bart und hatten große, gebogene Gesichter mit markanten Nasen. Über seine Bilder wunderten wir uns etwas. Ein echter Maler, dachten wir, einer, der tatsächlich fürs Malen Geld bekommt, müsste doch echt richtig gut malen können, also richtig gute Bilder, so wie die, die in Museen hingen. Aber Kurt Mühlenhaupt malte mehr so wie wir, nur viel größer. Er erklärte uns ein riesiges Gemälde, auf dem ein Baby, Kinder, Erwachsene und alte Leute drauf zu sehen waren, und meinte, es handele von den verschiedenen Lebensphasen.

«Erst mal wirste jeborn», sagte er und zeigte auf das Baby, das sehr unzufrieden wirkte. «Da sind wa alle solche Würmchen. Und danach kommen hier die Kinder. Die spielen und haben noch keene Sorgen, und dann sindse schon Jugendliche», er zeigte auf ein sich küssendes Paar, «und wolln nur noch knutschen.» Darüber kicherten wir.

Kurt Mühlenhaupt schaute uns an. «Ihr so … na ja. Kleene Kinder seid ihr nich mehr, aber Jugendliche nu ooch noch nich.»

Das war wahrscheinlich korrekt.

«Und dann», erzählte Kurt Mühlenhaupt weiter, «dann werdense erwachsen und hetzen nur noch durchs Leben. Von denen sieht man hier nur noch die Hacken.» Am rechten Gemälderand sahen wir die Hosenbeine und die Schuhe eines Mannes und die hohen Absätze einer Frau.

«Na, und am Schluss biste alt, denn haste wieder viel Zeit. Und dann stirbt man.» Ein Sarg war auch auf dem Bild gemalt.

Kurt Mühlenhaupt hatte gerade, es war 1981, seinen Feuerwehrbrunnen auf dem Mariannenplatz in Kreuzberg gebaut, ein Brunnen, bei dem drei Feuerwehrmänner aus Bronze Wasser aus ihren Schläuchen spritzen. Er war damals sechzig und lebte nach unserem Besuch noch weitere fünfundzwanzig Jahre.

Leider hatten wir die gesamte Klassenfahrt über Pech mit dem Wetter; schon als wir auf der Fähre standen, die uns über die Havel brachte, kam der erste Regen auf. Die ganze Woche lang konnten wir draußen nicht schwimmen gehen, nur einmal Tretboot fahren. Mehr als uns lieb war, saßen wir im oder vor dem Carl-Sonnenschein-Haus, dem regionalen Schullandheim des Erzbistums Berlin, und diskutierten die Frage, wie man die Zecken aus den Katzen herausholen muss, ob drehen, und wenn ja, in welche Richtung, oder ob man Öl drauftun muss oder Pattex. Jeder hatte seine eigene Meinung zum Zeckenthema.

Wir fuhren zum Glienicker See, saßen in Regenjacken und Gummistiefeln am Ufer und guckten auf die Bojen, die markierten, ab wo das Wasser zur DDR gehörte. Auf der anderen Seite des Sees stand die Mauer, und hinter der Mauer standen auf einem Turm zwei Grenzposten, die uns durch ihre Ferngläser beobachteten. Damit sich das auch lohnte für sie, machten wir ein paar müde Faxen.

Als Ersatz dafür, dass wir weder im Glienicker See noch in der Havel schwimmen konnten, fuhren wir an einem Tag zum Hallenbad Spandau-Süd. Das Schwimmerbecken beachteten wir gar nicht, wir verbrachten die Zeit ausschließlich im Sprungbecken. Ein paar von den Jungs konnten vom Einer springen und dabei eine Rolle in der Luft schlagen, und Ingo Römer traute sich sogar einen Köpper vom Dreier. Von den Mädchen schafften Judith und Tanja Konopke schließlich auch den Salto vom Einer. Ich konnte auf dem Einer einen Handstand machen und mich dann ins Wasser kippen lassen. Da war ich aber nicht die Einzige.

Was ich als Einzige konnte, war, nach dem Sprung ins Wasser mit dem Kopf oben zu bleiben. Das fiel nur erst mal keinem auf. Mir war es früher selbst nie aufgefallen, dass andere untertauchten, während ich oben blieb. Aber in der ersten Sendung der neuen Fernsehshow *Wetten, dass…?* trat ein Mann auf, der wettete, dass seine sechzehnjährige Tochter genau das konnte. Vom Einer springen und dann mit dem Kopf oben bleiben. Einige Leute im Saal wetteten dagegen, aber das Mädchen schaffte es. Natürlich schaffte sie es, ich wusste genau, dass sie das schafft – ich war zehn und ging auch nicht unter, noch nicht einmal, wenn ich vom Dreier sprang; da würde eine Sechzehnjährige das ja wohl locker vom Einer schaffen. Erst seit dieser Wette beobachtete ich, dass alle anderen untertauchten, wenn sie ins Wasser sprangen. Dabei war es gar keine Zauberei, oben zu bleiben, man musste nur sofort losschwimmen, sobald man im Wasser war.

Im Vorschulalter hatte ich einen Schwimmkurs im Stadtbad Lankwitz besucht, bei dem die Kinder in jeder Stunde mit einem Styroporklotz weniger an ihrem Schwimmgürtel ins Wasser geschickt wurden. Irgendwann waren es einfach zu wenige für mich. Immer wieder gluckerte ich unter, aber der Schwimmlehrer sah das nicht, und ich hatte keine Luft mehr übrig, um nach ihm zu rufen. Also paddelte ich Richtung Beckenrand, als plötzlich der Schwimmlehrer auftauchte und «Weiterschwimmen!» rief. Mit letzter Anstrengung blubberte ich: «Kann nicht mehr», worauf der Lehrer sagte: «Wer sprechen kann, kann auch noch schwimmen.» Danach ging ich nicht mehr zum Schwimmkurs.

Für Judith musste ich auf der Klassenreise ständig Botengänge machen und Briefchen zwischen ihr und Ingo Römer hin- und hertragen. Die Fete am letzten Abend torpedierte sie, indem sie einfach mit ihrem Walkman auf dem Zimmer blieb, woraufhin alle möglichen anderen dann auch meinten, die Fete öde finden und aufs Zimmer gehen zu müssen. Vor der Rückfahrt im Bus entschied Judith per Abzählvers, wer neben ihr sitzen durfte. Ich saß dann neben Nicole.

Das östliche Ufer des Groß Glienicker Sees liegt in Berlin, das westliche gehört zum Potsdamer Stadtteil Groß Glienicke. Während das Gewässer in West-Berlin ein beliebtes Ausflugsziel ist, wird der Seeblick in Groß Glienicke zu DDR-Zeiten durch

die Mauer versperrt, und nur der Straßenname der dahinter-
liegenden «Seepromenade» erinnert an die Existenz eines
Gewässers.

Der Künstler Kurt Mühlenhaupt stirbt 2006 in Bergsdorf im
Havelland, wo es heute auch ein Kurt-Mühlenhaupt-Museum
gibt.

THE WALL

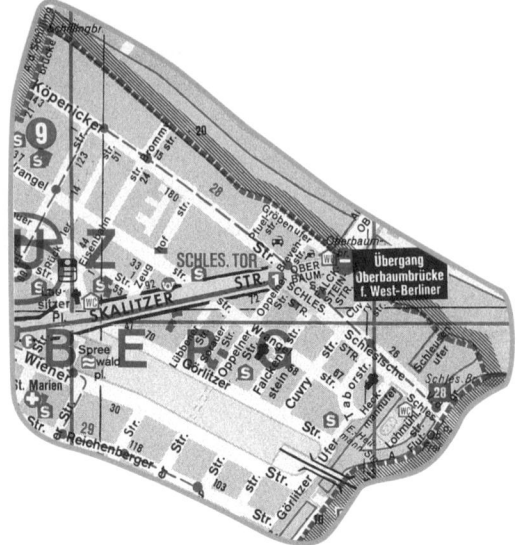

*W*as ich die ganzen Grundschuljahre über sehr gern mochte, war Briefpapier. Ich besaß viel Briefpapier. Mein Lieblingsbriefpapier war eines aus hellblauem Umweltpapier mit einem Elefanten unten in der Ecke, aus dessen Rüssel rosafarbene Herzen aufstiegen; ich hatte aber auch ein sehr schönes Traumschiff-Briefpapier.

Für all das Briefpapier brauchte man natürlich Brieffreundinnen, und in der von den Steyler Missionaren herausgegebenen Kinderzeitschrift «Weite Welt», die wir umsonst in der Schule bekamen, gab es praktischerweise eine Rubrik mit dem Titel «Wer schreibt mir?». Dort konnte man Adressen von anderen finden, die ebenfalls eine Brieffreundin oder einen Brieffreund suchten für ihr Briefpapier. Unter der Adresse standen die Hobbys der Kinder, damit man jemanden finden konnte, zu dem man passt. Meistens war eines der Hobbys: «Briefe schreiben».

Man schrieb also an eine von diesen Adressen, und dann wartete man auf Antwort. Mit dieser Methode hatte ich mir bereits mehrere Brieffreundinnen geangelt, bevor unsere Englischlehrerin während der sechsten Klasse eine Liste rumgehen ließ, in die man sich eintragen konnte, wenn man eine Brieffreundin aus England haben wollte. Selbstverständlich trug ich mich ein in diese Liste und hatte bald eine neue Brieffreundin in Cornwall. Sie hieß Olivia und schickte mir sehr viele Polaroidfotos von sich, ihrer Familie und einigen Hunden. Alle außer den Hunden waren ein bisschen dick, komisch angezogen und stark geschminkt. Aber dafür aus England. England fand ich grundsätzlich gut, und Briefe auf Englisch zu schreiben war ein ganz neuer Kick, auch wenn es viel länger dauerte. Damit ich Olivias Briefe verstehen konnte, musste meine Mutter mir ein Wörterbuch kaufen. Mein englisches Lieblingswort war von Anfang an *splendid*. Im Englischwörterbuch stand als Übersetzung «glänzend, großartig, herrlich», aber das waren ganz andere Wörter, sie waren nicht so schlank, spontan und klangvoll wie *splendid*.

Nachdem wir ungefähr ein Jahr lang Briefe, Bilder und Aufkleber hin- und hergeschickt hatten, schrieb Olivia, dass sie mit ihrer Mutter an einer Gruppenreise nach Berlin teilnehmen werde. Sie fragte, ob wir uns dann mal treffen wollten. Noch nie war ich auf die Idee gekommen, eine meiner Brieffreundinnen in echt zu treffen, und war sofort sehr aufgeregt.

Mit meiner Mutter fuhr ich zu dem kleinen Hotel in der Knesebeckstraße, einer Seitenstraße vom Ku'damm, in dem Olivia mit ihrer Mutter und den anderen Engländern wohnte. Wir trafen uns unten im Hotel, in einem hübschen kleinen Raum mit Kamin und alten Sofas. Ich mochte Olivia sofort. Sie war zwar tatsächlich ein bisschen komisch angezogen und trug schon Lidschatten, aber sie hatte schöne strahlende Augen und dunkle, lockige Haare, und sie sprach astrein Englisch. Zuerst mal tauschten wir Geschenke aus. Ich hatte für Olivia ein deutsch-englisches Wörterbuch mitgebracht, sie überreichte mir Orangenmarmelade und einen Stoffhund. Olivia zeigte das Wörterbuch ihrer Mutter, die es begeistert durchblätterte und es «lovely» nannte. Ich zeigte auf den Hund und die Marmelade und sagte: «Splendid.»

Dann wollten Olivia, Olivias Mutter und andere aus der englischen Gruppe die Mauer sehen, *The Wall.* Es war leider kein sehr schöner Tag, es war kalt und trübe, und an solchen Tagen war auch Berlin kalt und trübe, in einer über das Wetter hinausgehenden Art und Weise. Ich bedauerte das sehr, denn eigentlich wollte ich Olivia gern ein schönes und sonniges Berlin zeigen.

Auf dem Weg zur U-Bahn gingen wir an der Gedächtniskirche und am brandneuen Weltkugelbrunnen vorbei, den man kurze Zeit später nur noch Wasserklops nannte, und die Engländer fotografierten beides und noch einiges mehr. Ich unterhielt mich dabei mit Olivia, hauptsächlich über Musik. Sie wollte wissen, was ich gern höre, und ich sagte: «Wham!» Ich sagte es aber so: *Wäm.* Sie sah mich an und meinte: «Oh, Wahm», mit langem A. Das wunderte mich sehr, denn ich dachte, die heißen Wäm, mit Ä, und ich war mir nicht mehr sicher, ob wir über dieselbe Gruppe redeten.

«George Michael is fantastic», sagte Olivia, aber den kannte ich nicht.

Olivias Mutter versuchte in der Zwischenzeit mit meiner Mutter zu reden, aber meine Mutter konnte leider fast kein Englisch. Trotzdem sah ich, wie sie Olivias Mutter freundlich zuhörte und nickte und dass sie lachte, wenn Olivias Mutter lachte. So ähnlich machte ich es dann auch mit Olivia, denn obwohl ich eine Eins in Englisch hatte, verstand ich leider nicht so viel.

Wir fuhren mit der Linie 1, die nur kurz unter der Erde und danach die ganze Zeit oben entlangfuhr, was an diesem Tag gar nicht so gut war. Olivia, ihre Mutter und die anderen Engländer blickten durch die Fenster auf einen grauen Himmel über kaputten Häusern, auf überwucherte Brachen und Gleisanlagen, die seit Ewigkeiten außer Betrieb waren. Die Engländer sahen gesund und rotbäckig aus, sie strahlten und waren bereit, alles *lovely* und *fantastic* zu finden, während die Leute in der U-Bahn tendenziell so grau und trüb und manchmal auch so kaputt wirkten wie die Stadt draußen, was mir ohne Engländer noch nie so sehr aufgefallen war. Leider reichte mein Englisch nicht aus, um das Kaputte und Graue mit Worten interessant zu machen.

Am Schlesischen Tor in Kreuzberg stiegen wir aus und gingen bis nah ran an die Mauer. Die Engländer staunten sehr. Sie murmelten wieder: «The Wall», und machten viele Fotos, von der Mauer und von sich vor der Mauer. Dann stiegen wir alle noch auf eine Aussichtsplattform und guckten rüber in den Osten, wo es eindeutig nicht weniger trüb aussah als im Westen. «This is such a shame», sagte Olivias Mutter. Ich erkannte diese Worte wieder aus dem Lied *Such A Shame* von der britischen Gruppe Talk Talk.

Auf dem Weg zurück ins Hotel stieg eine Frau in den Zug, die uns ansprach, als sie hörte, dass Englisch gesprochen wurde. Über Englisch in der U-Bahn freuten sich die Leute oft, aber diese Frau war leider verrückt, das sah man gleich.

«From America?», fragte sie.

Die Engländer schüttelten freundlich die Köpfe und sagten: «England.»

«England», wiederholte die Frau und nickte eifrig. Sie kam ganz dicht an uns heran mit ihrem Mundgeruch und ihrem Bart und ihrer fleckigen Einkaufstasche. «I am sixty-one!», rief sie.

Olivias Mutter nickte auch. «And are you on your way home just now?», fragte sie, sehr langsam und deutlich.

«Home Börlin!», rief die Frau. «Börlin!»

Alle nickten. Der Zug rumpelte zurück unter die Erde.

Schließlich schickte ich meine Adresse auch mal an die «Weite Welt», und nur wenig später war unser Briefkasten so voll mit Post für mich, dass die Briefe oben aus der Klappe herausguckten.

Einige Tage lang ging das so, dann wurde es immer weniger.

Monate später, als ich schon lange keine Antworten mehr bekommen hatte, lag noch ein Nachzüglerbrief in der Post, er kam von einem Mädchen aus Halle in der DDR. Schon der Umschlag und das Papier sahen anders aus als die Briefe sonst. Ihr Name war Silvia, und sie hatte gleich ein Foto mit in den Umschlag gelegt, ein Passfoto, auf dem sie einen Pullover mit Rüschenkragen trug. Sie war ein Jahr älter als ich, sah aber noch älter aus, fand ich, vielleicht wegen der Oma-Frisur. Ich antwortete ihr.

Sie hatte mir geschrieben, dass ihre Lieblingsfächer Mathematik und Technisches Zeichnen sind, dass sie in einer Neubauwohnung wohnt und ihr Vater in Ost-Berlin lebt. Ich schrieb ihr, dass ich auch in einer Neubauwohnung wohne und dass ich Mathe nicht so mag, lieber Deutsch und Englisch. Sie wollte wissen, welche Musik mir gefiel und ob ich in den Ferien verreise. Zum Geburtstag schickte sie mir ein Paket, in dem kleine geblümte Frotteetücher, Filzstifte und eine Halskette aus großen Plastikkugeln drin waren. Ich wunderte mich über die Frotteetücher, und die Filzstifte waren irgendwie nicht so dolle. Die Kette fand ich aber ganz witzig. Meine Mutter benutzte die Lappen dann zum Putzen. Sie erklärte mir, dass es in der DDR nicht so viel zu kaufen gibt, aber das wusste ich längst.

Silvia fragte mich in einem ihrer Briefe, ob ich ihr ein paar Poster oder Bilder von Pop-Gruppen senden könnte. Das war so Ende November, und weil Silvia erst im Juni Geburtstag hatte, schickte ich ihr ein Paket zu Nikolaus. Ich hatte extra *Bravo*, *Popcorn* und *Mädchen* gekauft und für Silvia nur die Poster und ein paar Bilder herausgetrennt, weil meine Mutter meinte, ganze Zeitschriften dürfe man nicht in die DDR schicken. Außerdem legte ich Lebkuchenherzen und ein Paar sehr schicke lila-gelb gestreifte Stulpen mit ins Paket. Die Stulpen hatte meine Mutter gekauft, ein Paar für Silvia und eines für mich.

Zwei Wochen nach Nikolaus erhielt ich das Paket für Silvia wieder zurück. Es sah zerknautscht aus, und es klebte ein Zettel drauf, auf dem etwas von nicht erlaubten Druckerzeugnissen stand. Allerdings waren nur die Lebkuchen und die Stulpen in der Schachtel, die ganzen Poster waren nicht mehr dabei. Ich saß mit dem zerfledderten Paket in meinem Zimmer, und zu meiner eigenen Überraschung war ich darüber so wütend, dass mir die Tränen kamen. Es gab also erwachsene Menschen, die Zeit und Energie darauf verwandten, minderjährige Mädchen daran zu hindern, sich Popstar-Poster zuzuschicken. So etwas existierte tatsächlich, der Beweis lag neben mir. Diese Mauer in meiner Stadt war offenbar doch sehr viel mehr als ein Gimmick, den Touristen fotografierten. Das war mir hiermit klarer geworden als durch mehrere Stunden Berlin-Kunde und Geschichtsunterricht bei Frau Drechsler.

Ich schrieb Silvia einen Brief, in dem ich ihr erklärte, dass ich versucht hätte, ihr Poster zu schicken. Es sei ein großes Poster von Paul Young dabei gewesen und eins von Shakin' Stevens plus ein paar andere Bilder plus Lebkuchen und Stulpen, aber alles sei zurückgekommen, wohl, weil es verboten wäre, und dass ich jetzt nicht wüsste, was ich noch tun könne, es sehe so aus, als sei es eventuell nicht möglich, ihr die gewünschten Sachen zu schicken. Ich erhielt aber keine Antwort mehr, und meine Mutter meinte, wahrscheinlich läge das nicht an Silvia.

Viel später, Jahre später sogar, erhielt ich einen Brief aus den Philippinen. Er war von einem Jungen mit spanischem Namen, der mir schrieb, er wolle später mal Priester werden. Ich wusste nicht, warum mir ein Junge aus den Philippinen erzählt, dass er Priester werden will, und tat den Brief in eine Schublade. Am nächsten Tag, während ich im Schulunterricht aus dem Fenster sah und meinem Gehirn erlaubte, in unspezifische Gedankenströme einzutauchen, fiel mir unerwartet eine Erklärung dafür ein, nämlich dass die «Weite Welt» auf den Philippinen noch später ankam als in der DDR.

Von 1982 bis 1984 wird der Breitscheidplatz zwischen Europa-Center und Kaiser-Wilhelm-Gedächtniskirche neu gestaltet. Dabei entsteht 1983 auch der Weltkugelbrunnen des Berliner Bildhauers Joachim Schmettau, der bald darauf den Spitznamen «Wasserklops» erhält und auch tatsächlich so genannt wird; im Gegensatz zu «Telespargel» für den Fernsehturm, «Langer Lulatsch» für den Funkturm, «Schwangere Auster» für die Kongresshalle (heute: Haus der Kulturen der Welt) oder «Hohler Zahn» für die Gedächtniskirche, welche allesamt im alltäglichen Berliner Sprachgebrauch nicht vorkommen und als Stadtführerprosa bezeichnet werden können.

UNTERM FERNSEHTURM

$\mathcal{A}$ls Sechstklässler waren wir die Größten in der Grundschule gewesen, jetzt waren wir in der Siebten und die Kleinsten an der Oberschule. Anja, Heike, Nicole und ich waren von der alten Marienfelder Grundschule nach den Sommerferien 1983 zusammen in die Oberschule gewechselt, in eine neue Klasse mit Schülern, die in anderen Ecken der Stadt lebten, meistens in Britz, Rudow oder Gropiusstadt. Silke wohnte in Rudow.

Mitten im Schuljahr, sogar mitten unter der Woche, kam Saskia in unsere Klasse. Sie saß sehr gerade und hatte Ost-Sachen an, also eine sehr unmodische Jeans und graue Schuhe, die überhaupt keinen Bezug hatten zu irgendwelchen anderen Schuhen, die man sonst kannte. «Ost» oder «ostig» war bei uns gerade ein hochaktueller Schmähbegriff, mit dem man gewisse ästhetische Ausfälle kurz und prägnant charakterisieren konnte.

«Wie findest du Nicoles neue Jacke?»

«Voll ostig.»

Saskia sprach auch anders. Etwas bedächtiger, aber gleichzeitig kurzatmiger und auf jeden Fall stärker berlinerisch als wir. Sie sprach Ost-Berlin, da kam sie nämlich her. Aus einer fremden Stadt, die sich ebenfalls Berlin nannte und wie zufällig an unser

Berlin grenzte. Ich hatte vorher noch nie persönlich jemanden aus dem Osten getroffen, schon gar nicht ein Mädchen in meinem Alter. Auf dem Schulhof umringten und bestaunten wir sie und alles an ihr; wie sie angezogen war, ihre Schultasche, ihre Frisur, wie sie dastand. Und wir hörten ihr zu, wie sie redete, welche Wörter sie benutzte und wie sie die Wörter aussprach. Sie bewegte sich anders und lachte anders.

Saskia war sehr diszipliniert und gut in der Schule, nur von Englisch hatte sie keinen Schimmer. Wir mussten ab jetzt aufpassen mit dem Wort «Ost». Wir konnten nicht mehr einfach alles als «Ost» bezeichnen, was wir schäbig fanden, zumindest nicht, wenn Saskia in der Nähe war, und zumindest nicht, solange sie komplett in Ostklamotten steckte. Wir fanden sie selber auch gar nicht ostig. Wir fanden sie nämlich toll.

Das lag unter anderem daran, dass Saskia mengenweise interessante Lieder kannte, die wir überhaupt nicht kannten und die sie uns auf dem Schulhof vorsang. Unser Lieblingslied war eine traurige Liebesgeschichte, in der das Mädchen stirbt, nachdem sie ein Kind bekommen hat. Es gab darin faszinierende Textzeilen wie: «Rocky, ich habe noch niemals geliebt / Ich weiß nicht, ob ich das bringe / denn es gehört doch mehr dazu / als ein Flirt und ein Paar Ringe.» Und weiter: «Ich sagte: Kopf hoch, Baby, lehn dich an mich / Es wird schon irgendwie gehn / Denn wenn du mir ein wenig hilfst / ist Liebe kein Problem.»

Saskia musste uns das wieder und wieder vorsingen, und sie machte das sehr stilvoll und selbstbewusst, ohne dabei eine Show abzuziehen, mit den Händen in den Taschen ihrer komischen Ostjeans. Schließlich schrieb sie den Text in ordentlicher kleiner Schrift auf eine Matrize und machte davon Abzüge für uns alle. Noch lieber wollten wir das Lied aber aus ihrem Mund und in ihrer Sprache hören, denn dabei wurde es für uns zu einer herzzerreißenden Botschaft aus dem unbekannten Osten und darüber, wie dort geliebt und gestorben wurde.

Eine Lehrerin empfahl Saskia, sie solle sich das Berlinern mal abgewöhnen, das mache man hier nicht. Wir hielten die Luft an, weil das so unverschämt war und obendrein noch falsch. Außerhalb der Schule berlinerten auch wir manchmal, einige unserer Eltern noch mehr, und die Busfahrer erst recht. Was die Lehrerin wirklich meinte, war: Berlinern ist auf dieser Seite der Mauer unfein und proletarisch. In der Pause sagten wir zu Saskia, sie könne von uns aus ruhig weiter berlinern, ausgerechnet diese Lehrerin mit ihren geschmacksverirrten Röcken habe ja nun gar nicht zu entscheiden, wie einer reden sollte.

Saskia lachte, sie hatte es zum Glück nicht krummgenommen. Ihr Berlinerisch schliff sich trotzdem immer mehr ab, je länger sie im Westen war. Irgendwann im Laufe des Schuljahrs hatte sie dann neue Hosen, neue Schuhe und eine neue Frisur. Nur ihre ostige Schultasche behielt sie noch sehr lange, als Erinnerung vielleicht.

Erst viel später stellte sich heraus, dass es sich bei dem Lied «Rocky» um einen damals schon zehn Jahre alten Schlager des keinesfalls ost-, sondern westdeutschen Hitproduzenten Frank Farian handelte, der damit außerdem nur einen gleichnamigen amerikanischen Song gecovert hatte. Das wäre uns aber auch egal gewesen, für uns blieb es ein Lied, das die Schulkinder in Ost-Berlin sangen, wenn sie in ihren grauen Schuhen an grauen Häusern vorbei nach Hause liefen, irgendwo unterm Fernsehturm.

Mit 368 Metern ist der 1969 eröffnete Fernsehturm auf dem Alexanderplatz das höchste Bauwerk in Deutschland. An sonnigen Tagen entsteht auf der silbernen Kugel des Turms eine Lichtreflexion in Form eines Kreuzes, die zu Mauerzeiten auch «Die Rache des Papstes» genannt wird.

AUF DER SPREE

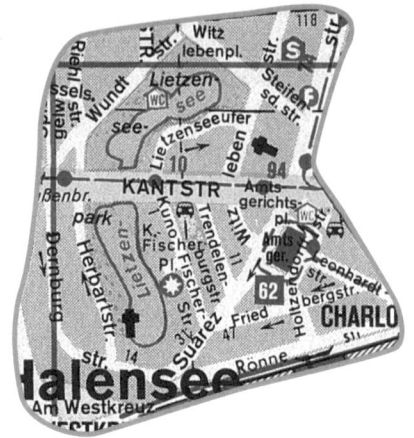

*D*er zweite Weihnachtstag war bei uns der Großfamilienfeiertag. Solange Oma noch einigermaßen konnte, kam die Familie am 26. Dezember bei ihr in Neukölln zusammen. Der Opa starb im Sommer 1980, am einundsiebzigsten Geburtstag meiner Oma, und andere aus der Familie übernahmen das Schmücken des Weihnachtsbaums und das Aufstellen der von Opa selbstgeschreinerten Krippe. Das sah man leider sofort. Die großen Kugeln und die zarten Glasvögelchen waren komplett anders auf dem Baum angeordnet als zu Opas Lebzeiten, das Lametta nachlässiger verteilt. Völlig inakzeptabel war die Aufstellung der Krippenfiguren. Es gab einen Bauern, der hatte bei Opa immer von draußen durch ein kleines Fenster ins Innere des Stalls geguckt. Jetzt stand er irgendwo in der Gegend herum. Auch die anderen Bauern standen überall, nur nicht auf ihrer Position; Ochs und Esel lagen nicht nebeneinander, und die Schafe waren viel zu zerstreut. Opa hatte die Figuren nie einfach nur aufgestellt; er hatte eine kleine Szene choreographiert, mit klaren dramaturgischen Motiven. Schließlich kam er von der Oper. Ich stellte die Figuren um.

An die dreißig Leute drängelten sich an Weihnachten in der

guten Stube, wobei die Kinder sich meistens im Schlafzimmer aufhielten, um in den Betten zu hüpfen, bis endlich der Weihnachtsmann mit zwei Bettbezügen voller Geschenke an die Tür klopfte. Dann wurden vor dem Baum die Gedichte aufgesagt. Die Kleinen nuschelten kurz etwas Unverständliches, die Größeren rezitierten längere Klassiker. Die anschließende Geschenkeverteilung dauerte ziemlich lange, und hinterher versanken alle zwischen Bergen von Papier, Bändern, aufgerissenen Spielzeugverpackungen und allerlei Glitter. Danach hüpften die Kinder wieder in den Betten, nun schon etwas aufgedrehter, mit Sprüngen vom Waschtisch über die Bettkante in die Decken, während ihre Eltern die Geschenke sortierten und Verpackungen entsorgten. Zum Ende der Veranstaltung schallte manch übermüdetes Geschrei durchs alte Treppenhaus.

Geburtstagsfeiern verliefen etwas ruhiger. Manchmal saß ich mit meinem Cousin Christian in einer Ecke, und wir erzählten uns die besten Gags aus allen Bud-Spencer-Filmen nach; er konnte aber auch ein paar Otto-Platten auswendig. Meine älteste Cousine Rita hatte in ihrem Zimmer einen Fernseher mit Videogerät. Wenn bei ihr zu Hause gefeiert wurde, guckten sich die Kinder dort Filme an, während die Erwachsenen weit weg in Wohnzimmer und Küche saßen. Weil wir Kinder uns aber über recht unterschiedliche Geburtsjahrgänge verteilten, konnten die Filme nicht für alle Altersstufen gleich gut taugen, und so sah ich recht früh meine ersten James-Bond-Filme, die *Rocky Horror Picture Show* und *Barbarella*, aber nur zum Teil, weil ich mich irgendwann zu sehr vor den bösen Puppen mit den scharfen Zähnen gruselte.

Während sich die Tanten mit den kleineren Kindern beschäftigten oder der Dame des Hauses in der Küche zur Hand gingen, saßen die Männer mit Getränken um einen Tisch herum und debattierten. Je später der Abend, umso gewichtiger und meinungsfreudiger. So engagiert waren sie in ihren Diskussionen, dass ihnen meistens die nachlässig im Vorbeigehen geäußerten Bemerkungen ihrer Frauen entgingen, in denen die gesamte lauthals geführte Debatte einfach ausgehebelt, pointiert widerlegt oder ad absurdum geführt wurde. Der Grund, aus dem die Männer politische Diskussionen lieber untereinander führen, dachte ich mir irgendwann, ist gar nicht der, dass sie informierter oder interessierter wären als die Frauen. Sie sind einfach nur ausschweifender. Würden die Frauen mitreden, wäre alles viel zu schnell auf den Punkt gebracht.

Wenn angeheiratete Onkel etwas zu feiern hatten, vergrößerte sich die Festtagsgesellschaft um die Anzahl ihrer Familienmitglieder, was bei manchen nicht so stark ins Gewicht fiel, bei anderen aber eine Vervielfachung bedeuten konnte. Solchen Events musste man mit angemieteten Festsälen beikommen, wie diesem einen runden Onkelgeburtstag im Hotel Seehof am Lietzensee in Charlottenburg. Bevor es dunkel wurde, spazierte ich mit zwei meiner Cousinen am schönen stillen Seeufer mitten in der Stadt entlang, an Steinskulpturen vorbei und durch ein Tunnelgewölbe, durch das man von einem Teil des Sees zum anderen kam. Meine Cousine Carola wusste, dass das Wasser aus dem Lietzensee irgendwo unterirdisch weiter in die Spree fließt.

Über die Spree fuhren dieselben zwei verschwägerten Familien einige Jahre später anlässlich der Silberhochzeit von Onkel und Tante den ganzen Tag lang auf einem angemieteten Ausflugsdampfer. Dabei musste kontinuierlich darauf hingewiesen werden, dass Berlin mehr Brücken habe als Venedig, denn es war wichtig, die Stadt auf jeden Fall immer flächendeckend mit Superlativen zu überziehen. Zum Glück konnte das manchmal auch Anlass zu Selbstironie geben: «Berge hamwa nich, aber wennwa welche hätten, dann wärense die höchsten.»

Für die Dampferpartie waren diverse Verwandte aus Westdeutschland angereist, und die mussten besonders zugeschüttet werden mit Berlin-Superlativen, gerade die jüngere Generation, die «drüben» zur Welt gekommen war. Die interessierte sich aber vor allem dafür, wo man nach der Familienangelegenheit später an Land noch hingehen könnte, um ein paar eigene Berlin-Superlative zu erleben, die eher mit der fehlenden Sperrstunde zu tun hatten. Ich war vierzehn und extrem heiß darauf, mit um die Häuser zu ziehen, aber das war, trotz halbstündlich und mit größter Dringlichkeit vorgetragener Nachfrage, von den Eltern nicht vorgesehen. Schließlich stellte ich mich draußen an die Reling und brütete über die endlose Ungerechtigkeit des Lebens, während ganz Berlin als eine einzige grüne Uferböschung mit ins Wasser hängenden Weidenbäumen an mir vorüberzog. Die Spree roch dabei so, wie ein Fluss mit sehr geringer Fließgeschwindigkeit im Hochsommer typischerweise riecht.

Beim Verlassen des Dampfers hörte ich eine entfernte Verwandte zum Abschied sagen: «Tschüs, allesamt. So jung sehen wir uns nie wieder.»

Stimmt voll, dachte ich, was für ein genialer Spruch – jedes Mal, wenn man sich sieht, ist man automatisch älter als beim letzten Mal, und beim nächsten Mal ist man wieder älter als jetzt. Das gab mir Hoffnung. Irgendwann würde ich alt genug sein, um mitzuziehen in die Berliner Nacht.

Als West-Berlin nach dem Ende der Blockade durch die Sowjetunion wirtschaftlich am Boden ist, bemüht sich Heinz Zellermayer, Gründer und Vorsitzender der Gaststätteninnung Berlin (West), bei den alliierten Stadtkommandanten um eine Aufhebung der Sperrstunde. Die Briten winken ab, werden aber von den Franzosen und Amerikanern überstimmt. 1949 wird die Sperrstunde in den westlichen Sektoren abgeschafft, und in Berlin damit ein für ganz Deutschland einzigartiges Nachtleben begründet.

Der Lietzensee ist der nördlichste der Grunewaldseen, die durch ein unterirdisches Urstromtal miteinander verbunden sind. 1904 wird der Lietzensee durch die Neue Kantstraße künstlich in eine Nord- und einen Südhälfte geteilt.

Die Spree, ein Nebenfluss der Havel, fließt auf einer Strecke von vierundvierzig Kilometern durch Berlin, davon zu etwa einem Drittel durch den Westteil. Die Stadt mit den meisten Brücken in Deutschland ist, weit vor Berlin, Hamburg.

RIAS
UND
SFB

*J*rgendwann zum Ende meiner Kindheit hin hatten sich meine Eltern getrennt, und ich war mit meiner Mutter umgezogen, von Lankwitz nach Mariendorf, vom Witz ins Dorf. Dort wohnten wir an einer kleinen, ruhigen Straße in einem zweistöckigen Mehrfamilien-Reihenhaus mit Blick auf ein großes Wiesengrundstück, auf dem ein Kindergarten stand. Die Vermieterin, eine verbiesterte alte Frau mit schwarzem Persianermantel und dunkelrot geschminktem Strichmund, wohnte im Haus nebenan und terrorisierte täglich ihre Mieter, wenn die ihre Fenster nicht ordentlich geputzt oder irgendwo ein Fahrrad abgestellt hatten. Die Möbel in ihrer Wohnung waren mit Schutzbezügen aus durchsichtigem Plastik bedeckt, das hatten wir gesehen, als wir bei ihr waren, um den Mietvertrag zu unterzeichnen. Für einen Mantel aus frisch geborenen Lämmchen war sie die perfekte Trägerin.

Ich hatte sie schon auf dem Weg vom Bus nach Hause vor mir hertrippeln sehen und war extra langsam gegangen, um sie bloß nicht zu überholen. Als ich an der Einfahrt war, sah ich, wie sie schimpfend die Mülltonnen gerade rückte. Ich ging noch mal ein paar Schritte zurück und wartete eine halbe Minute, bevor ich zur Haustür ging, aufschloss, die Treppe hinaufstieg und die Wohnungstür öffnete. Ich zog Jacke und Schuhe aus, wusch mir die Hände, nahm eine Banane, öffnete das Fenster in meinem Zimmer und versuchte mich an den Hausaufgaben.

Vergeblich. Ich ging ins Wohnzimmer und machte den Fernseher an, um mich durch eine bescheidene Anzahl von fünf Programmen zu zappen. Erstes, zweites, drittes, DDR1, DDR2 und wieder zurück. Im dritten Programm, beim Sender Freies Berlin, blieb ich irgendwann hängen, die Bilder sprachen mich an. Ich sah einen Berliner Innenstadtbezirk, vielleicht Schöneberg oder Kreuzberg, und einen Jungen in meinem Alter, der mit einer Videokamera herumlief, offenbar, um seinen Doppelgänger ausfindig zu machen, vorzugsweise in Waschsalons. Er filmte Touristen auf dem Ku'damm, alte Leute, Punker und türkische Kinder. Der Junge hatte einen älteren, sehr faszinierenden Freund, der Telefonschaltungen um die Welt legte, sodass es nacheinander bei Leuten in Moskau, Hongkong, Sydney, New York, Rio und am Schluss wieder bei ihm in Berlin klingelte, und eine ebenfalls sehr faszinierende Freundin, die den ganzen Tag Inseln malte. Außerdem liefen zwei Männer durch den Film, die aus völlig unklaren Gründen alles kaputt machten, was es doppelt gab. Eine linear erzählte Geschichte war nicht zu erkennen.

Als der Film zu Ende war, suchte ich ihn sofort in der Programmzeitschrift. Er hieß *Der Doppelgänger*, als Darsteller waren Anja Franke und Rio Reiser aufgeführt. Rio Reiser, was für ein Name. Der Sänger von der Band *Die Ärzte* hieß ja Farin Urlaub. Berlin war eine Stadt, in der die Leute vielleicht mehr Fernweh hatten als anderswo, deshalb legten sie sinnlose Telefonschaltungen über den Globus, malten Bilder von fernen Inseln und gaben sich selbst solche Namen.

Warum gab es im Fernsehen nicht viel mehr Filme, die so

schön waren? Die mir die Stadt, in der ich lebte, auf eine Art zeigten, dass Waschsalons plötzlich aussahen wie verzauberte Orte. Ich wollte mehr davon sehen, ich wollte mehr darüber wissen, was so passierte in diesem Berlin, und ich merkte außerdem, dass ich ebenfalls Fernweh hatte.

Dabei war das bessere Medium für mein sich veränderndes Lebensgefühl zur Mitte der achtziger Jahre das Radio. Wenn ich von der Schule nach Hause kam, schaltete ich ein und hörte «Jugendwelle RIAS 2 auf neun vier drei». Da lief die Sendung «Musik nach der Schule», in der es immer um irgendetwas ging, ein Thema oder eine Frage, weswegen man anrufen sollte. Was «cool sein» bedeutet zum Beispiel oder wie man sich mit seinen Eltern versteht. Danach wollten die Leute meistens noch wen grüßen, und zwar «Andi und Julia aus der Neun A, Jenny, meinen Bruder, meine Eltern, meine Oma und alle, die mich kennen». Manchmal durfte man sich ein Lied wünschen. Ich schaffte es nicht einmal, bei dieser oder irgendeiner anderen Sendung durchzukommen, obwohl ich es regelmäßig versuchte. Schon nach den ersten vier Ziffern der Nummer war ein nervöses Besetztzeichen zu hören, und das, obwohl noch drei Zahlen fehlten. Es war mir ein Rätsel, wie andere sich jemals da reinwählen konnten, zumal es welche gab, die immer wieder in der Leitung waren bei «Musik nach der Schule».

Einmal fragte der Moderator sogar nach: «Sag mal, Chrissie, dich hatte ich doch schon öfter dran – wie schaffst du das, hier regelmäßig durchzukommen? Ich habe gehört, man wählt sich die Finger wund, gibt's da einen Trick oder was?»

«Ja.»

«Und der wäre?»

«Verrate ich nicht.»

Ich mutmaßte, Chrissie hatte zu Hause eines dieser neuen Telefone ohne Wählscheibe und mit Tasten. Vielleicht machte das einen Unterschied, vielleicht aber auch nicht. Was immer der Trick war, ich kannte ihn nicht.

Am Wochenende lief die Sendung «Berlincharts» mit dem Jingle «Berlincharts, die Monstersendung mit der besten Musik zu dieser Zeit in dieser Stadt», und am Freitagabend die langlebige Chart-Sendung «Schlager der Woche», seit 1968 moderiert vom ehemaligen Bassisten der Beatband *The Lords*, Lord Knud.

Irgendwann fing auch ich mit dem populären Mitschneiden an, der Aufnahme von Liedern aus dem Radio auf Kassette. Die Ergebnisse waren alles andere als optimal, weil die Moderatoren immer auf die Anfänge oder die letzten Takte der Songs draufquatschten. Zu Beginn des Jahres 1985 fanden sich in den Charts von «Schlager der Woche» gerade ein paar Top-Knaller-Hits von *Wham!*, *Duran Duran* und *Tears for Fears*. Erstmals entschloss ich mich dazu, bei dem Gewinnspiel der Sendung mitzumachen, wo jede Woche aktuelle Singles verlost wurden, man musste nur eine Postkarte an die Redaktion schicken.

Lord Knud war im Urlaub, und die Sendung wurde von einer Vertretung moderiert. Nach meinen Erfahrungen mit Anrufen beim Radio machte ich mir nicht viele Hoffnungen und schrieb deshalb auf die Karte: «Ich möchte bitte auch mal was gewinnen!»

Noch vor der nächsten Sendung bekam ich ein Paket vom Vertretungsmoderator Wolfgang Hellbich. Es war voll mit allen möglichen Singles, und anbei lag eine Karte: «Sicher hast du schon oft teilgenommen und nie etwas gewonnen. Ich bin ja kein Unmensch. Viele Grüße, W. Hellbich.»

Diesen Trick habe ich selbstverständlich niemandem verraten.

«Schlager der Woche» wird noch im selben Jahr, im September 1985, eingestellt. Den RIAS gibt es noch bis 1993, aus dem Schöneberger Rundfunkgebäude an der ehemaligen Kufsteiner Straße, heute Hans-Rosenthal-Platz, sendet jetzt Deutschlandradio Kultur. Der Sender Freies Berlin (SFB) fusionierte 2003 mit dem Ostdeutschen Rundfunk Brandenburg (ORB) zum Rundfunk Berlin-Brandenburg (RBB).

Der Musiker, Schauspieler und Sänger der Band *Ton Steine Scherben*, Rio Reiser, stirbt 1996 und liegt auf dem Alten St.-Matthäus-Kirchhof in Berlin-Schöneberg begraben.

KAISER-WILHELM-PLATZ

*N*ach der Schule traf man sich mal da und mal dort, mal mit der einen und mal mit der anderen. Die Nachmittage mit Heike verliefen meistens sehr albern. Wir gingen viel nach draußen, stromerten um die Häuser und klingelten Freunde aus ihrer Nachbarschaft raus. Mit Nicole hingegen redete ich die meiste Zeit, wir blätterten in Zeitschriften oder spielten draußen Federball. Mit Silke spielte ich eher Tischtennis, und drinnen hörten wir zusammen Musik, manchmal tanzten wir auch dazu.

Anja wohnte von allen am nächsten. Eines Nachmittags, als wir uns bei ihr zu Hause langweilten, brachte sie mir eine simple Melodie auf ihrem Klavier bei, sodass wir dreihändig ein Stück spielen konnten. Ich war erstaunt, wie einfach das ging, und wollte jetzt auch Klavier spielen.

In der Vorschule hatte ich viel Zeit damit zugebracht, Lieder am Glockenspiel zu komponieren, deshalb empfahl die Lehrerin meinen Eltern, das Kind ein Instrument lernen zu lassen. Das

Kind hatte dazu eine klare Meinung, es wollte Geige spielen. Geige spielen sieht sehr anmutig aus, dachte es sich.

Wir gingen zur Musikschule Steglitz, sehr schön untergebracht in einer alten Stadtvilla in Zehlendorf, wo es eine Verabredung gab mit Rüdiger Trantow, dem Leiter der Musikschule. Er war sehr freundlich und fragte mich, ob ich wirklich Geige spielen wolle. Ich nickte. Dann bekam ich eine niedliche Viertelgeige ausgeliehen und eine Lehrerin zugewiesen.

Es war aber schwerer als gedacht, überhaupt nur einen geraden Ton aus der Geige herauszukriegen. Zu Hause quietschte ich auf dem Instrument herum, meine Eltern wussten nicht, was ich da tat. Niemand war überrascht, als ich bald keine Lust mehr hatte, einmal in der Woche mit dem Geigenkoffer zum Musikunterricht nach Lichterfelde zu fahren, wo die Lehrerin in einem großen Schulzimmer mit hohen Bogenfenstern wartete und im Gegensatz zur Vorschullehrerin nicht so überzeugt davon war, ein Talent vor sich zu haben.

Anja hatte eine sehr alte Klavierlehrerin, die mit ihrem Yorkshireterrier Daisy wiederum sehr beschaulich in Lichterfelde wohnte. Sie hatte noch einen Platz für mich frei. Ihr Name war Wally Karsulke, und sie hatte in ihrem Leben schon vielen Menschen Klavierunterricht gegeben, auch den Kindern von Hans Rosenthal, wie sie gern erzählte. Hans Rosenthal wurde bei meinen Großeltern immer sonntags nach der Kirche im RIAS gehört, die Sendung begann und endete mit dieser erbaulichen Melodie aus dem Film *In 80 Tagen um die Welt*, eine vortreffliche Großelternmelodie. Die Quizsendung selbst hieß «Das klingende Sonntagsrätsel». Auf Föhr hing in jedem Restaurant und in jeder Eisdiele eine unterschriebene Autogrammkarte von Hans Rosenthal, weil er da immer seine Ferien verbrachte, genau wie wir. Und jetzt hatte ich auch noch dieselbe Klavierlehrerin, so ein Zufall.

Anja und ich hatten unsere Unterrichtsstunden nacheinander. Oft fuhren wir mit unseren Klaviernoten in der Tasche gemeinsam zu Frau Karsulke, gingen die ruhige Straße entlang bis zu dem Haus, in dem sie wohnte, und dann durch das Treppenhaus mit dem dunkelroten Sisalläufer hoch zu ihrer Wohnung. Während Anja dran war, wartete ich hinter den beiden auf Frau Karsulkes geblümtem Sofa, bis ich an die Reihe kam. Danach nahm ich neben Frau Karsulke an ihrem schwarzen Bechstein-Flügel platz, während Daisy sich zu ihren Füßen eingerollt hatte. Hinter dem Flügel hing ein horizontaler Spiegel in einem antiken Holzrahmen. In diesem Spiegel konnten Anja und ich uns ansehen, während eine von uns auf dem Sofa und die andere neben Frau Karsulke auf dem Klavierhocker saß. Manchmal, wenn Frau Karsulke redete oder etwas vorspielte, machte ich vom Sofa aus hinter ihrem Rücken irgendwelche Grimassen, so lange, bis Anja lachen musste. Wenn ich an der Reihe war, rächte Anja sich und grimassierte ihrerseits hinter mir und Frau Karsulke vor sich hin. Als einer dieser ganz schlimmen Lachanfälle dabei herauskam, stemmte Frau Karsulke ihre faltigen Hände, an denen sie immer viele Ringe trug, in die Hüften und sagte: «Also, ihr beiden kommt lieber nicht mehr zusammen her.»

Eines Tages rief sie bei mir an, um die Stunde abzusagen. Sie schluchzte so sehr, dass sie fast nicht sprechen konnte, und es dauerte eine Weile, bis sie mir mitgeteilt hatte, dass Daisy gestorben war. Danach dauerte es Wochen, bis Frau Karsulke wieder unterrichten konnte. Aber sie wurde nicht mehr ganz die Alte und ging dann auch bald, mit über achtzig Jahren, in den Ruhestand.

Mein Repertoire stagnierte danach bei Beethovens «Für Elise» und Händels «Sarabande».

Ab und zu sah ich die Kleinanzeigen in den Berliner Stadtmagazinen nach Klavierlehrern durch. Einmal meldete ich mich bei einer Frau, die aber schon am Telefon so trutschig klang, dass ich es mir anders überlegte. Dann kontaktierte ich einen Mann, in dessen Anzeige stand, er unterrichte Pop, Jazz und Improvisation, was mich ansprach. Er gab mir einen Termin und seine Adresse in der Hauptstraße in Schöneberg.

Ich rief Anja an, die ja ebenfalls seit längerer Zeit klavierlehrerlos dastand, und erzählte ihr, dass ich jetzt wieder Unterricht nehmen wollte, und zwar ganz anders als früher bei Frau Karsulke. Anja, sonst eigentlich von fröhlich-unbekümmertem Wesen, reagierte skeptisch.

«Und jetzt willste einfach irgendeinen ausprobieren aus einer Kleinanzeige?»

«Warum denn nicht?»

«Weiß nich. Kann man ja viel behaupten in so einer Anzeige.»

«Das werd ich ja dann sehen, ob der was taugt.»

«Geh da bloß nicht alleine hin. Da steht doch immer extra fett unter den Anzeigen, dass Frauen nicht allein zu Leuten nach Hause gehen sollen.»

Ich bat meinen Vater, mich zu der vereinbarten Probestunde zu begleiten. Wir fanden die Hausnummer ungefähr auf der Höhe vom Kaiser-Wilhelm-Platz. Von unten sah ich einen Mann, der sich aus dem Fenster im dritten Stockwerk lehnte, und ich dachte, das ist bestimmt der Klavierlehrer, der wartet schon. Ich nickte ihm zu, dann gingen mein Vater und ich zum Eingang. Ich klingelte.

«Hallo?», fragte der Klavierlehrer durch die Sprechanlage.

«Hallo, ich bin hier wegen der Klavierstunde.»

«Ich muss leider absagen, bin krank.»

«Ach so. Aber jetzt bin ich schon hier.»

«Bin leider krank.»

War der Typ jetzt so krank, dass er die Tür nicht mehr aufmachen konnte, und das seit genau einer halben Stunde? Vorher hätte er noch anrufen können, da hätte er mich noch zu Hause erreicht. Hatte er mich mit meinem Vater kommen sehen? Ich war jedenfalls sehr froh über Anjas Ermahnung.

«Der ist ja wohl ein bisschen merkwürdig», meinte mein Vater.

Wo wir aber nun bis zum Kaiser-Wilhelm-Platz gefahren waren, wollte ich die Gelegenheit zumindest dazu nutzen, mal wieder bei Deko Behrendt vorbeizuschauen, einem der tollsten Geschäfte der Stadt.

«Wir können ja noch zu Deko Behrendt gehen», sagte ich zu meinem Vater, und es stellte sich heraus, dass er den Laden gar nicht kannte.

Wir gingen ein Stück weiter an der Hauptstraße entlang und dann durch die Tür hindurch in das Paralleluniversum von Deko Behrendt. Wenn man es betritt, sieht es zuerst so aus wie ein besonders reichhaltig sortiertes Geschäft für Partyartikel, mit einer großen Auswahl an Girlanden, Papptellern, Tröten, Konfetti, Partyhüten, Knallbonbons und solcherlei nützlichen Dingen. Aber dann führt der Laden nach hinten immer weiter und weiter, vorbei an meterhohen Regalen mit Kunstblut, Bärten, Gebissen und Brillen, Tier-, Vampir-, Krankenschwester- und anderen nur denkbaren Verkleidungen in sämtlichen Größen, künstlichen Spinnen, abgeschnittenen Ohren, Perücken, Masken, Lampions, Hüten, Juckpulver, Zaubertinte, Gliedmaßen, Nasen, Schminke und Plastikblumen. Mein Vater staunte nicht schlecht. Er kaufte sich eine Gummihand, die er für einen seiner Zaubertricks gebrauchen konnte.

Mit dem Klavierlehrer machte ich keinen zweiten Termin aus. Mehrere Jahre später las ich in der Zeitung von einem psychisch aus den Fugen geratenen Pianisten, der gerade einer seiner Schülerinnen den Kopf abgeschnitten hatte. Er wohnte an der Schöneberger Hauptstraße, Höhe Kaiser-Wilhelm-Platz, im dritten Stock.

Deko Behrendt residiert unverändert in der Hauptstraße 18.

U-BAHNHOF SCHLOSSSTRASSE

*F*ür das Buchvorstellungsreferat zu Beginn der achten Klasse wählte ich *Die unendliche Geschichte* von Michael Ende. Marcus Bratsch stellte einen John-Sinclair-Geisterjäger-Roman vor, was unsere Deutschlehrerin in Rage brachte. Ausführlich erklärte sie uns, dass diese Heftromane überhaupt gar keine Literatur seien. Das Referat war für sie ein regelrechter Skandal. Marcus Bratsch, sowieso klein und blass, verstand die Welt nicht mehr, denn John-Sinclair-Romane waren für ihn das Größte.

Heike traf mit *Wir Kinder vom Bahnhof Zoo* eine äußerst geschickte Wahl. Wir hatten natürlich alle schon viel davon gehört, aber niemand hatte das Buch von Christiane F. selber gelesen, wahrscheinlich durfte das bislang keiner, denn immerhin war es ja recht drastisch. Alle hörten also gebannt zu bei Heikes Referat, keiner spielte nebenbei Käsekästchen oder schaltete auf Durchzug. Richtige Literatur war *Wir Kinder vom Bahnhof Zoo* sicherlich auch nicht, galt aber als pädagogisch wertvolles Drogen-Aufklärungsmaterial und wurde von der Lehrkraft deshalb nicht so verrissen wie John Sinclair.

Heike hatte sich das Buch von ihrer großen Schwester Katja ausgeliehen, die schon fünfzehn und in der Neunten war, also Welten von uns entfernt. Heike las unter anderem die Stelle vor, in der Christiane F. sich in der Karl-Bonhoeffer-Nervenklinik in Wittenau befindet, ein Ort, den wir alle als «Bonnies Ranch» im täglichen Sprachgebrauch führten. Diese Christiane war tatsächlich in Bonnies Ranch gelandet, und das, obwohl sie nicht mal verrückt war, sondern drogenabhängig. Außerdem erzählte sie in dem Buch viel aus der Gropiusstadt, wo ungefähr die Hälfte meiner Mitschüler wohnte.

Drogen, Sex, Bonnies Ranch, Gropiusstadt – wenn Buchvorstellungsreferate den Sinn haben sollten, zum Lesen der vorgestellten Werke zu animieren, dann hatte Heikes Referat jedenfalls den durchschlagendsten Erfolg. Jeder wollte hinterher sofort das ganze Buch lesen, und so wanderte es reihum, wofür Heikes Schwester von jedem eine Leihgebühr von zwei Mark verlangte.

Die Welt der Fixer lag gleich um die Ecke und begegnete einem wahrscheinlich jeden Tag in der U-Bahn, hatte aber trotzdem noch nie unser Bewusstsein gestreift. Erst das Buch brachte sie in unser fröhlich-behütetes Leben, doch das erschütterte uns überhaupt nicht. Wir lasen von den bizarrsten Dingen, die an Plätzen und in Straßen passierten, die wir alle kannten, wo einige von uns wohnten, und deren Protagonisten so alt waren wie wir, doch es hatte nichts mit uns zu tun. Nach der Lektüre waren wir ein bisschen angegruselt, aber auch fasziniert, ähnlich wie es einem mit Vampiren und Zombies geht: Persönlich will man nicht mit ihnen befreundet sein, in Büchern und Filmen kommen sie aber ganz gut.

Am Bahnhof Zoo und anderen einschlägigen Orten sah ich mich nun mit gesteigertem Interesse um und versuchte zu erraten, wer hier wohl zur vielbeschworenen «Szene» gehören mochte. Allerdings fand ich das nicht so offensichtlich, wie es immer dargestellt wurde. Wahrscheinlich lag es nicht daran, dass niemand da gewesen wäre, sondern dass mir der Blick dafür fehlte. Damit ich einen Junkie als solchen erkennen konnte, musste er schon zerstochen und komplett high neben mir in der U-Bahn stehen.

In Sozialkunde hielt ich zusammen mit Silke ein Referat über «Die neuen Medien». Gemeint war das angekündigte Privatfernsehen. Wir gingen extra zur Landeszentrale für politische Bildung in der Hauptstraße und holten uns ein paar Materialien, aber das Thema war einfach reichlich öde. In den Broschüren der Landeszentrale fanden wir Zeichnungen der technischen Übertragungswege von Breitbandkabel- und Satellitenfernsehen sowie komatöse Informationen zu Landesmediengesetzen und dualen Rundfunksystemen.

Silke sagte: «Du erzählst das mit den Gesetzen und ich das technische Zeug, okay?»

Während wir das taten, spielten alle Käsekästchen oder schalteten auf Durchzug und starrten aus dem Fenster. Unser Lehrer fand das Referat schlecht. Er meinte, die technische Seite gehöre am Rande dazu, aber das eigentlich Interessante, nämlich die Auswirkungen von Privatfernsehen auf die Inhalte des Fernsehens, das hätten wir ja nicht mal erwähnt. Er redete sich wie die Deutschlehrerin in Rage und kündigte an, dass «amerikanische Verhältnisse» auf uns zukämen. Silke und ich erhielten eine Drei minus, aber immerhin wussten wir jetzt, dass es bei den «neuen Medien» nicht nur um irgendwelche technischen und juristischen Detailfragen ging, sondern dass wir uns schon mal vorsichtig auf amerikanische Verhältnisse im Fernsehen freuen konnten.

In der nächsten Woche hielt Nicole gemeinsam mit Saskia ein Referat über die neue Menschheitsseuche Aids. Nach unserem Reinfall bemühten sie sich darum, die medizinischen Details nur kurz zu erwähnen und sich auf die sozialen Auswirkungen zu konzentrieren, auf die Gefahr von Stigmatisierung und Ausgrenzung. Sie berichteten von einer englischen TV-Sendung, in der die Moderatorin einen Aids-Kranken vor laufenden Kameras demonstrativ umarmt hatte. Der Lehrer schäumte. Wenn einer Schnupfen habe, sagte er, bemühe der sich selbstverständlich um Abstand und Ansteckungsvermeidung, und jetzt hätten wir einen tödlichen Virus und wir sollen alle umarmen, die das haben? Zumal es sich um eine Krankheit handele, die man sich nicht durch Mutter-Teresa-hafte Opferbereitschaft in der Pflege lepröser Kinder zugezogen hätte, sondern durch exzessive Vergnügungssucht. Sein Mitleid halte sich da sehr in Grenzen, sagte er ins Klingeln hinein.

Wir hatten Schluss, strömten aus dem Klassenzimmer hinaus und dachten nicht mehr im Geringsten darüber nach, wie sexuell übertragbare Krankheiten moralisch zu bewerten waren, wen man umarmen sollte und wen nicht, ob Vergnügungssucht in die Verdammnis führte, was falsch war und was richtig, und ob Lehrer meistens eher recht hatten oder meistens eher nicht.

Dem Christiane-F.-Buch konnten wir zwar entnehmen, dass es auch mit dreizehn schon möglich war, sich die Nächte in Diskotheken um die Ohren zu schlagen, andererseits hörte man von sechzehnjährigen Geschwistern, dass sie noch nicht reingelassen wurden. Es hieß, dafür müsste man zumindest seinen Schülerausweis fälschen. Vielleicht war es vor der Veröffentlichung von *Wir Kinder vom Bahnhof Zoo* für Minderjährige einfacher gewesen, in Diskotheken zu gelangen, als danach. Aber das waren ohnehin theoretische Überlegungen, von einer Teilnahme am sagenhaften Berliner Nachtleben konnte bei uns noch keine Rede sein.

Allerdings gab es das Pop Inn, eine ausgewiesene Jugenddiskothek, die von Leuten, die dem entsprechenden Alter gerade mal so entwachsen waren, auch abfällig Kinderdisco genannt wurde. Kinder ab vierzehn durften sich dort offiziell bis Mitternacht amüsieren. Das fanden wir ganz interessant. Um das Pop Inn zu finden, musste man sich nicht zu später Stunde in unbekannte

Gefilde bis nach Wilmersdorf oder Schöneberg vorwagen, denn es lag in der Steglitzer Ahornstraße, eine Seitenstraße der Schloßstraße. Die Schloßstraße kannten wir alle gut, denn sie war *die* Shopping-Meile des Berliner Südwestens, wobei es im allgemein üblichen Sprachgebrauch nicht unbedingt hieß, man gehe shoppen, sondern man fahre «in die Stadt».

Kaum waren wir vierzehn, planten Silke, Nicole, Anja, Heike und ich, zusammen ins Pop Inn zu gehen, und zwar an einem Samstag. Nicole sprang am Nachmittag desselben Tages ab mit der Begründung, sie habe nun «doch keine Lust aufs Pop Inn», und legte damit den Grundstein für eine spätere Serie kurzfristiger Absagen vor gemeinsamen Unternehmungen.

Wir verabredeten uns draußen am U-Bahnhof Schloßstraße vor dem Spielzeugladen «Werken Spielen Schenken», denn unten im Bahnhof war die Lage verwirrend: Es gab zwei Bahnsteige auf unterschiedlichen Ebenen, obwohl dort nur eine Linie verkehrte. Jeweils eine Seite vom Bahnsteig lag einfach abgesperrt hinter einem Gitterzaun im Dunkeln. Das Gleis dahinter war tot. Um in die andere Richtung zu fahren, musste man die Ebenen wechseln. Warum das so merkwürdig arrangiert war, wussten wir nicht. Als Berliner Kinder hatten wir uns früh damit abgefunden, dass Orte rätselhaft sind. Dass Häuser kaputt sind und nicht bewohnt werden, dass zwischen den Häusern Lücken sind, in denen dichtes Gestrüpp wächst, dass es dunkle, leere U-Bahnhöfe gibt, an denen der Zug nicht anhält, und dass überall ständig irgendetwas abgesperrt und nicht zugänglich ist.

Der Bahnhof war, sowohl oben als auch unterirdisch, im schrillsten Siebziger-Jahre-Futurismus aus Lego-artigen Plastikverkleidungen in Blau und Rot, runden Lampen und rohem Beton gestaltet. Oben stand man im Schatten einer breiten Überführung, auf der, im gleichen kranken Siebziger-Jahre-Style, der Bierpinsel thronte, ein mehr als seltsames Bauwerk, das als Wahrzeichen von Steglitz herhalten musste, in meiner Phantasie aber von Aliens bewohnt wurde. Lange bevor *Men in Black* in die Kinos kam, fragte ich mich, ob unten, hinter dem Absperrgitter, auf der toten, dunklen Seite des Bahnsteigs, vielleicht jene Aliens gefangen gehalten werden, die zu gefährlich waren, um oben bei den anderen im Bierpinsel zu wohnen.

Die ganze Unternehmung fühlte sich nach einer großen Sache an, als wir in die bürgerlich-ruhige Ahornstraße einbogen. Anja hatte sich sogar an Lidschatten herangewagt.

Das Pop Inn hatte einen silberfarbenen Metallboden, und alle außer uns wirkten sehr cool und routiniert und erwachsen gestylt. Wir fühlten uns als genau das, was wir auch waren: vier unbedarfte Gymnasiastinnen von einer katholischen Schule, die zum ersten Mal eine Diskothek betreten hatten.

Silke schlug vor, wir könnten uns was zu trinken holen. Das war eine fabelhafte Idee. Getränke holen, dafür brauchte man nicht irgendein Spezialwissen, das konnten wir schaffen, ohne dabei negativ aufzufallen. Wir nahmen viermal Cola und tranken sie zügig aus. Danach wussten wir nicht so recht weiter. Es gab ein paar, die tanzten, aber die meisten standen so herum oder stolzierten hin und her.

Silke sagte: «Von mir aus könnwa jetzt wieder gehn.»

Draußen leuchteten, jeder auf einem schwarzen Kreis, die Buchstaben POP INN verheißungsvoll über dem Baldachin vor dem Eingang. Nicole wollten wir am Montag erzählen, der Abend wäre der pure Wahnsinn gewesen.

Der 46 Meter hohe «Bierpinsel» wird 1976 als «Turmrestaurant Steglitz» eröffnet. Er ist von denselben Architekten entworfen, die auch das Internationale Congress Centrum (ICC) in Berlin zu verantworten haben. Inspiration für die Form des Pop-Art-Turms war kein Bier und auch kein Pinsel, sondern ein Baum. Im Jahr 2002 wird das Gebäude wegen Sanierungsbedarf geschlossen. 2010 eröffnet im modernisierten Bierpinsel erstmals wieder ein Café, und die Fassade wird von Streetart-Künstlern neu bemalt.

Der darunterliegende U-Bahnhof Schloßstraße wird bei seinem Bau 1971 bis 1973 als zukünftiger Umsteigebahnhof zwischen der bestehenden U9 und der geplanten Linie U10 angelegt. Rund vierzig Jahre nach der Inbetriebnahme des Bahnhofs existiert immer noch keine U10, aber nach wie vor spukt das Projekt durch die offiziellen Flächennutzungspläne, und nach wie vor werden in Berlin Bahnhöfe gebaut, die tote Gleise für die U10 bereithalten.

IN DER
EISSPORTHALLE

*W*ir verpassten wohl gar nicht so viel, denn wir hatten etwas für unser minderjähriges Alter unvergleichlich viel Besseres als irgendwelche Diskotheken, und das waren die Tanzveranstaltungen, die es beinahe jedes Wochenende an irgendeinem Ort innerhalb des Mikrokosmos der katholischen Berliner Jugend gab. Der Zeitgeist nannte sie, wie bereits erwähnt, Feten, manchmal auch Fête.

Die meisten Feten fanden in den Räumlichkeiten der Kirchengemeinden statt. Es gab ein paar Gemeinden, in denen mehrmals im Jahr getanzt wurde, andere richteten einmal im Jahr eine Riesensause aus, zum Beispiel zum Tanz in den Mai oder zu Fasching, und manchmal war plötzlich irgendwo eine Fete, wo sonst nie eine war. Bei den Gemeindefeten traf man durchgängig auf die interessante Gruppe der in etwa Gleichaltrigen. Freunde, die Freunde der Freunde, Leute, die man nur vom Sehen kannte, und die Freunde derer, die man nur vom Sehen kannte. Auch bei sehr großen Veranstaltungen konnte man davon ausgehen, dass fast alle lose miteinander assoziiert waren, und das machte die Kon-

taktaufnahme untereinander sehr viel leichter als unter den Spielregeln des weitgehend anonymen Ausgehbetriebs in der Stadt.

Die zwischenmenschlichen Auswirkungen einer Fete kamen
oft auch erst hinterher zum Tragen, zum Beispiel wenn Nicole
am Montag in der Schule zu Heike sagte: «Kennst du Gerald Nowack?»

«Nee, wieso?»

«Der findet dich gut.»

«Echt? Wer is'n dis?»

«Mein Bruder kennt den vom Fußball.»

«Und woher kennt der mich?»

«Der hat dich am Samstag bei der Alfons-Fete gesehen, er
meinte, du hättest ihn angelächelt.»

«Ach, dieser Dunkelhaarige, der da meistens mit deinem Bruder rumstand?»

«Ja, mit so Adidas-Turnschuhen. Der ist echt ganz süß.»

«Und der hat gesagt, er findet mich gut?»

«Ja, der hat nach dir gefragt.»

Danach wurde noch erörtert, wer denn der Typ sei, den die
schöne Frauke Jeschonnek aus der Elften jetzt offenbar gegen den
allseits angehimmelten Marek eingetauscht hatte, wobei Nicole,
die sich meistens gut auskannte, meinte, der wäre letztes Jahr vom
Canisius geflogen. Anja gab zu, den Neuen aus der Parallelklasse
süß zu finden, und dann sagten wir alle noch, wen wir süß fanden.
Zum Glück gab es dabei kaum Überschneidungen, oder wir vermieden sie. Ich sagte zum Beispiel nicht, dass ich Georg Hacke gut
fand, weil ich vermutete, dass sowohl Nicole als auch Silke und
vielleicht sowieso alle Georg Hacke gut fanden.

Die feierfreudigsten Gemeinden in unserem Umfeld waren
St. Dominicus in Gropiusstadt, St. Alfons in Marienfelde und
Maria Frieden in Mariendorf. Am berühmtesten aber waren die
Feten im Erich-Klausener-Haus, kurz EKH genannt, besonders
zu Fasching. Das Erich-Klausener-Haus, ein Jugendzentrum in

katholischer Trägerschaft, stand in der Charlottenburger Witzle-benstraße, gleich am Lietzensee, und wenn man am Abend der Fete zeitig dort eintraf, wartete man erst mal Minimum eine halbe Stunde in der Schlange, die sich die Treppe hoch bis zum Eingang hin aufgestaut hatte. Das war überhaupt nicht schlimm, wenn es nicht gerade regnete, sondern der erste Akt des Ereignisses. Schließlich konnte man auch vor der Tür schon mal auschecken, wer noch so alles da herumstand.

Zu den großen Feten im EKH fand sich die katholische Jugend aus ganz Berlin ein. Man konnte davon ausgehen, dass wirklich alle da sein würden: der gutaussehende Ministrant aus Herz Jesu, der eine aus Salvator, der Anja mal einen Liebesbrief geschrieben hatte, die süßen Berger-Brüder, die umgezogen waren und jetzt zur Rosenkranz-Basilika gehörten, sowie die versammelten Mittel- und Oberstufen aller katholischen Schulen. Die katholischen Gemeindefeten übten aber auch auf externe, vornehmlich männliche Schüler eine große Faszination aus. Ein Phänomen, das sogar von den Red Hot Chili Peppers besungen wurde, in ihrem Song *Catholic School Girls Rule*. Dabei wohnten die Red Hot Chili Peppers gar nicht in Berlin.

Im April 1985 besuchten Heike und ich unser erstes Popkonzert. Wir hatten Karten für Frankie Goes to Hollywood in der Eissporthalle. Schon die U-Bahn bis Kaiserdamm war total voll mit Leuten, die alle dorthin wollten, und der Bus bis zur Eissporthalle war dann ein reiner Konzert-Zubringer.

Ich war ewig nicht in der Eissporthalle gewesen. Mein Vater hatte mich früher manchmal zu Eishockeyspielen mitgenommen, bei denen es hoch herging auf den Zuschauertribünen. Mir gefiel dabei schon mal gut, dass der Trainer des Berliner Schlittschuhclubs immer mit kariertem Hut am Spielfeldrand saß und dabei Xaver Unsinn hieß. Ein besserer Name war mir nie begegnet. Außerdem gefielen mir die vielen mit Konfetti gefüllten Luftballons. Als der Berliner Schlittschuhclub einmal gegen Düsseldorf spielte, füllten die Düsseldorfer Fans die Luftballons allerdings mit Pfeffer, was wirklich fies war und den Ruf der Stadt Düsseldorf und ihrer Bewohner bei mir über Jahre hinweg schwer beschädigte.

Auch mit Tante Gitti war ich einmal in der Eissporthalle, bei *Holiday on Ice*. Auf dem Rückweg sagte ich zu ihr, dass mir die Show zwar ganz gut gefallen habe, dass Eishockey aber doch besser sei, weil man da vorher nicht wisse, wer gewinnt.

Heike und ich sahen uns die anderen Leute an, die mit uns zu Frankie Goes to Hollywood gingen. Die meisten waren auf jeden Fall älter, und das überraschte uns nicht. Es war der Normalzustand unsres Lebens, dass alle anderen älter waren. Die Busfahrer, die Lehrer, die Schüler aus der Oberstufe, die Kassiererinnen, die Nachbarn, der Zahnarzt und die Popstars. Und mit hoher Wahrscheinlichkeit würde sich an diesem Zustand auch nie etwas ändern. Alles andere war Theorie.

Bevor die Mitglieder von Frankie Goes to Hollywood die Bühne betraten, gab es eine Vorgruppe. Sie hieß Berlin und kam aus Amerika. Die Sängerin sah schrecklich aus, sie hatte die Haare zur Hälfte blond und zur anderen Hälfte schwarz gefärbt, und die Musik ging erst recht nicht, noch nicht einmal ihr großer Hit «Take My Breath Away» aus dem Film *Top Gun*. Während sie den sang, ging sie weit von der Bühne weg, durchs Publikum hindurch bis hoch auf die Zuschauerränge. Zum Glück war es das letzte Lied. Wir dachten: Hurra, gleich geht's los, aber es dauerte eine ganze Weile, bis es im Saal dunkel und auf der Bühne bunt wurde und bis die Lichter tanzten zu den exotischen Vogelgesängen, die der Anfang waren von «Welcome to the Pleasuredome».

Danach war alles unfassbar großartig. So ein Konzert hatte ich noch nie erlebt, bei dem die Leute hüpften und mitsangen, Lichtblitze umherzuckten und einem alles um die Ohren flog. Bislang kannte ich nur die Deutsche Oper, wo wir uns in der Adventszeit

Hänsel und Gretel angesehen hatten und manchmal auch die *Zauberflöte*, und ich kannte die Philharmonie. Besonders die Philharmonie fand ich sehr schön mit dem großen weißen Foyer, den freien Treppen und dem verschachtelten Konzertsaal, von dem aus man überall herumgucken konnte auf all die festlich gekleideten Leute.

Als meine Mutter so alt war wie ich hier bei Frankie Goes to Hollywood, ging sie zum Konzert der Rolling Stones in die Berliner Waldbühne. Nach dem Konzert wurde die Waldbühne kurz und klein gehauen. Auch in dem S-Bahn-Waggon, in dem meine Mutter zusammen mit einem Freund saß, der Ministrant war und gern ihr richtiger Freund gewesen wäre, wurde tranceartig weiterrandaliert. Der Freund schrie einen der Randalierer an: «Was machst du denn da?», und meine Mutter erzählte, der Junge hätte etwas erstaunt zu ihm aufgesehen, aber keine schlüssige Antwort gewusst auf diese Frage.

Nach dem Konzert war es draußen dunkel, und alle, die vorher erwartungsvoll hereingeströmt waren durch die kleinen Türen der großen Eissporthalle, glitten jetzt, einmal kräftig von den Bässen durchmassiert, ganz entspannt wieder hinaus und standen dann auf dem toten Messegelände an der Jafféstraße, zwischen Eissporthalle, Deutschlandhalle und stillgelegten Bahngleisen, wo es jetzt absolut nichts mehr zu sehen oder zu hören gab und wo man noch nicht einmal etwas zum Kurz-und-klein-Kloppen gehabt hätte.

Der Bus fuhr uns zurück zum Kaiserdamm, vorbei am dunklen ICC auf der rechten und dem glitzernden Funkturm auf der linken Seite.

Die Waldbühne wird 1936 zeitgleich mit dem Olympiastadion in eine natürliche Ausbuchtung der Fließwiese Ruhleben hineingebaut. Nach dem Krieg dient sie als Konzertbühne, Freilichtkino und Boxarena. Am 15. September 1965 wird die Waldbühne nach einem Konzert der Rolling Stones bei Krawallen schwer beschädigt und erst sieben Jahre später wieder vollständig repariert.

Die Deutschlandhalle wird 1935 auf dem Messegelände in Wilmersdorf anlässlich der Olympischen Spiele 1936 in Berlin erbaut. Im Krieg wird sie zerstört, dann wieder errichtet und für Sportveranstaltungen, Zirkusshows (*Menschen, Tiere, Sensationen*) und später auch für große Pop- und Rockkonzerte genutzt. 2008 wird der Abriss der eigentlich denkmalgeschützten Halle beschlossen; am 3. Dezember 2011 wird ihr Dach mit vierzig Kilogramm Sprengstoff zum Einsturz gebracht.

Die benachbarte, 1973 errichtete Eissporthalle wurde bereits zehn Jahre vorher demontiert.

FORUM STEGLITZ

*G*egen Ende der neunten Klasse lief ich neben Anja und Heike zur U-Bahn, als Heike ganz beiläufig fragte: «Kennst du Jan aus der Zehnten?»

«Fragst du mich?», wollte ich wissen.

«Ja, dich. Dich mit der Nase im Gesicht.» Heike war gern witzig.

«Nein, kenn ich nicht. Wer is das?»

«Meine Schwester findet den gut, aber jetzt hat der sie nach deiner Telefonnummer gefragt.»

«Ach, ich weiß, wer das ist», meinte Anja. «So ein Blonder, ne? Aus der Klasse von Holger und Oliver.»

«Kann sein», sagte Heike.

«Und warum hat der jetzt deine Schwester nach meiner Nummer gefragt, wenn sie den doch gut findet? Sag doch mal!» Ich war ganz aus der Fassung.

«Weiß der ja nich, dass sie ihn gut findet. Sie ist jedenfalls total sauer jetzt.»

So richtig raffte ich diese Geschichte nicht, aber sie wühlte mich doch einigermaßen auf.

Als ich in Alt-Mariendorf aus dem U-Bahn-Schacht nach oben ans Licht stieg, schüttelte ich mein Haar und stellte mich mit einem neuen Ichgefühl an die Bushaltestelle. Ich hatte immer noch keine Ahnung, wer dieser Jan war, aber das war auch zweitrangig. Wichtig war, dass mich vermutlich einer gut fand, aus der Zehnten, und dann noch einer, der seinerseits gut gefunden wurde von Heikes cooler Schwester Katja. Wichtig war außerdem, dass andere darüber bereits Bescheid wussten, ohne dass ich es selber hätte herumerzählen müssen.

Zu Hause trödelte ich ein bisschen rum und sah in den Spiegel. Schließlich nahm ich das Telefon, um Silke anzurufen. Die Hand hatte ich schon am Hörer, als es klingelte.

Jan aus der Zehnten redete nicht groß um den heißen Brei herum. Er sagte, er würde mich gern kennenlernen und fragte, ob wir nach der Schule mal was unternehmen wollen. Er fragte auch, ob ich überhaupt wisse, wer er sei, und ich sagte, nein, das wüsste ich jetzt nicht so genau. Um das zu ändern, schlug er vor, am nächsten Tag in der ersten Pause auf unseren Flur zu kommen und mal hallo zu sagen.

«Okay», sagte ich. «Wir sind im zweiten Stock vom Hauptgebäude.»

Er sagte: «Ich weiß.»

Er war sehr selbstbewusst.

Am nächsten Tag zog ich meine neue Kombi aus einem schwarzen und einem weißen Shirt an. In den ersten zwei Stunden fühlte ich mich reichlich angespannt, und in der ersten Pause setzte ich mich mit Heike zusammen nach draußen in den Flur, gleich ans Fenster neben der Glastür zum Treppenhaus. Heike hatte ihrerseits eine neue Hose an, eine dunkelgraue mit weißen Strichen drauf, wobei die Striche wie Pinselstriche aussahen; sehr angesagt.

«Wo hast'n die her?», fragte ich.

«Fiorucci», sagte Heike.

Erst in der letzten Woche war ich bei Jean Pascale im Forum Steglitz gewesen, wo es Fiorucci-Sachen gab, hatte diese Hose aber leider nicht entdeckt. Bei Jean Pascale im Forum Steglitz kaufte ich wahrscheinlich die meisten meiner Sachen. Im Forum Steglitz traf man meistens auch irgendwen, den man ewig nicht gesehen hatte. Leute aus der Grundschule zum Beispiel. Oft winkte man sich zu, während man auf den Rollbändern, die anstelle von Rolltreppen die Etagen verbanden, aneinander vorbeifuhr. Einer nach oben und einer nach unten. Meine Mutter vergaß im Forum Steglitz nie zu erwähnen, dass sie hier den Schreck ihres Lebens bekommen hatte, als ich mich oben auf der zweiten Ebene einmal hinter ihrem Rücken am gläsernen Geländer hochgezogen hatte und dann über dem offenen Lichthof, durch den man auf die unteren Ebenen blicken konnte, an dem Geländer herumgeturnt war. Sie hatte gerade eine alte Bekannte getroffen, wie es halt so ist im Forum Steglitz, die mitten im Gespräch erbleichte und rief: «Oh Gott! Ihre Tochter!»

Ich guckte noch so ein bisschen neidisch auf Heikes Hose, da ging die Flurtür auf, und Jan aus der Zehnten kam auf uns zu, was ich daher wusste, dass Heike «Hallo, Jan» zu ihm sagte. Das war der vereinbarte Code zur Identifizierung.

Bei seiner Eröffnung 1970 ist das Forum Steglitz deutschlandweit eine der ersten Shopping-Malls nach amerikanischem Vorbild. Zuvor befand sich dort ein traditionsreicher Wochenmarkt, der ins Erdgeschoss des Einkaufszentrums integriert wurde. Im Obergeschoss war bis 1989 eines der fünf offiziellen Büros für Besuchs- und Reiseangelegenheiten zur Beantragung eines Einreisevisums in die DDR untergebracht.

EUROPA-CENTER

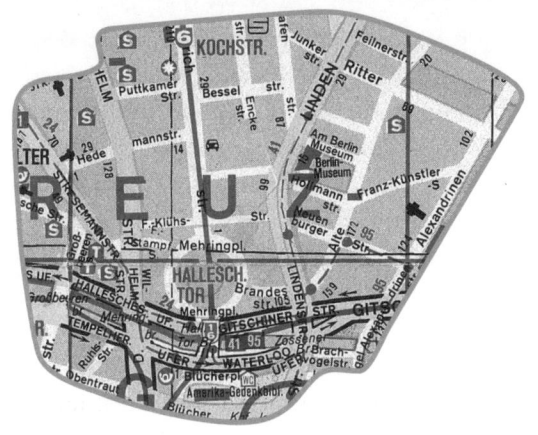

*J*ch war natürlich wahnsinnig gespannt auf Jan gewesen, aber jetzt hatte ich gar nicht die Ruhe, ihn mir wirklich anzusehen, denn ich war komplett damit beschäftigt, cool zu bleiben, nicht zu kichern und so zu tun, als wäre alles ganz normal, als hätte ich schon tausendmal hier gesessen und mit Jungs aus der Zehnten geplaudert, die sich über Heikes Schwester meine Telefonnummer besorgt hatten. Nach der Pause konnte ich den anderen deshalb noch nichts darüber sagen, ob ich Jan jetzt auch gut fand oder nicht. Ich konnte nur berichten, dass wir uns nach der Schule am Tor treffen und dann zusammen zur U-Bahn gehen wollten.

Nach Schulschluss stand er schon da und wartete auf mich, und als ich ihn da so stehen sah, fand ich ihn erst mal nur so mittel. Wir gingen nebeneinander zur U-Bahn und redeten über die Schule. Er war genervt und wollte nach der Zehnten abgehen, also sehr bald. Ich tat auch genervt von der Schule und erzählte, dass ich nach der Zehnten gern für ein Jahr nach Amerika gehen würde. Das klang natürlich super, und er war ein bisschen beeindruckt.

Wir nahmen den Weg, der durch die kleine Grünanlage hinter

der Schule entlangführte und der schöner war als der Weg durch die Passage, wobei es keine große Herausforderung war, schöner zu sein als die Passage. Der Weg hintenherum führte zu dem anderen U-Bahn-Eingang an der Karl-Marx-Straße, dort, wo der Zug nach Rudow mit dem vordersten Wagen hielt. Es war wichtig, ob man vorn oder hinten in einen Zug stieg, denn Bahnhöfe sind lang. Die meisten, die den Zug nach Rudow nahmen, stiegen Johannisthaler Chaussee um in einen Bus, und die Treppe zu den Bussen befand sich am vorderen Zugende.

Obwohl ich normalerweise den Zug in Richtung Rathaus Spandau nahm, war es alternativ auch möglich, in die andere Richtung, nach Rudow, zu fahren und Johannisthaler Chaussee in einen Bus nach Mariendorf umzusteigen. Das machten wir trotz etwas längerer Fahrzeit manchmal im Sommer, weil Busfahren dann schöner war als U-Bahn-Fahren. Jan musste immer Johannisthaler Chaussee raus und ging deshalb grundsätzlich den Weg hintenherum, zum anderen U-Bahnhof.

Am Bahnsteig trafen wir auf Leute aus seiner Klasse, die mit uns in den Zug stiegen. Jan musste dabei mit seinen Kumpels rumalbern, so ein bisschen Show machen und zwischendrin zu dem einen sagen: «Ey, Holger, jetzt benimm dich mal, was soll die denn von mir denken?»

Der antwortete: «Ja, genau, Jan, was soll die eigentlich von dir denken?» Und zu mir: «Sag mal, was denkst'n du eigentlich von dem?»

Und Jan dann wieder zu dem: «Halt doch einfach mal die Fresse, du Spast.»

Es war die Zeit, als gerade die brandneuen U-Bahn-Waggons mit bunten Sitzen eingeführt wurden, grau mit bunten Strichen drauf, was alle total hässlich fanden. Johannisthaler Chaussee stiegen wir aus, und während alle zu den Bussen strömten, blieb ich mit Jan noch kurz auf dem Platz vor dem Eingang zur U-Bahn stehen.

«Wir können ja morgen zusammen ins Kino gehen», sagte Jan.

«Okay.»

«Hast du schon Police Academy gesehen?»

«Nee.»

«Dann können wir den ja gucken.»

Der nächste Tag war ein schulfreier Samstag. Wir hatten jetzt jeden zweiten Samstag schulfrei, das war eine Verbesserung, vorher war es nur ein Samstag im Monat gewesen. Jan und ich trafen uns Hallesches Tor, unten an der Linie 6 beim DJ. Den Schaffner in seinem Kabuff, von wo aus er immer «Einsteigen bitte!» und «Zurückbleiben!» oder auch mal «Nicht mit dem Fahrrad in den ersten Wagen einsteigen!» ins Mikrophon rief, den nannten Silke und ich den DJ. Inzwischen hörte man das aber auch bei ganz fremden Leuten. Entweder hatte sich das schon verbreitet, oder es war so, dass andere Leute auf dieselbe Idee gekommen waren.

Über diverse Treppen und Rolltreppen gingen Jan und ich zur Bahntrasse der Linie 1 und suchten dort erst einmal eines von den großen Plakaten mit dem Berliner Kinoprogramm. Wir waren uns nämlich nicht ganz einig, ob der Film im Royal-Palast lief oder in der Filmbühne Wien.

Zwar hatten wir vorher beide bei der Kinoansage unter 11 511 angerufen, uns aber unterschiedliche Informationen gemerkt. Schließlich fanden wir ein Plakat, und Royal war richtig (hatte ich gesagt). Danach warteten wir dort auf den Zug, wo die Bahnhofsüberdachung zu Ende war und die Sonne auf den Bahnsteig schien.

Nach einer Weile kam der Zug. Auf der Linie 1 fuhren diese ungewohnt schmalen Züge, in denen man sich viel dichter gegenübersaß als in den Zügen, mit denen wir sonst zur Schule fuhren. Jan zog die Tür auf. Die Leute im Waggon wirkten alle sehr fröhlich, manche grinsten hinter ihren Zeitungen. Kaum waren wir im Waggon, rief der Mann, der direkt an der Zugtür stand und so ziemlich als Einziger nicht grinste: «Nach Ruhleben, ein-steigen! Ruhleben, zuuurrrückblei-ben!» Ach so. Na klar. Der Ansager war im Waggon.

Der Ansager, ein unscheinbarer, noch recht junger Mann, fuhr den ganzen Tag mit der U-Bahn durch die Stadt und rief die Stationen aus. Man freute sich, wenn man ihm begegnete. Jetzt rief er: «Nächste Station Möckernbrücke. Umstiegsmöglichkeit zur U-Bahn-Linie 7 in Richtung Rathaus Spandau und Richtung Rudow.» Er hatte das ganze Netz im Kopf und war stets mit Ernst und Konzentration bei der Sache.

Nachdem der Ansager «Nächste Station Zoologischer Garten» ausgerufen hatte, stiegen wir aus. Wir liefen über den Breitscheidplatz auf den Wasserklops zu und machten dabei einen weiten Bogen um die verrückte Oma.

Wie immer stand sie vor der Gedächtniskirche und redete laut übers Ficken. Ich war schon ein paar Mal an der vorbeigekommen. Sie hatte kurze graue Haare, war zweckmäßig und wetterfest gekleidet, trug eine praktische Tasche bei sich und saß oder stand auf den Stufen vor der Kirche mit mehreren Plakaten und Transparenten, auf denen «Ficken ist Frieden» stand, in unterschiedlichen Variationen. Dabei war sie äußerst diskutierfreudig und rief den Passanten nach, sie sollten heute noch ficken oder wichsen. Wir mussten sie also unbedingt meiden, zwei katholische Schüler, fünfzehn und sechzehn Jahre alt, bei ihrem ersten Date.

Weil wir etwas Zeit hatten, gingen wir die Granittreppe am Brunnen hinunter, die einen direkt ins Untergeschoss vom Europa-Center führte. Dort bummelten wir an den Läden vorbei, nahmen die Rolltreppe, die unter den großen Lampen aus bunten Glassteinen zurück nach oben ins Erdgeschoss führte, ließen dort einen anderen Brunnen hinter uns, den Lotus-Brunnen, in dem sich mechanische Blütenkelche aus Metall unter der Beobachtung von Touristen tagein, tagaus einen Schluck Wasser weiterreichten, und gingen zum Royal-Palast-Kino.

Auf dem Weg von der Kasse zu den Kinosälen konnte ich uns in den verspiegelten Wänden neben der Rolltreppe sehen. Ich stand eine Stufe höher und war damit etwas größer als Jan. Es war ein kleiner, hübscher Film, in dem wir langsam von unten nach oben schwebten. Er gefiel mir gut.

Das Europa-Center am Breitscheidplatz wird 1965 eröffnet. Auf dem Hochhausteil dreht sich weithin sichtbar ein Mercedes-stern von zehn Metern Durchmesser. Der Royal-Palast im Europa-Center, nach dem Zoo-Palast das größte Kino in West-Berlin, war bis in die neunziger Jahre hinein das einzige Filmtheater mit eigener Rolltreppe und hatte eine der größten gebogenen Breitleinwände der Welt. Es wird 2004 geschlossen und 2006 abgerissen; der Rest des Europa-Centers steht unter Denkmal-schutz.

Helga Goetze, die Frau mit den «Ficken ist Frieden»-Trans-parenten, wird 1922 in Magdeburg geboren. Sie heiratet und bringt sieben Kinder zur Welt. Während ihrer Silberhochzeits-reise nach Italien beginnt sie eine Affäre mit einem Italiener, die für sie zum Erweckungserlebnis wird. Sie zieht 1978 nach Berlin und beginnt 1983, im Alter von sechzig Jahren, mehrere Stunden täglich vor der Berliner Gedächtniskirche für die se-xuelle Befreiung zu werben. Sie stirbt 2007 und liegt auf dem Alten St.-Matthäus-Kirchhof in Schöneberg begraben.

Die in den fünfziger Jahren gebauten U-Bahn-Wagen des Typs «Dora», mit Wänden aus Holzfurnierimitat, grünen Sitzen und rötlichem Boden, werden in den achtziger Jahren an die DDR verkauft. Nach der Wende begegnen sie den West-Berliner Passagieren wieder, bis sie in den Neunzigern nach China und von dort nach Nordkorea verkauft werden. Heute noch fahren mehr als hundert der alten Berliner U-Bahn-Wagen durch die Tunnel von Pjöngjang.

Der «Ansager» findet immer wieder vereinzelte Nachahmer im Berliner U-Bahn-Netz.

DAS BLUB
IN BRITZ

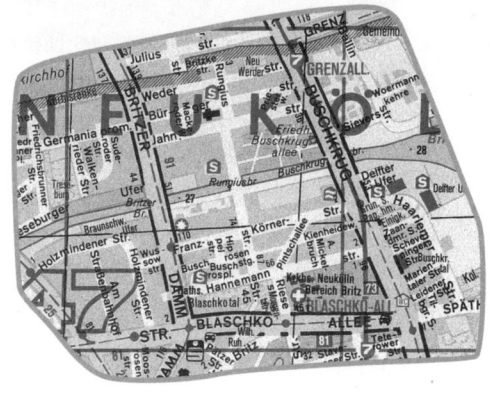

*D*raußen war es dämmerig geworden, während wir im Kino gesessen hatten. Am Ku'damm war kaum noch was los. Wir schlenderten den Tauentzien in Richtung Wittenbergplatz entlang. Mir war erst sehr spät klar geworden, dass der Ku'damm zwischen Breitscheidplatz und Wittenbergplatz gar nicht mehr Kurfürstendamm heißt, sondern eben Tauentzienstraße, und dass diese Straße gemeint war, wenn die Leute vom «Tauentzien» sprachen. Es war ein echtes Aha-Erlebnis, als ich zum ersten Mal das Straßenschild mit dem Namen «Tauentzienstraße» bemerkte. Der Groschen fiel mit einem sehr lauten Klirren vor mir zu Boden.

Am Broadway-Kino machten wir noch einen Schlenker durch die skurrile kleine Einkaufspassage mit den Schaufenstern voll bunter T-Shirts, hochhackiger Glitzerschuhe und indischem Schmuck. Als wir da standen und uns das Zeug ansahen, nahm Jan meine Hand. Das fühlte sich etwas fremdartig an, deshalb sah ich mich dazu gezwungen, ganz viel zu reden. Weil wir uns gerade eine Badehose im Union-Jack-Design ansahen, kamen wir darauf, dass wir morgen schwimmen gehen könnten. Fürs Freibad war es noch nicht warm genug, darum beschlossen wir, ins Blub zu gehen. Als Jan später am Mehringdamm umsteigen musste, verabschiedeten wir uns mit einem unklaren Abschiedskuss irgendwo auf die Wange.

Am nächsten Morgen telefonierte ich gleich mit Silke, die wissen wollte, wie es mit Jan im Kino war. Ich erzählte ihr, dass der Film echt lustig war, aber das interessierte sie gar nicht so sehr.

«Und mit Jan?», fragte sie.

«War auch super.»

«Und?»

«Was, und?»

«Na, seid ihr jetzt zusammen?»

«Weiß ich doch nicht. Kann schon sein. Wir gehen heute ins Blub.»

«Habt ihr euch geküsst?»

«Nein! Hör doch mal auf!»

«Blub, soso, sehr romantisch.»

«Was machst du heute?»

«Versuch jetzt nicht vom Thema abzulenken!»

Ich wollte aber vom Thema ablenken und fragte: «Was macht Johnny?»

Seit Menschengedenken wurde Silke von Johnny angeschwärmt, worüber die ganze Schule Bescheid wusste, weil Johnny kein Geheimnis daraus machte. Bei jeder Fete stürzte er sofort auf Silke zu, sobald die Musik langsam wurde, um mit ihr zu tanzen. Mit seiner obsessiven Schwärmerei hatte Johnny fast schon einen grundsätzlichen Anspruch auf Silke etabliert, und weil er ein netter Typ war, den alle mochten, funkte ihm keiner dazwischen. Für Silke war das ein Problem. Gern hätte sie auch mal mehr Auswahl gehabt beim Blues-Tanzen und überhaupt. So wie es war, konnte sie niemals erfahren, bei wem sie sonst noch Chancen hatte, bei Milch aus der Oberstufe zum Beispiel, der bei uns so hieß, weil er zum Schulfasching mal als Milchtüte verkleidet kam. Wenn Milch irgendwo auftauchte, hatte Silke gleich Sternchen in den Augen.

Es war Teil von Silkes Identität geworden, die Angebetete von Johnny zu sein. Wären wir Indianer, hieße sie «Die-von-Johnny-angebetet-wird», womit sie längst so etwas Ähnliches wie seine Freundin war. Sie musste es nur endlich mal annehmen, anstatt immer zu denken: Ich will aber lieber Milch. Ich jedenfalls freute mich über Jan und sein Interesse an mir, obwohl ich mich bislang ja eigentlich für Georg Hacke interessiert hatte, wenn auch nur von weitem.

Nach dem Gespräch mit Silke packte ich meine Badesachen und fuhr los, um Jan am U-Bahnhof Grenzallee zu treffen. Der Weg ins Blub – der Name war ein Akronym für «Berliner Luft- und Badeparadies» – führte über einen Holzsteg, der seinerseits über eine naturwüchsige Wiese führte. Das Blub war 1985 eröffnet worden, es war neu und schön, voller Attraktionen wie Whirlpools, Wellenbad, Meerwasserbecken und Riesenrutsche, und das Blub-Logo prangte auf den aktuellen Trikots der Mannschaft von Hertha BSC. Drinnen legten wir unsere Badetücher auf zwei Liegen, dann gingen wir gleich ins Wellenbad. Auf Föhr gab es auch ein Wellenbad, und als Kind hatte ich großen Respekt davor, wenn alle halbe Stunde für zehn Minuten die Wellenmaschine lostobte. Die Wellen im Blub kamen mir moderater vor. Oder ich war jetzt größer und konnte besser schwimmen.

Das Blöde war, dass Jan mit nass angeklatschten Haaren nicht so gut aussah. Nachdem wir noch einmal durch andere Becken geplanscht waren, legten wir uns auf unsere Liegen und seine Haare trockneten wieder. Jan fing an, über die Mädchen aus seiner Klasse zu reden und wie er die fand. Er erzählte mir, dass seine Kumpels mich Paulchen nannten, nach einem Pulli mit Paulchen-Panther-Motiv, den ich manchmal trug. Dann standen auf einmal zwei kleine Jungs vor uns. Sie hatten schon eine Weile in der Nähe herumgehampelt und sich gegenseitig angestoßen. Jetzt stellten sie sich neben Jan hin und trugen ihr Anliegen vor.

«Dürfen wir Sie mal was fragen?»

Jan guckte hoch. «Ihr könnt fragen, aber die Antwort ist Nein.»

Die Jungs sahen sich an.

«Wir wollten aber fragen, ob Sie Luke Skywalker sind.»

«Wie gesagt», meinte Jan, «die Antwort ist Nein.»

Die beiden kleinen Jungs flüsterten sich gegenseitig etwas ins Ohr, dann wagte sich der eine noch mal vor: «Wir glauben aber trotzdem, dass Sie das sind.»

Jan rappelte sich hoch: «Glaubt ihr wirklich, Luke Skywalker liegt hier im Blub rum und spricht Deutsch?»

Sie tuschelten nochmals, zuckten mit den Schultern und zogen wieder ab.

«Passiert mir andauernd», meinte Jan. «Immer findet einer, dass ich aussehe wie Luke Skywalker. Findest du auch, dass ich aussehe wie Luke Skywalker?»

Ich hatte keinen blassen Schimmer, wer Luke Skywalker war und wie der aussah. Ich bemerkte aber, dass die beiden Jungs weiter zu uns rüberguckten und mit Jans Auskunft nicht zufrieden waren.

Draußen war es mild. Jan war mit dem Fahrrad gekommen, das er jetzt mit einer Hand neben sich herschob, um mich wieder zur U-Bahn zu begleiten. Mit der anderen hielt er meine Hand, und über der Schulter trug er noch seine Tasche mit den Badesachen. Das war nicht ganz unkompliziert, und als es über einen Bordstein ging, fiel ihm sein Rad um. Ich lachte. Er sagte: «Hör sofort auf zu lachen.»

Ich lachte weiter. Jan ließ sein Rad liegen, warf die Tasche dazu, packte meine Schultern und küsste mich. Es war mir schon klar gewesen, dass das irgendwann passieren musste.

Das marode gewordene Blub wird 2002 wegen akutem Rattenbefall vorübergehend und 2003 wegen Insolvenz endgültig geschlossen. Angeblich soll auf dem 35 000 Quadratmeter großem Gelände in Zukunft ein Resorthotel mit Badelandschaft entstehen.

ST. DOMINICUS

*J*ch hatte jetzt also einen Freund. Der Status des Zusammenseins war offiziell und gegenseitig beglaubigt durch einen Kuss vorm U-Bahnhof Grenzallee. Von dem großen romantischen Mythos «erster Kuss» hatte ich mir zwar mehr erwartet, aber ich beschwerte mich nicht.

In den großen Pausen trafen wir uns auf dem Schulhof, und ich freute mich darauf, in Zukunft *mit meinem Freund* zu den Feten und auch sonst überall hin- und überhaupt mehr auszugehen. Konzerte würde ich besuchen und mit ihm Tanzen gehen und dabei nicht mehr so abhängig sein von der alten Mädchen-Clique.

Die nächste Fete stand unmittelbar bevor, und zwar am Samstag in Dominicus. Es hatte seit einiger Zeit keine große Fete mehr gegeben, und entsprechend hatte sich bereits sozialer Bedarf angestaut. Johnny machte sich definitiv große Hoffnungen, dass dies ein wichtiger Abend für ihn und Silke sein könnte. Für Heike und Gerald Nowack, die jetzt schon eine Weile umeinander herumgeschlichen waren, musste endlich mal ein Anlass her, und Anja hatte in ihrem Volleyballverein irgendwen kennengelernt, den sie am

Samstag mitbringen wollte. Ich selber würde dann souverän danebenstehen und mir die weiteren Entwicklungen milde lächelnd ansehen mit meinem schmucken Freund, den Heikes Schwester nicht bekommen hatte und die deswegen immer noch leicht angesäuert wirkte.

Es war also ein Schock, als Jan am Freitag in der Pause ganz lapidar zu mir sagte, dass er am Samstag zum fünfzigsten Geburtstag seiner Tante gehen müsse, und meinte, wir könnten uns danach ja noch bei ihm treffen oder bei mir.

«Da ist doch Dominicus», rief ich.

«Ach so», sagte Jan. «Gehst du dahin?»

Ob ich da hingehe, fragte der mich! Ich instruierte ihn, er müsse nach dem Geburtstag unter allen Umständen, auf jeden Fall und unverzüglich nach Dominicus kommen, was immerhin seine Gemeinde war, und mich dort treffen und nicht zu Hause. Wozu denn zu Hause überhaupt?

Manchmal wunderte ich mich über andere.

Samstagabend saß ich in meinem Zimmer und überlegte, ob ich nicht einfach auch erst später zur Fete fahren sollte, aber es war mir einfach nicht möglich. Ich saß seit zwei Uhr wie auf Kohlen, und außerdem, wer weiß, was ich dann alles verpassen würde. Ich traf Silke also pünktlich um acht beim DJ am U-Bahnhof Lipschitzallee. Zusammen gingen wir die Treppen nach oben, und da standen schon lauter Grüppchen vor dem Gemeindezentrum herum. Johnny war da mit seinem Freund Stefan und mit Minski, wir sagten hallo und gingen mit denen gemeinsam rein. Ich war unangemessen aufgeregt. Wir quatschten ein bisschen dies und das, wobei ich wie üblich mit Minski aneinandergeriet, weil Minski so ein beknackter Proll war. Um genervt zu sein, reichte mir inzwischen sein bloßer Anblick, reichten seine teuer-geschmacklosen Popperklamotten. Aber dabei beließ er es ja nicht, er musste auch noch reden. Wie geil er mit seinem Bruder dessen Auto getunt und was seine Uhr gekostet hatte. Wenn Minski laberte, verlor ich die Beherrschung. Und weil ich gerade diesen Spruch aufge-schnappt hatte, brachte ich den gleich an:

«Sag mal Minski, wo ist eigentlich der Bus?»

«Welcher Bus?»

«Na, der Bus mit den Leuten, die dein Gelaber hören wollen?»

«Der war gut», meinte Minski.

Er vereinnahmte einfach meine Kritik, der Arsch. Außer mir störte sich kaum einer an ihm; die anderen sahen es als mein per-sönliches Problem an, dass der mich so auf die Palme brachte mit seinem Angeberscheiß. Das wiederum fand ich blöd an den an-deren, dass sie dieses Minski-Gesabbel anscheinend ganz normal fanden. Es gab ja auch nicht nur Minski allein, es gab so ein paar Minskis bei uns.

Nun aber dachte ich mir: Sollt ihr doch! Hört ihr mal schön dem Minski zu! Ich geh jetzt tanzen, und nachher kommt näm-lich mein Freund. Ich brauch euch gar nicht.

Leider war die Musik eher mittel, und kaum jemand tanz-te. Die meisten Leute standen im Vorraum und auf der Treppe herum, bis schließlich die unvermeidliche Blues-Runde begann, und zwar mit *Hello* von Lionel Richie. Ächz. Ich mochte, wenn es Blues sein musste, *Careless Whisper* von George Michael (der mir inzwischen ein Begriff war), aber am meisten *The Power of Love*, natürlich von Frankie Goes to Hollywood. Gerald Nowack und Johnny waren jetzt weniger wählerisch mit der Musik, sie stürz-ten sofort auf Heike und Silke zu, wobei Heike begeisterter wirkte als Silke, und auch Anja und ihr etwas blasser Volleyball-Kollege mit dem Namen Carsten hatten sich bereits zusammengefunden. Dieses Paar-Ding griff ganz schön um sich.

Jan war noch nicht da, und es war schon halb zehn. Ich hatte Panik, dass sie gleich *The Power of Love* spielen würden und er wäre nicht da, um mit mir zu tanzen, während alle anderen tan-zen würden zu *The Power of Love*. In meiner Angst verließ ich den Raum, um mir an der Theke eine Cola zu bestellen. Gerade als ich dabei zusah, wie die Cola aus der Flasche in einen Plastikbecher gegossen wurde, tippte mir jemand an die linke Schulter. Ich drehte mich nach links um. Da stand ein mir unbekanntes Mädchen, das zu mir sagte: «Der war das.» Dabei zeigte sie auf Jan, der rechts hinter mir stand und über seinen gelungenen Scherz lächelte: «Na, Paulchen, amüsierst du dich gut?»

Ich wollte mich gar nicht lange unterhalten. Ich schleifte Jan den Gang hinunter in den Raum mit der Musik, wo wir uns an den Rand stellten, die Cola tranken und beobachteten, wie die Tanzenden mehr oder weniger und meist auch nur einseitig verliebt aneinanderklebten und sich in langsamen Schritten zu *True* von Spandau Ballett drehten. Silke wirkte nicht so, als würde die Liebe zu Johnny heute in ihr entflammen, und Johnny sah nicht so aus, als würde er sich davon beirren lassen. Bei Heike und Anja hingegen wurde gerade alles klargemacht, die klebten ganz eng zusammen. Und dann mischten sich unter die letzten Takte von *True* die ersten Töne von *The Power of Love*. Sofort zog ich Jan auf die Tanzfläche, um endlich, mit meinem Freund, zu *The Power of Love* von Frankie Goes to Hollywood zu tanzen, so, wie ich es mir immer vorgestellt hatte.

St. Dominicus an der Lipschitzallee wird 1977 erbaut und ist die einzige katholische Gemeinde im Berliner Ortsteil Gropiusstadt.

KU'DAMM-ECK

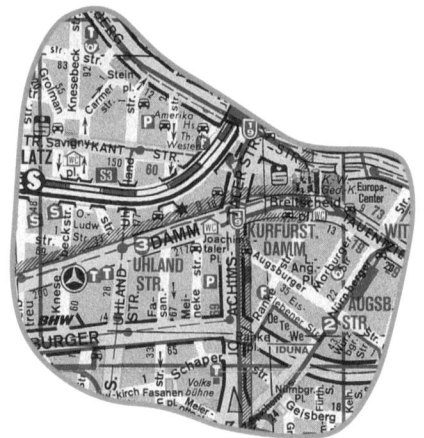

*A*uf der Rückseite vom Wertheim am Ku'damm, in der Augsburger Straße, hatte ein großer neuer Plattenladen eröffnet, WOM, World of Music. Johnnys Freund Stefan war gleich in der ersten Woche dort gewesen und hatte erzählt, dass es in dem Geschäft einen großen runden Tresen gäbe, an dem mehrere Leute gleichzeitig mit Kopfhörern Platten anhören könnten, viel besser als bei City Music am Breitscheidplatz.

Meine erste Platte hatte ich mir bei *Sound & Fashion* in Marienfelde gekauft, da war es überhaupt nicht vorgesehen, sich über Kopfhörer irgendwas anzuhören, und alles, was ich wusste, war, dass ich das eine Lied aus dem Radio haben wollte, etwas von einer Girlband, die nicht Banane hieß, aber so ähnlich. Der Verkäufer kramte eine Single von Bananarama hervor, Anja stand dabei. Bei ihr zu Hause baten wir ihren Bruder, die Platte auf seinem Plattenspieler aufzulegen. Es war genau das Lied, das ich gesucht hatte, und ich freute mich. Anjas Bruder fand es auch ganz gut. Er kramte eine leere Kassette heraus und überspielte es sich gleich.

Inzwischen hatte ich ein paar mehr Platten, aber nicht sehr viele, obwohl mir so einige einfielen, die ich gern gehabt hätte.

Anja hatte bald Geburtstag und wünschte sich von mir und Silke eine Platte von Simply Red, die musste ich also sowieso besorgen.

Ich fuhr ganz allein zum Ku'damm, denn ich wollte in Ruhe durch den neuen Plattenladen gehen. Oben am U-Bahnhof Kurfürstendamm stand schon der stadtbekannte «Sendermann» mit einem großen spitzen Papphut, auf dem «CIA-Opfer» stand, vor sich ein großes Blatt Papier, klein beschriftet mit seiner Leidensgeschichte, in der es um Strahlen, Sender und Geheimdienste ging. Ich war mir wie immer nicht ganz sicher, ob da etwas Wahres dran war. Die Ausführungen darüber, wie und mit welchen Mitteln er von sämtlichen Geheimdiensten der Welt verfolgt wurde, waren so vertrackt und präzise, dass man sich das eigentlich nicht ausdenken konnte. Schon gar nicht, wenn man verrückt ist.

Durchs Ku'damm-Eck ging ich zur Augsburger und überlegte, ob ich für Heike vielleicht noch ein krasses T-Shirt aus diesem riesigen Metal- und Grufti-Laden holen sollte, nur so als Gag. Vielleicht auf dem Rückweg. Das Ku'damm-Eck war ein ähnlich merkwürdiges Gebäude wie der Bierpinsel. Von außen bestand es sogar aus den gleichen Plastikbausteinen, nur waren sie beim Ku'damm-Eck weiß und beim Bierpinsel rot. Innen gab es wohl ein Wachsfigurenkabinett, aber ich kannte niemanden, der jemals drin gewesen war. Es gab auch ein Café namens «Café des Westens», so stand es jedenfalls außen dran, aber auch dort hatte ich noch nie gesessen. Früher, also ganz früher, so vor dem Krieg oder was, hatte es irgendwo gegenüber mal ein legendäres Café des Westens gegeben, aber damit hatte das im Ku'damm-Eck bestimmt nichts mehr zu tun. Im Wesentlichen kannte ich im Ku'damm-Eck eben nur diesen Gothic-Laden, der auf mehreren Etagen Dinge wie große silberne Gürtelschnallen und Buttons verkaufte, hauptsächlich aber schwarze T-Shirts, auf denen motorradfahrende Skelette und Schriftzüge von Metal-Bands aufgedruckt waren. Oben, im dritten Stock, waren außerdem noch zwei Kinosäle untergebracht, die zum Marmorhaus gehörten.

Nach dem Ku'damm-Eck musste man ein Stück weit an der Rückseite von Wertheim entlanggehen, bis man an einen wenig benutzten Kaufhauseingang kam, von dem ich gar nicht gewusst hatte, dass es ihn gibt. Dort war der Eingang zu WOM. Ich konnte es kaum fassen, der Plattenladen zog sich weiter und weiter, er streckte sich bis zur Rankestraße. Kaum war ich drin, wurde ich ganz nervös beim Anblick all der Platten, so ähnlich wie es mir manchmal in großen Buchläden erging, bei Kiepert am Ernst-Reuter-Platz zum Beispiel.

Es gab verdammt viele Platten, die ich mir anhören wollte. Im letzten Sommer, als wir mal wieder an die Nordsee fahren wollten, hatte der Zug Verspätung, und ich kaufte mir in dem Zeitungsladen am Bahnhof Zoo ein neues Musikmagazin, das *Pop Special* hieß. Draußen regnete es wie blöd, und wir wussten nicht recht, wo wir die Zeit bis zur Abfahrt verbringen sollten. Schließlich setzten wir uns in das triste Bahnhofsrestaurant «Terrassen am Zoo», zu erreichen über das niedrige Zwischengeschoss, das man immer auf dem Weg von der Bahnhofshalle zu den Gleisen passiert.

«Schön ist es hier nicht», sagte meine Mutter. Trotzdem setzten wir uns mit Tante Evi und Mbuyi an das große Panoramafenster zum Hardenbergplatz und bestellten etwas zu trinken. Ein paar andere Gäste waren ebenfalls Opfer der Zugverspätung, aber nicht alle. Manche waren einfach nur so da, an diesem muffigen Ort. Sie sahen nicht gut aus. Wir guckten raus auf den verregneten Platz und sahen den BVG-Bussen beim Anhalten und Abfahren zu.

Ich blätterte ein bisschen durch mein Heft. Es war voller Interviews, Plattenbesprechungen, Comics und witziger Kommentare, und ganz ohne Styling-Tipps, Foto-Lovestorys und Psycho-Tests. Als wir endlich im Zug saßen, las ich es von der ersten bis zur letzten Seite durch. Auf der Rückreise las ich es gleich noch einmal. In unserem Mariendorfer Zeitschriftenkiosk konnte ich die nächste

Ausgabe nach den Ferien allerdings nicht bekommen, die kannten das Magazin gar nicht. Ich musste lange danach suchen und fand es schließlich am Kiosk im U-Bahnhof Mehringdamm. Danach bestellte ich ein Abo. Die nächsten Monate wurde mir mein *Pop Special* nach Hause geliefert, es war für mich das erste wirklich interessante Magazin nach den Micky-Maus-Heften. Dann aber, nach nur drei Ausgaben, kam anstelle von *Pop Special* plötzlich das langweilige Teenie-Heft *Popcorn* durch den Briefschlitz, zusammen mit der Nachricht, *Pop Special* gäbe es nicht mehr. Man könne als Ersatz aber wählen zwischen den Verlagsprodukten *Popcorn* und *Pop Rocky*, in meinen Augen Pest und Cholera.

Immerhin hatte ich danach eine Liste von Bands und Platten beisammen, die ich mir unbedingt anhören wollte. Mit vier Platten unterm Arm ging ich bei WOM zu dem großen runden Tresen, in dessen Mitte ein kaugummikauender Mann mit schwarzem Joy-Division-T-Shirt stand, routiniert Platten auflegte und wieder einpackte. Allerdings war kein Kopfhörer frei, und hinter jedem Hörenden warteten schon mindestens drei Leute, die zum Teil mehr als vier Platten unter dem Arm trugen; aber das war mir jetzt egal.

Als ich nach langer Zeit endlich an der Reihe war mit meinen Platten, war es allgemein leerer geworden. Hinter mir wartete keiner mehr, ich musste mich beim Anhören nicht gehetzt fühlen. Dafür stand neben mir ein sehr gut aussehender Mann in einer schwarzen Lederjacke, der unter seinem Kopfhörer interessiert auf meine Platten guckte. Irgendwann war er weg, und jemand anderes nahm seinen Platz ein. Aber als ich meinen Kopfhörer absetzte, um die Platte wechseln zu lassen, tauchte er plötzlich wieder auf, legte mir ein paar neue Platten hinzu und sagte: «Die solltest du dir auch noch anhören.» Dann war er wieder weg.

Am Ende wollte ich mindestens dreimal so viele Platten haben, wie ich mir hätte leisten können, was genau eine war, und für diese eine musste ich mich jetzt entscheiden. Ich merkte, dass ich riesigen Durst und nichts gegessen hatte. Ermattet suchte ich schnell nach der Simply-Red-Platte für Anja, ging schließlich damit und mit sonst nichts zur Kasse und hoffte, dabei nicht von dem Mann in der Lederjacke gesehen zu werden.

Zu dem Grufti-Laden im Ku'damm-Eck ging ich dann auch nicht mehr.

Das Ku'damm-Eck wird 1996 geschlossen und zwei Jahre später abgerissen. 2001 entsteht ein neues Ku'damm-Eck, das rund ist und anstelle eines Metal-Gothic-T-Shirt-Ladens eine C&A-Filiale beherbergt.

Der sogenannte Sendermann macht sich erstmals in den siebziger Jahren in der Stadt bemerkbar, als er überall Wände und Mauern mit seinen Botschaften vom «Sender Terror» besprüht. Später stellt er sich mit selbstbeschrifteten Schildern, manchmal auch mit einem kegelförmigen, ebenfalls beschrifteten Papierhut auf den Kurfürstendamm und warnt dort vor «Sender Morden» oder «Folter mit Sendern». In der zweiten Hälfte der Achtziger verliert sich seine Spur. In einschlägigen Foren im Internet wird er jedoch heute noch manchmal als Beispiel für einen genannt, der «zu viel wusste».

IN DER GROPIUS-STADT

*D*er letzte Schultag vor den Sommerferien 1986 war für Jan der letzte Schultag überhaupt. In keiner Gemeinde gab es eine Fete zu Ehren des abgeschlossenen Schuljahrs und der bevorstehenden sechs freien Wochen, oder jedenfalls wusste keiner von was. Das war ein bisschen schwach, fand ich. Dann aber dachte ich: Warum überhaupt so abhängig sein von den üblichen Feten? Wir leben doch in einer großen und aufregenden Stadt, die zum Beginn der Sommerferien mit Sicherheit noch anderes zu bieten hatte als Schülerfeten in katholischen Gemeindehäusern. Ich könnte mir ja ein Stadtmagazin kaufen, überlegte ich, zwei gab es zur Auswahl, den *Tip* und die *Zitty*, und da könnte ich mich mal informieren, das wäre zum Beispiel eine Maßnahme.

Der U-Bahnhof Karl-Marx-Straße beherbergte einen Zeitungskiosk, und dort bekäme ich bestimmt ein Stadtmagazin; da könnte ich dann gleich reingucken, so plante ich vor mich hin, während wir im Pulk die Treppen zur U-Bahn hinuntergingen. Dabei entging mir, dass Jan sich gerade an der Verabredung zu einem Beach-Volleyball-Turnier beteiligte. Ich wollte meine Hand eben aus seiner lösen und vermelden, dass ich schnell zum Kiosk müsse, da sagte er: «Warte mal, bleib mal hier», und eröffnete mir, dass wir beide zusammen mit seinem Freund Holger ein Team für das Turnier morgen bilden würden und dass wir drei uns am besten vorher schon treffen sollten zum Trainieren. Ich war keine große Anhängerin weder von Beach-Volleyball-Turnieren noch von Turnieren im Allgemeinen, aber schließlich war es Jans Schulabschluss und nicht meiner, und wenn er sich da Beach-Volleyball wünschte, dann spielten wir eben Beach-Volleyball. Wenn es sein musste, auch auf irgendeiner Wiese in Rudow. Die U-Bahn kam, und wir stiegen ein, ich ohne Stadtmagazin.

Am nächsten Tag trafen wir uns eine Stunde vor dem offiziellen Beginn des Turniers zum Training, Jan, Holger und ich. Ich war etwas spät dran, weil ich die Wiese nicht gleich gefunden hatte, auf der das Volleyballnetz irgendwo in der Gropiusstadt aufgespannt war. Die angrenzenden Häuser waren nur zwei- oder dreigeschossig. Weiter hinten, hinter vielen Bäumen, ragten höhere und noch höhere Gebäude hervor.

Holger war ein zurückhaltender und witziger Typ, nur war er von Jans sportlichem Ehrgeiz ungefähr genauso weit entfernt wie ich. Weil keines der anderen Teams so frühzeitig und engagiert wie wir am Platz war, konnten wir uns ein bisschen warm spielen. Für mich war das Training trotzdem kontraproduktiv, weil ich schon nach viermal baggern knallrote Unterarme hatte. Deshalb wurde beschlossen, dass meine Position vorn am Netz sein sollte.

Nach und nach trafen die anderen ein, bis insgesamt vier gemischte Teams beisammen waren. Wir spielten gleich zu Anfang gegen Marko aus der Klasse von Holger und Jan, dessen sehr sportliche Freundin Sandra und deren ebenfalls sehr sportliche Freundin, deren Namen ich nicht kannte. Entgegen aller taktischen Überlegungen im Vorfeld spielte Jan das Spiel auf unserer Seite quasi allein. Gar nicht mal, weil Holger und ich so wahnsinnig schlecht oder faul gewesen wären, sondern weil er einfach jeden Ball annahm, egal auf welcher Position. Und es war auch nicht so, dass wir damit gegen Marko und Sandra gewinnen konnten. Was mich unter anderem deshalb nervte, weil Sandra nicht wie ich in Klamotten, in denen man sich einigermaßen bewegen konnte, angetreten war, sondern in einem Sportmäuschen-Outfit mit engem weißem Tanktop, sehr knappen blauen Shorts, farblich passenden Schweißbändern an den Handgelenken und einem hoch angesetzten Pferdeschwanz. Wenn das gegnerische Team Angabe hatte, klatschten die drei in die Hände und riefen: «Punk-ten!», und wenn wir Angabe hatten, klatschten sie in die Hände und riefen: «Haben wir!» Wenn sie einen Punkt machten, klatschten sie sich gegenseitig ab und machten: «Whooo!»

Holger und ich meinten nach diesem ersten Spiel zu Jan, dass es so nicht weitergehen könne. Wir müssten mit ein bisschen mehr System spielen, mit echten Positionen und Abspielen. Beim nächsten Match bemühte sich Jan auch um die Umsetzung dieser Strategie, er sprang nicht gleich zu jedem Ball hin und rief sogar: «Schön!», wenn ich etwas ganz okay gemacht hatte. Wir verloren damit zwar wieder, aber nur knapp, und ich sah eine gute Chance, die Marko / Sandra-Formation in der nächsten Runde zu schlagen. Aber dazu kam es nicht mehr. Es fing an zu regnen, erst ein bisschen und dann tierisch. Von Süden, von weit hinter der Grenze, dort, wo keine Hochhäuser mehr waren und auch sonst nichts, zog eine schwarze DDR-Gewitterfront heran. Wir hörten schon den Donner, und das Turnier wurde abgebrochen.

Holger, Jan und ich gingen erst mal zu Jan nach Hause, weil er in einem der dreistöckigen Häuser um die Ecke wohnte. Die letzten Meter rannten wir durch den Regen. Jans Mama stellte uns einen Teller Suppe hin, und als wir am Tisch saßen, fragte Holger: «Und was machen wir jetzt?»

Jan sah mich an. «Weiß nicht», sagte er und gähnte mit voller Absicht.

«Kino?», fragte Holger, und ich rief: «Genau!»

Jan sah mich wieder an, als hätte ich irgendwas nicht begriffen, und meinte zu Holger, er solle doch mal Marko anrufen, der wolle später noch ins Kino, und da könne er sich ja anschließen.

«Ja und wir?», fragte ich.

«Wir könnten hierbleiben und Fernsehen gucken.»

Jan hatte einen eigenen Fernseher in seinem Zimmer, einmal hatten wir schon einen Abend bei ihm mit Fernsehen verbracht. Allerdings wollte er dabei immer knutschen, während mich der Film durchaus interessierte.

«Ach komm», sagte ich. «Wir gehen jetzt alle ins Kino! Guck mal, es hat aufgehört zu regnen.»

Das waren zwei gegen einen, und nachdem ich von *Drei Männer und ein Baby* auf *Rocky IV* umgeschwenkt war, fuhren wir zusammen zum Ku'damm und sahen den Film im Gloriapalast, wobei Jan in der Mitte saß, zwischen Holger und mir. Den Film fanden wir alle gut.

Auf dem Rückweg, in der U-Bahn, war ich in der Mitte, zwischen Jan und Holger, und Jan hatte den Arm um mich gelegt. Uns gegenüber saßen auch drei, genauso wie wir, zwei Männer und eine Frau, mit der Frau in der Mitte. Sie waren deutlich älter und sehr viel mondäner als wir. Die Frau hatte große silberne Kreolen an den Ohren, trug einen kurzen engen Rock mit schwarzen und grünen Längsstreifen, schwarze Strumpfhosen und spitze schwarze Stiefeletten. Während wir auf dem Weg nach Hause waren, ging für diese drei der Abend gerade erst los. Zuerst beachteten sie uns gar nicht, nur der eine Typ grinste irgendwann zu uns rüber. Dann guckte auch die Frau.

«Sind die süß», sagte sie in einem etwas gedehnten Tonfall, dann stieß sie den anderen Typen mit dem Knie an. «Ey, guck mal, sind die süß, wa.»

Jetzt sahen wir uns gegenseitig an, wir die und die uns, und der eine Typ, der, der uns zuerst registriert hatte, fing an, uns zu analysieren. «Also, ihr beide seid zusammen», meinte er zu Jan und mir, und zu Holger: «Und du bist so der Kumpel, der mit dabei ist.»

Wir nickten.

«Und ihr kommt grad aus dem Kino.»

«Genau», sagte ich.

«Siehste, Volltreffer», sagte der Typ.

«Was habt ihr denn gesehen?», wollte die Frau wissen, und ich antwortete: «Rocky.»

Der andere Typ, der bislang nichts gesagt hatte, verzog das Gesicht. «Nääääh. Guckt euch mal was Vernünftiges an nächstes Mal.»

«Was denn?», meinte die Frau. «Darf man nur *Diva* sehen, oder was?»

«Ja, halt nich so'n Scheiß.»

«Rocky ist doch super. Ich wette, du kennst das nicht mal!»

Der Mann rümpfte weiter die Nase, die Frau machte ihn nach.

«Und? Wo geht's jetzt noch hin?», fragte der erste Typ wieder.

«Nach Hause», sagte ich. Die beiden Herren neben mir hielten sich die ganze Zeit fein zurück.

«Kommt doch noch mit», schlug die Frau vor. «Wir gehen ins Café Swing.»

Ich sah Jan von der Seite an und knuffte ihn in den Arm. Er verzog das Gesicht, was klar gewesen war. Ich wusste natürlich selber nicht, ob ich wirklich mit irgendwelchen Leuten mitgehen wollte ins Café Swing, von dem ich auch nicht viel wusste, oder ob ich nur mal eben die Möglichkeit nutzte, ohne Risiko die Abenteuerlustige zu markieren, weil Jan sowieso nicht mitziehen würde.

«Warum nicht?», fragte ich.

«Spinnst du? Die lassen dich da noch gar nicht rein.»

«Das kriegen wir schon hin, Luke Skywalker», stellte der gesprächigere Typ klar, aber Jan fand das weder lustig noch überzeugend.

«Also, ich würde mitkommen», sagte da Holger.

Die Frau kaute auf ihrem Kaugummi, wippte dabei mit der schwarzen Stiefelette und sagte noch einmal: «Ihr seid echt voll süß.»

Es war dann so, dass Holger tatsächlich mit den dreien ausstieg und Jan und ich nach Hause fuhren. Jan war während der restlichen Fahrt wieder etwas wortkarg, und meine Laune war auch nicht mehr top. Dann trennten sich unsere Wege.

Zum Glück kam in Alt-Mariendorf gleich mein Bus. Ich setzte mich oben ans Fenster und sah in die Nacht hinaus, sah die hellen Scheinwerfer auf der Trabrennbahn, die kleinen Seitenstraßen, die Wohnhäuser. Ab und zu veränderte ich den Fokus und guckte mein Spiegelbild im Busfenster an. Ich fragte mich, ob es sich gelohnt hätte, mit auszusteigen und jetzt mit Holger und den drei Schicken aus der U-Bahn irgendwo zu sein, wo ich vorher noch nie gewesen war.

1962 beginnt Walter Gropius mit der Planung einer modernen Großsiedlung im Neuköllner Süden, zwischen den Ortsteilen Britz, Buckow, und Rudow. 1975, sechs Jahre nach dem Tod des Architekten, ist die Siedlung fertig gebaut und erhält den Namen «Gropiusstadt».

Der Gloria-Palast eröffnet 1926 am Kurfürstendamm 10. 1930 findet hier die Filmpremiere von *Der blaue Engel* mit Marlene Dietrich statt. Im Krieg brennt das Kino vollständig aus und wird 1953 in einem Neubau zwei Häuser weiter wieder eröffnet. 1998 wird der Gloria-Palast geschlossen, das alte Foyer mit Wendeltreppe und Kassenhäuschen ist jedoch noch erhalten, ebenso wie die beleuchtete Eingangsbalustrade und das goldene Kinoschild an der Hausfassade.

Im Café Swing, das seit 1982 am Nollendorfplatz ansässig ist, beginnen alle Konzerte um ein Uhr nachts und sind kostenlos. In den neunziger Jahren verliert es an Publikum und muss 2002 schließen.

DEUTSCH-AMERIKANISCHES VOLKSFEST

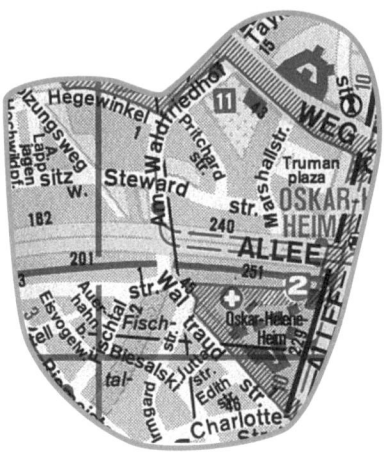

*A*nja, Heike, Silke und ich stiegen am Kranoldplatz in Lichterfelde in den 11er-Bus, der auf einer langen Tour durch Lichterfelde und Dahlem bis nach Zehlendorf fuhr, wo wir an der Haltestelle Oskar-Helene-Heim, gleich hinter der Kreuzung Argentinische und Clayallee ausstiegen, um aufs Deutsch-Amerikanische Volksfest zu gehen. Das machten wir jetzt im dritten Jahr in Folge. Diesmal hatte es im Vorfeld allerdings Meinungsverschiedenheiten gegeben, nachdem Anja auf die Frage, ob wir Samstag oder Sonntag gehen sollten, gesagt hatte: «Samstag ist schlecht, da kann Carsten nicht.»

«Der soll ja auch gar nicht mit», meinte Heike.

«Er wollte aber mitkommen.»

«Er darf aber zu Hause bleiben.»

«Du kannst ja wohl meinem Freund nicht verbieten, aufs Deutsch-Amerikanische Volksfest zu gehen.»

«Ja, und dann bringe ich Gerald mit, und Ulrike bringt Jan mit, und Silke kann dann so mitlaufen mit drei Pärchen, oder wie?»

«Kommt eben noch Johnny mit.»

Silke: «Auf gar keinen Fall.»

«Ich finde auch, das sollte unser Ausflug bleiben», sagte ich, und Heike meinte, wenn Anja unbedingt mit ihrem Carsten da hinwolle, dann müsse sie eben ein zweites Mal gehen.

Noch unterwegs im Bus gab Anja sich etwas säuerlich und teilte uns mit, Carsten habe das schon doof gefunden, von uns ausgeschlossen worden zu sein.

«Gottchen», sagte Heike.

Das Motto in diesem Jahr war «Broadway in Berlin». Alles sah aber weitgehend so aus wie im Jahr davor, als das Motto «The American Frontier» hieß. Zuerst schlenderten wir durch die obligatorische Westernstadt und aßen gegrillte Maiskolben, dann entdeckten wir ein Zelt mit der Aufschrift «Rodeo» und gingen hinein. Es war nicht besonders voll. Ein kleiner drahtiger Mann saß auf einer Bullenattrappe, die sich drehte und zuckte, bis der Mann herunterfiel.

«Gar nicht schlecht, Rudi!», rief ein Kommentator durchs Mikrophon. «Applaus für Rudi!» Dann bestieg, unter dem Jubel seiner Kumpels, ein jugendlicher Angebertyp den Bullen und fiel, unter noch größerem Jubel, sofort wieder herunter. Der Ansager kommentierte: «Wenn aus dir mal ein Cowboy werden soll, musst du noch üben!» Und dann: «Wir haben hier auf unserem wilden Tier schon viel zu lange keine Lady mehr gesehen. Ladys, für euch ist der Spaß umsonst, also traut euch, ihr werdet auch vorgelassen.» Er sprach wie ein Radiomoderator.

Heike meinte: «Soll ich?»

«Mach doch», sagte Anja.

«Aber ihr sollt mitkommen!»

Wir begleiteten Heike zu dem hiesigen DJ, einem dicken Mann mit einer Baseballkappe. Der freute sich: «Ah, vier Ladys.»

«Nur die da», sagte Anja und schob Heike nach vorne.

«Soso. Und wie heißt die da?»

«Heidi», antwortete Heike.

Nachdem der aktuell reitende Typ vom Bullen geflogen war,

drehte der DJ sein Mikro laut und rief: «Und jetzt ein großer Applaus für eine mutige Lady. Hier kommt Heidi!»

Für Heike war die Sache damit jetzt schon ein gelungener Spaß. Ich dachte: Vielleicht war das sogar ihre Hauptmotivation, hier mitzumachen – einfach zwei Buchstaben in ihrem Namen zu verändern, so was fand Heike superkomisch. Über die weichen Polster stapfte sie auf den elektrischen Bullen zu und kletterte nicht ganz ungeschickt, aber auch nicht ganz anmutig in den Sattel.

Ich hielt mir eine Hand vor Augen und sagte: «Sie wird sich weh tun.»

Anja aber schüttelte den Kopf: «Sie hat früher so Kunstreiten gemacht.»

Anja kannte Heike am besten, sie waren seit der Grundschule in derselben Klasse, Nicole und ich gingen in die Parallelklasse.

Heike saß die ersten drei Runden ganz locker und trotzdem wie festgeklebt auf dem Bullen. Der Ansager meinte: «Endlich mal ein richtiger Kerl hier!», und ein paar umstehende Gruppen von Jungs riefen: «Heidi! Heidi!» Heike glühte.

Der Ansager legte einen unheilvollen Ton in seine Stimme und fragte: «Heidi, bist du bereit für Stufe vier?»

Heike nickte, die Jungs brüllten: «Heidi! Heidi!»

Stufe vier war definitiv eine Steigerung. Heike wurde heftig herumgewirbelt, einmal rutschte sie gefährlich zur Seite, fing sich aber wieder, gerade noch so.

Jetzt sprach der Ansager in feierlichem Ton: «Heidi, du bist heute die Erste, die es bis Stufe fünf schafft, und damit meine ich nicht nur die Ladys, sondern überhaupt. Einen Riesenzwischenapplaus für dich, Heidi!»

Alle jubelten, es war voller geworden im Zelt.

«Aber – über Stufe fünf ist hier noch keiner hinausgekommen. Bis du bereit für Stufe fünf, Heidi?»

Heike sah nach Stufe vier schon deutlich zerwühlt aus, aber sie konzentrierte sich, lächelte und nickte.

Stufe fünf war schrecklich. Das Auge konnte dem wilden Ge-zappel kaum folgen, Heikes blonder Schopf flog von links nach rechts und von rechts nach links, und schließlich flog die ganze Heike durch die Luft.

Danach machten wir noch dies und das. Wir fuhren mit dem Break Dancer, wo uns ein paar am Rande stehende Jungs «Hallo, Heidi!» zuriefen. Als wir genug hatten, verließen wir das Volksfest, gingen wieder auf die Clayallee und bis zur Haltestelle vom 11er-Bus an der Argentinischen Allee.

Silke sagte: «Heike ist der Star des Tages.»

Heike sagte: «Schade, dass Gerald das nicht gesehen hat», wor-auf Anja mit dem Fuß aufstampfte und «Siehste!» rief.

Ich: «Wir werden es ihm in den leuchtendsten Farben schil-dern.»

Das Deutsch-Amerikanische Volksfest findet erstmals 1961 und danach jeden Sommer bis einschließlich zum 50. Jubiläum 2010 auf der Truman Plaza an der Clayallee in Zehlendorf statt. Neuer Veranstaltungsort ist seit 2012 ein Gelände in der Nähe des Berliner Hauptbahnhofs (ehemals Lehrter Stadtbahnhof) in Moabit. Auf der Truman Plaza entstehen derweil Luxus-apartments.

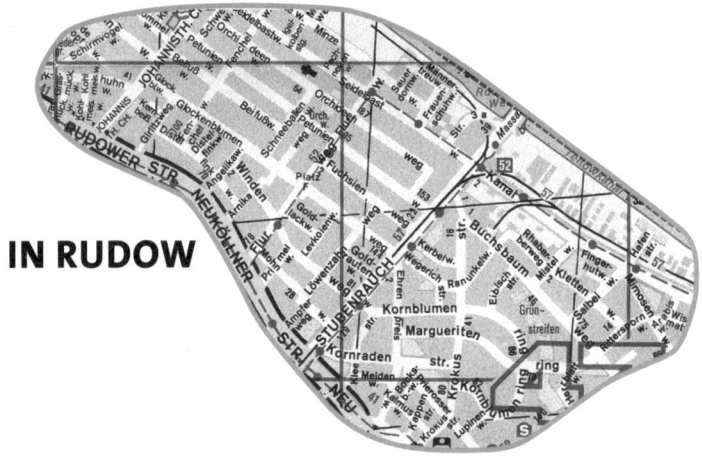

IN RUDOW

*E*s war immer noch warm, als das neue Schuljahr losging. Jan hatte mit einer Ausbildung als technischer Zeichner angefangen, und ich verbrachte die Pausen wieder mit anderen Leuten. Wenn ich von der Schule nach Hause kam, schaltete ich das Radio in der Küche an und schob mir eine Pizza in den Ofen. Ich machte meine Hausaufgaben, dann kam meine Mutter von der Arbeit und fragte, wie es in der Schule war. Manchmal fragte sie auch noch: «Und was habt ihr Schönes gelernt heute?», aber das war nur ihre Art von Humor. Danach legte sie sich auf die Couch, sagte: «Nur ein Viertelstündchen ausruhen», und schlief sofort ein. Sie war immer müde nach der Arbeit, weil sie morgens schon um fünf aufgestanden war. Wenn bei mir um halb sieben der Wecker klingelte, war sie längst aus dem Haus.

Mit Jan telefonierte ich öfter, als dass ich ihn sah. An einem Freitagabend war ich bei ihm, und wir sahen in seinem Zimmer fern, was natürlich seine Idee war. Allerdings lief im Ostfernsehen ein spannender Film, ein Vampirfilm, den ich unbedingt zu Ende sehen wollte, obwohl ich meiner Mutter versprochen hatte, ich wäre vor zwölf wieder zu Hause, und obwohl Jan zwischendrin wieder nur knutschen wollte. Ich rief also meine Mutter an und sagte, keine Sorge, ich bin hier bei Jan, aber wir wollen noch diesen Film zu Ende sehen, danach nehme ich mir ein Taxi. Meine Mutter gab mir immer Taxigeld mit, falls es spät wurde oder der Bus nicht kam. Meistens benutzte ich es nicht.

«Mhm», meinte meine Mutter. «Was sagt denn die Mutter von Jan dazu?»

«Die ist gar nicht da.»

«Dann komm jetzt bitte nach Hause.»

«Aber ich will den Film noch zu Ende sehen.»

«Komm jetzt bitte, es ist wirklich sehr spät.»

«Hä? Das stimmt doch gar nicht. Warum soll ich plötzlich vor zwölf zu Hause sein? Mir kann hier nichts passieren, ich bin bei Jan. Ob ich mir jetzt ein Taxi nehme oder nach dem Film, das ist doch egal!»

«Ich habe gesagt, du sollst jetzt nach Hause kommen, basta.»

So kannte ich sie gar nicht. Ich rief mir ein Taxi und fuhr nach Mariendorf. Jan fand das auch nicht gut.

Meine Mutter lag in ihrem Bett und las ein Buch. Ich ging zu ihr rein und sagte: «Kannst du mir mal erklären, was das sollte?»

Sie nahm die Lesebrille ab und sah mich an. «Also, hör mal. Ihr könnt da nicht bis in die Nacht hinein alleine in der Bude sitzen. Dafür bist du ein bisschen zu jung, Fräulein.»

Ich zog dieses verständnislos bockige Gesicht, das meine Mutter nicht leiden konnte und das sie «das blöde Gesicht» nannte.

«Ich war bislang aber nicht zu jung, um bis in die Nacht hinein auf Feten zu gehen. Und wenn ich irgendwo übernachte, bin ich sogar die ganze Nacht weg!»

«Du übernachtest aber nicht irgendwo, sondern bei deinen Freundinnen.»

«Aber jetzt ist doch Jan mein Freund!»

«Eben.»

Was war bloß los mit ihr?

Am Wochenende drauf feierte Silke ihren Geburtstag. Sie machte eine Fete bei sich zu Hause, in ihrem Partykeller in Rudow. Silke wohnte ziemlich weit ab vom Schuss, jottwede sagte meine Mutter. Man musste nach der U-Bahn mit dem Bus bis zur Endstation durchfahren und danach noch ewig latschen, deshalb meldete ich an, nach der Fete bei ihr übernachten zu wollen.

Jan kam nicht mit. Er rief mich am späten Nachmittag an und nölte, er sei müde und wolle nicht mehr raus.

Als ich bei Silke eintraf, war es noch hell, und alle saßen draußen auf der Terrasse. Silkes Mutter hatte Kuchen gebacken und Salate gemacht, von denen sie uns riesige Mengen auf die Teller schaufelte und dabei die ganze Zeit Sekt trank. Jedem, der kam, bot sie ein Gläschen an «zum Anstoßen auf die Silke», danach saß sie mit am Tisch und wollte unbedingt Geschichten und Tratsch aus der Schule hören. Sie bekam gar nicht genug davon. Von mir wollte sie wissen, wo ich meinen Freund gelassen hätte. Silkes Vater beschäftigte sich vornehmlich mit dem Grill. Einmal nur näherte er sich der Terrasse und sagte: «So. Gibt Würstchen.»

Es wurde immer voller im Garten. Johnny, Stefan und Minski erschienen zusammen mit Heike und Gerald in Minskis Auto, und Anja hatte natürlich ihren Carsten dabei. Es waren auch ein paar Leute aus der Nachbarschaft eingeladen, wie Silkes Kindergartenfreundin Trixie und andere, die ich nicht kannte. Ich hatte bei Silke angeregt, sie könnte doch Milch und dazu vielleicht noch Georg Hacke einladen, aber sie hatte sich nicht getraut.

Es wurde schließlich dunkler und kühler, und das Geschehen verlagerte sich in den Keller. Johnny und vor allem Stefan hatten Platten und CDs mitgebracht, was gut war, denn Stefan hatte den besten Musikgeschmack weit und breit.

Die Feier nahm ihren unspektakulären Verlauf. Irgendwann ging ich nach oben zur Toilette, wobei ich mich an ein paar Leuten vorbeidrängeln musste, die auf der mit Teppichboden ausgelegten Treppe saßen. Einige von ihnen hatten ein Bier in der

Hand, obwohl es im Kühlschrank gar keines gab. Als ich die Treppe wieder runterstieg, bot mir jemand eine Flasche an, es war einer aus Silkes Rudower Nachbarschaft. Ich nahm das Bier und setzte mich damit auf die unterste Stufe, direkt vor den Jungen, der es mir gereicht hatte. Er klonkte seine Flasche gegen meine und sagte: «Bleib mal so sitzen, ich flechte dir einen ganz tollen Zopf, so einen französischen», und machte sich gleich ans Werk. Ich konnte mir nicht vorstellen, dass ein Junge die komplizierte Technik des Flechtens französischer Zöpfe beherrschen würde. Das konnte ich nicht mal selber.

«Ich mach das immer bei meiner kleinen Schwester», sagte er, und Trixie reichte von weiter oben auf der Treppe einen Haargummi runter. Als er fertig war, stand ich auf und ging nochmals ins Bad, um mir das Ergebnis anzusehen; Trixie organisierte dafür sogar einen Handspiegel. Es war ein tadelloser, französisch geflochtener Zopf, so einer, wie ihn gerade alle toll fanden, aber keiner zustande brachte. Ganz erstaunlich.

«Ich bin begeistert», sagte ich zu ihm, als ich zurückkehrte, und er sagte: «Ich bin Simon.»

Unweigerlich löste sich alles irgendwann auf, und jeder musste noch irgendwie nach Hause kommen. Ich zum Glück nicht, und die aus der Nachbarschaft hatten es auch nicht weit. Simon ging deshalb als einer der Letzten, und bevor er sich verabschiedete, gab er mir einen kleinen Zettel mit seiner Telefonnummer drauf.

«Kannst ja mal anrufen», sagte er.

Am nächsten Morgen, nach dem Frühstück, machte ich mich auf den Weg nach Hause. Bei strahlendem Sonnenschein lief ich durch die schmale, ewig lange Straße zwischen geparkten Autos und verschiedenartigen Zäunen vor Einfamilienhäusern entlang und begegnete niemandem. Der Bus stand schon da, ein paar Meter von der Haltestelle entfernt, der Fahrer saß auf seinem Sitz, aß einen Apfel und las die *B. Z.* Nach einigen Minuten sprang der Bus mit einem zischenden Geräusch an, fuhr zwei Meter vor, und der Fahrer öffnete die Tür. Ich hatte rechts neben der Haltestelle gewartet, der Bus stoppte aber links daneben, obwohl dort niemand stand. Ich ging die drei Schritte nach links, stieg ein, zeigte meine Monatskarte vor und sagte: «Guten Morgen.»

Der Busfahrer tippte auf seine Uhr und meinte: «Morgen is jut», machte die Tür zu und fuhr los. Ich kletterte hoch aufs leere Oberdeck und setzte mich irgendwohin.

Zu Hause stand meine Mutter auf dem Balkon und hing Wäsche auf. «Jan hat vorhin angerufen», sagte sie.

Ich packte meine Tasche aus, bürstete mir die Haare in die eine oder andere Richtung und probierte vergeblich, mir einen französischen Zopf zu flechten. Schließlich rief ich Jan an. Er fragte, ob wir uns morgen Nachmittag treffen könnten.

jottwede = j. w. d. = janz weit draußen

YORCK-
BRÜCKEN

*N*ach der Schule kauften Anja, Heike und ich eine Tüte Kürbiskerne beim türkischen Gemüsehändler in der Richardstraße und setzten uns damit auf eine Bank in die Sonne.

«Ich weiß nich, vielleicht sollte ich lieber Schluss machen mit Gerald», sagte Heike.

«Warum sagst du das immer und tust es nicht?», fragte Anja.

«Na ja.»

Wir merkten, dass ihre Trennungsabsichten nicht ernst waren, sie wollte uns nur ein bisschen schocken. Wir bekrümelten den Boden mit Kürbiskernschalen.

«Und Jan?», fragte Anja.

«Den treff ich gleich noch», sagte ich. «Guckt mal, jetzt ist hier alles voll mit Kürbiskernschalen.»

«Ist doch was Natürliches», meinte Heike. «Das verwittert.»

«Hundekacke ist auch was Natürliches», erwiderte ich, und Anja griff den Gedanken auf: «Nur weil was natürlich ist, ist es längst nicht schön.»

Danach bummelte ich noch ein bisschen über die Karl-Marx-

Straße, um Zeit herumzukriegen, denn Jan hatte später Schluss als ich. Ich ging in den beliebten Geschenkartikelladen Nanu-Nana und zu Leiser, wo es früher ein Kinderkarussell gegeben hatte, mit dem ich immer gefahren war, wenn meine Oma Schuhe kaufte. Vielleicht hatte sie manchmal auch nur so getan, als wollte sie Schuhe kaufen, damit ich in dem Karussell fahren konnte. Einmal habe ich dann gekotzt in dem Karussell bei Leiser.

Bei Nanu-Nana kaufte ich einen lilafarbenen Stift, danach fuhr ich zur Yorckstraße, wo Jan schon wartete. Irgendwie hatte ich den Eindruck, ihn ewig nicht gesehen zu haben. Wir gingen unter den Yorckbrücken entlang, wobei Jan von seiner Arbeit erzählte. Rechts von uns rollte der Verkehr, und wenn ein Laster oder ein Bus vorbeikam, wurde es so laut, dass wir das Gespräch unterbrechen mussten. Die Mauer links von uns war bunt plakatiert und voller Graffiti, darüber rankten Bäume und Gesträuch, dahinter lag ein großes grünes Niemandsland. Wir bogen in die Katzbachstraße ein, kauften uns am Viktoriapark ein Eis und gingen damit ein Stück in den Park hinein, bevor wir uns auf eine Bank setzten.

«Ich muss was mit dir besprechen», sagte Jan. Ich sah ihn an, er machte ein angestrengtes Gesicht.»Also, weißt du, ich bin mir irgendwie nicht mehr so sicher, ob wir echt so gut zusammenpassen.»

Er hörte auf, sein Eis zu essen. «Weil … irgendwie … ich finde, wir haben sehr verschiedene Interessen.»

Ich nickte und machte: «Hm.»

«Zum Beispiel, du gehst gern aus, und ich möchte mehr zu Hause bleiben.»

«Stimmt, das ist mir auch schon aufgefallen.»

«Vielleicht sollten wir lieber nur so Freunde sein und nicht ein Paar.» Sein Eis tropfte.

«Dein Eis tropft.»

Ratlos guckte Jan sein Eis an. «Ich kann das nicht mehr essen.»

Er hielt es mir hin, aber ich wollte kein zweites Eis, und so warf er es in den Mülleimer, der neben der Parkbank stand.

Abschließend spazierten wir eine Runde durch den Park, bevor wir zurück zur U-Bahn gingen, wieder unter den Yorckbrücken hindurch, wo es unter jeder Überführung dunkel und schattig war und auf den kleinen Abschnitten zwischen den Brücken hell und sonnig. Beim Abschied umarmten wir uns kurz und lächelten uns herzlich an, zum Beweis dafür, dass alles richtig war. Dann gingen wir beide unserer Wege.

In der großen Pause regnete es, und wenn es regnete, drängelten sich immer alle unter der Überdachung zusammen. Heike und Nicole hatten Milch geholt, also Milch zum Trinken, und so standen wir da mit unseren Milchtüten und redeten über die Jahreszeiten. Die meisten beklagten das nahende Ende des Sommers, was mir natürlich und vernünftig erschien. Es war aber auch klar, dass es einen geben musste, der sagt: «Also, ich freu mich schon auf den Winter. Winter ist toll.» Und jemand anderes: «Der Herbst ist meine Lieblingsjahreszeit.» Ich hielt das nicht für glaubwürdig. Ich dachte, alle lieben doch den Sommer, aber wenn er vorbeigeht, muss man damit umgehen, und dann sagt man so einen Quatsch wie: «Der Herbst ist meine Lieblingsjahreszeit.»

Heike fing wieder damit an, dass sie vielleicht mit Gerald Schluss machen müsste. Dieses Mal konnte ich sie ausbremsen.

«Ich bin jetzt jedenfalls nicht mehr mit Jan zusammen», sagte ich.

Alle sahen mich an und fragten: «Was? Seit wann denn das? Was war denn?»

Heike schüttelte den Kopf: «Ich fass es nicht. Kannst du nicht mal ganz normal vorher was sagen? Du erzählst nie was!»

«Da gab es auch nichts zu erzählen», sagte ich. «Wir haben uns gestern getrennt, ich hab da vorher nicht groß drüber nachgedacht, das ist einfach so passiert.»

«Du hast dich einfach so spontan getrennt?», fragte Anja.

«Nein, er hat damit angefangen.»

Es klingelte.

Danach, im Geschichtsunterricht, schob mir Silke ihr Heft rüber. «Wegen Simon???», hatte sie auf eine leere Seite geschrieben. Ich nahm meinen neuen Stift, den, den ich am Tag zuvor bei Nanu-Nana gekauft hatte, und notierte: «NEIN!!! Hab doch gesagt, dass es von Jan ausgegangen ist! Wir hatten zu unterschiedliche Interessen, deshalb.» Ich schob ihr das Heft zurück.

Nach einer Weile bekam ich es wieder: «Aber warst du nicht VERLIEBT???»

«What Is Love Anyway?» kritzelte ich darunter, das war ein Song von Howard Jones. Danach beteiligte ich mich mit großem Interesse am Unterricht.

Die Yorckbrücken umspannen zwischen Manstein- und Katzbachstraße einen ungefähr fünfhundert Meter langen Abschnitt der Yorckstraße an der Bezirksgrenze von Schöneberg und Kreuzberg. Bei den Brücken handelt es sich um alte, größtenteils stillgelegte Eisenbahnbrücken. Einige werden noch von Zügen der S-Bahn, der Regional- und der Fernbahn befahren.

Der Viktoriapark befindet sich auf dem Kreuzberg, der ausnahmsweise nicht aus Trümmern aufgeschüttet ist, sondern eine natürliche Erhebung und namensstiftend für den gesamten Bezirk ist.

MARIEN-
DORF
UND
MARIEN-
FELDE

*A*m nächsten Abend rief ich bei Simon an.

«Hey», sagte er, «ich hätte nicht gedacht, dass du dich noch meldest.»

Es war erstaunlich leicht, mit ihm zu telefonieren. Er hielt das Gespräch im Fluss, war unterhaltsam und hatte etwas Verbindliches und Wohlerzogenes, etwas sehr Angenehmes.

«Und?», fragte er, als sich das Gespräch dem Ende zuneigte. «Wann gehen wir mal zusammen tanzen?»

«Wenn du willst, am Samstag.»

«Ja, phantastisch! Wo gehen wir hin?»

«Also, da ist eine Fete bei uns in Maria Frieden.»

«Was ist das?»

«Maria Frieden ist meine Kirchengemeinde, und am Samstag ist dort eine große Fete. Vielleicht fährst du mit Silke hin, die weiß, wo das ist.»

«Du bist auch auf dieser katholischen Schule, ne?»

«Genau.»

Feten im Gemeindesaal von Maria Frieden gab es nicht so

oft, aber wenn, dann wurde ein enormer Aufwand betrieben. Diese Fete sollte als Motto die Tropen haben. Eine Bar wurde aufgebaut, mit Palmen und Früchten aus Neonpapier dekoriert und mit Schwarzlicht angeleuchtet. Wir waren ästhetisch voll auf der Höhe der Zeit. Den ganzen Nachmittag half ich mit, danach fuhr ich nach Hause, zog mich um und ging mit anderen Jugendlichen aus der Gemeinde in die Vorabendmesse. Für unsere Aufgeregtheit war das eine ideale Antiklimax vor der großen Sause. Ich mochte unsere Kirche, sie war ein moderner Bau in Zeltform, von innen angenehm hell und mit einem blauen Christus-Mosaik-Fenster an der Stirnseite hinter dem Altar. Nebenan wartete der fertiggeschmückte Saal darauf, dass es losginge.

Um acht Uhr hatte sich draußen schon eine Schlange gebildet. Das Stempelkissen für die Eintrittsstempel an der Kasse war auch mit Schwarzlichtfarbe getränkt, alles total up to date. Zuerst kamen Anja und Carsten, dann tauchte Heike mit Gerald auf, anschließend Johnny, Stefan und Minski, und irgendwann waren sie alle da. Nicole, Saskia, Milch, Georg Hacke, die halbe Schule. Ganz verliebt war ich plötzlich in alle meine Freunde und Bekannten, sogar in ihre Macken und in ihre zum Teil absurden Klamotten war ich verliebt, wie sie da so aufkreuzten in erwartungsfroher Stimmung, mich begrüßten, lachten, tanzten und den riesigen, ambitioniert dekorierten Raum ausfüllten mit sich selbst.

Mit Nicole und Stefan stand ich schließlich an der Neon-Tropen-Bar, wo wir das bizarre Aussehen unserer Zähne, Augen und weißen Kleidungsstücke unter dem Schwarzlicht bestaunten. Ich beobachtete, wie Johnny Ausschau nach Silke hielt und Silke nach irgendwem anderes, wahrscheinlich Milch. Aus Jans ehemaliger Klasse waren auch viele da, darunter Holger. Er erzählte mir von dem Abend im Café Swing und wo er dann noch überallhin gegangen war mit diesen Typen aus der U-Bahn. Von Jan redeten wir nicht. Endlich entdeckte ich Simon. Er stand ein paar Meter entfernt von mir und sah sich suchend um. Ich ging zu ihm rüber und begrüßte ihn: «Schön, dass du da bist.»

Dann wussten wir einen Moment lang nicht weiter.

«Tanzen wir?», fragte Simon.

Wir schoben uns zur Tanzfläche durch und tanzten zu allem, was uns angeboten wurde, während die Lichteffekte von Discokugel zu Stroboskop, dann zu Nebelmaschine und wieder zu Discokugel wechselten. Beim nächsten Einsatz der Nebelmaschine kam das erste langsame Lied, es war «Nightshift» von den Commodores.

Die Herausforderung beim Blues-Tanzen war, wo man dabei hingucken sollte. Schließlich schaute man nicht seinen Tanzpartner an, sondern über dessen Schulter hinweg irgendwo in den Raum hinein, auf die anderen Paare und diejenigen, die am Rande der Tanzfläche standen. Heike tanzte mit Gerald und Silke mit Johnny, Holger tanzte mit einer aus seiner Klasse, und Heikes Schwester Katja tanzte mit Milch.

Nachdem die Musik wieder schneller geworden war, hatten Simon und ich die Tanzfläche verlassen und waren rausgegangen, an die Luft. Draußen standen zwei Polizeiwagen. Ein paar Leute aus meiner Gemeinde redeten mit den Polizisten, und die Polizisten redeten in ihre Funkgeräte.

«Was'n los?», fragte ich und bekam zur Antwort, am U-Bahnhof Westphalweg hätten sich Skinheads zusammengerottet, um die Fete zu stürmen.

Das war eine entsetzliche Nachricht. Die Bekloppten rückten wieder an. Letztes Jahr, bei einer großen Fete in St. Alfons, war das schon einmal passiert. Es ging so weit, dass die Türen verrammelt werden mussten. Scheiben gingen zu Bruch, und dann kam auch die Polizei. Kirchliche Gemeindefeten stürmen, das war jetzt das neue Ding bei den Rechten. Sich mit wehrhaften Punkern anzulegen war ihnen vielleicht zu gefährlich geworden, und jetzt suchten sie sich harmlosere Ziele. Als Nächstes würden sie vielleicht Kindergeburtstage torpedieren.

Neben mir tauchte Katja Arm in Arm mit Milch auf und wollte ebenfalls wissen, was los sei. In diesem Moment stiegen die Polizisten wieder in ihre Wagen. Das fand ich nicht gut.

«Fahren die jetzt weg?», fragte ich.

Die Motoren sprangen an, und ja, sie fuhren weg. Katja, Milch, Simon und ich standen da und überlegten, ob die Gefahr denn abgewendet wäre, als auf der anderen Straßenseite eine kleinere Gruppe von Skinheads auftauchte und johlend näher kam. Am Kiosk gegenüber machten sie halt und kauften sich Bier. Keiner wusste, ob die Gruppe nur die Vorhut für eine größere Meute war oder ob sie einfach auf der anderen Straßenseite bleiben und uns in Ruhe lassen würde.

Bevor wir das herausfinden konnten, kehrte einer der Polizeiwagen zurück und hielt bei dem Kiosk an.

«'n Abend», riefen die Skins und prosteten den Polizisten zu.

Die Polizisten stiegen aus. «Schön' guten Abend, die Herren.» Sie wandten sich an den Verkäufer im Kiosk: «So, allet friedlich hier?»

Ein drahtiger Skin schwenkte seine Bierflasche durch die Luft und rief: «Wir trinken hier 'n Bier! Dit darf man doch, wa?»

«So lange Sie dit leise und friedlich machen, dürfen Sie», erklärte der Polizist.

«Na aber klärchen. Könnse unbesorgt sein.»

«Und bei der Feier da drüben», sagte der Polizist und zeigte mit dem Daumen über seine Schulter zu uns, «da sind Sie nich einjeladen.»

«Och nö? Dit is aber schade! Wat ham die denn jejen uns?»

«Hamwa uns verstanden?»

«Jaja.»

«Sie trinken hier Ihr Bierchen aus, und dann haunse wieder ab.»

«Jaja. Is ja jut.»

«Sindwa nich erwünscht da drüben», kommentierte einer in unsere Richtung, und dann drehten sie wieder ab, zurück zur U-Bahn. Ein anderer erhob dabei seinen Mittelfinger und rief: «Feiert noch schön, Kirchenspastis.»

Simon legte seinen Arm um meine Schultern, und wir gingen wieder rein, um eine weitere Runde zu tanzen. An der Hauswand, zwei Meter neben dem Eingang, lehnten zwei Rockabillys in amerikanischen Baseballjacken und wirkten ein wenig enttäuscht, dass die Action jetzt ausgeblieben war.

Am nächsten Morgen, ich weiß auch nicht genau warum, rief ich zuerst bei Jan an. Ich wollte wissen, wie es ihm ging.

«Würde gern mal diesen Husten loswerden», sagte er. Wie war's gestern in Maria Frieden?»

Möglicherweise hatte er schon davon gehört, wie es war.

Ich sagte: «War super. Was hast du gemacht?»

«Nichts Besonderes.»

«Na ja. Meld dich einfach mal wieder.»

«Mach ich.»

Mit Simon telefonierte ich erst gegen Mittag, und wir verfielen auf die Idee, für Mittwoch ein paar Leute zum Minigolfspielen zusammenzubekommen. Unter anderem deshalb sprach ich danach noch mit Silke, die sich aber komisch benahm und versuchte, mich schnell wieder loszuwerden, was vielleicht an der Person lag, die da im Hintergrund auf ihrer Gitarre herumzupfte.

«Hast du grad Besuch?», fragte ich.

«Was?»

«Wer spielt denn da Gitarre?»

«Äh ... Johnny ist grad hier.»

«Aha?»

«Ja. Was gibt's?»

«Simon und ich wollen am Mittwoch mit euch Minigolf spielen.»

Es war kühl geworden. Simon hatte noch einen Freund mitgebracht und Johnny Minski. Wir standen auf dem Minigolfplatz in Marienfelde, den Johnny ausgesucht hatte, weil er da wohnte, und ich hatte schon klamme Finger, als wir noch gar nicht angefangen hatten. Simons Haare kräuselten sich aber sehr hübsch in der feuchten Luft, und überhaupt gefiel er mir im direkten Vergleich viel besser als Jan, auch und gerade bei Tageslicht.

Minski wollte, dass wir um Geld spielen. Jeder sollte zwei Mark fünfzig einsetzen, dann würde der Sieger fünfzehn Mark gewinnen. Das hatte er so ausgerechnet und war voll stolz darauf. Ich war dagegen. Die Idee stank schon deshalb, weil sie von Minski kam; aber alle anderen fanden es unverhohlen spitze. Simons Kumpel, er hieß Ansgar, wollte sogar, dass wir fünf Mark setzen, was aber nur noch Minski gut fand.

Minski und Ansgar, da hatten sich zwei gefunden. Beide veranstalteten einen hochpeinlichen Zirkus, wenn sie dran waren mit Bällchen-ins-Loch-Schubsen, unterhielten sich aber lautstark über Autos, wenn Silke oder ich an der Reihe waren. Minski machte einmal auch ein lautes Plopp-Geräusch mit dem Mund, als ich gerade den Ball schlagen wollte. Mein Schlag ging total daneben, und Minski kicherte sich einen ab in dieser Minski-Ekel-Lache, die ihm eigen war.

«Das findeste witzig, Minski», sagte ich und guckte dabei so angewidert, wie ich nur konnte.

«Allerdings», meinte Minski.

Als Minski das nächste Mal dran war, klatschte ich neben seinem Ohr laut in die Hände, sodass er jetzt seinen Schlag verbaselte, was gerecht und okay war, allerdings warf er auch da das Gekicher wieder an, um zu zeigen, dass er zwar ebenfalls schreckhaft war, aber mehr Humor hatte als ich. Das war natürlich leicht zu durchschauen. Im weiteren Verlauf des Spiels bestand ich darauf, dass Minski nicht mehr in der Nähe sein durfte, wenn ich dran war.

Alles in allem war dieser Nachmittag etwas anstrengend, und das nicht nur wegen dem Angebergespann Ansgar und Minski, sondern auch ein bisschen wegen Silke und Johnny, die beide nicht wussten, wie sie sich zueinander verhalten sollten. Was zweifellos mehr Silkes Schuld war als Johnnys. Wenn Silke mal gewusst hätte, wie sie zu Johnny stand, dann hätte Johnny auch gewusst, wie er sich verhalten sollte. Wusste er aber nicht. Es hatte, ganz am Ende der Fete, wohl einen Kuss gegeben zwischen Silke und Johnny, ein Ereignis, das Johnny sicherlich kurzfristig in andere Sphären katapultiert hatte. Deshalb herrschte jetzt noch mehr Befangenheit zwischen den beiden. Daran hatte Johnnys Besuch bei Silke am Tag nach der Fete offenbar nichts ändern können.

Silke war außerdem damit beschäftigt, einzuordnen, was bei mir gerade los war. Erst die plötzliche Trennung von Jan, und jetzt war ich mit ihrem Freund aus Kindertagen zusammen. Das war für sie «bisschen komisch», wie sie gesagt hatte. Und dann noch das feuchtkalte Wetter.

Was mich persönlich am meisten störte, war dieser dämliche Ansgar. Müsste ich den jetzt immer ertragen? Warum war Simon mit so einem Idioten befreundet? Jan hatte den netten Holger als Kumpel gehabt.

In diese klägliche Szenerie passte es am Ende bestens hinein, dass Minski knapp vor Ansgar gewann und die fünfzehn Mark einsackte. Johnny schlug vor, dass wir uns alle noch in das Eiscafé an der Marienfelder Chaussee setzen sollten, gleich neben Sound & Fashion, wo ich mir meine erste Single gekauft hatte, aber das erschien mir kaum reizvoll. Ich wollte lieber nach Hause. Simon brachte mich zur S-Bahn.

Auf dem Weg dorthin fing es an zu nieseln. Ich dachte, dass es schade war, Simon nicht im Sommer kennengelernt zu haben, denn im Sommer konnte man viel besser verliebt sein.

Mariendorf und Marienfelde sind mittelalterliche, von den Tempelrittern gegründete Siedlungen mit jeweils eigenen Ortskernen. Beide Dörfer werden 1920 eingemeindet und bilden zusammen mit den Ortsteilen Lichtenrade und Tempelhof den Berliner Bezirk Tempelhof. Die einzige überregional bekannte Attraktion ist die 1913 eröffnete Trabrennbahn Mariendorf.

IM MARMOR-HAUS

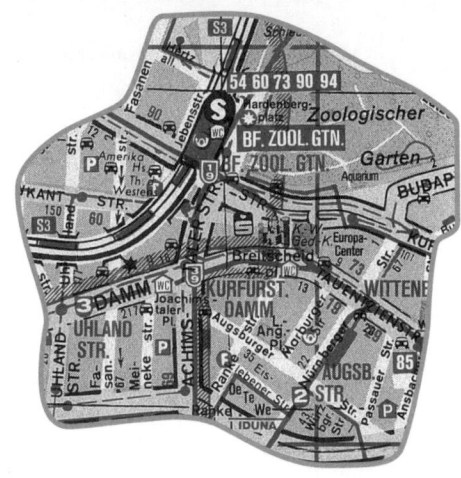

*S*imon musste man nicht erst davon überzeugen, dass Wochenenden zum Ausgehen da waren. Während sich die anderen zu einem Spieleabend bei Gerald zusammenfanden, wollten wir ins Kino, und der weitere Plan war, danach noch irgendwo zu tanzen. Simon sagte, wir sollten das Sugar Shack ausprobieren. Freunde von ihm hätten erzählt, es sei super da und man käme unter achtzehn problemlos rein.

Leider hatte Simon wieder Ansgar mitgebracht, und Ansgar seine Freundin Ines, die perfekt zu ihm passte. Obwohl wir uns vorher nie begegnet waren, tat sie schon auf dem Weg zum Kino, als wären wir irgendwie verbündet, einfach so, als Mädchen. Darin sah sie eine bedeutsame Gemeinsamkeit. Wenn einer von den Jungs etwas sagte, guckte sie mich augenrollend an, als müssten Mädchen immer ein bisschen genervt sein von Jungs-Themen. Aber nur so lustig-kokett.

In dieser Konstellation standen wir im Foyer des Marmorhaus-Kinos herum, wo mir ein Filmplakat ins Auge fiel; es war ein Plakat von *Krieg der Sterne*. Auf dem Bild war Jan zu sehen, wie er, in einen weißen Space-Anzug gekleidet, ein Laserschwert in meine Richtung schwang.

«Ist das da Luke Skywalker?», fragte ich in den Raum hinein. Die anderen folgten meinem Blick. Ansgar sagte: «Da auf dem Star-Wars-Plakat? Na klar.»

«Warum?», fragte Simon, und in einem Film hätte das Mädchen daraufhin versonnen geantwortet: «Ach … nur so eine Frage.»

Ich aber sagte: «Der sieht total aus wie mein Exfreund», und daraufhin erstarrte Ines, peinlich berührt.

Als im Kino das Licht ausging, fühlte ich mich ein bisschen elend, und das hing mit Luke Skywalker zusammen. Er fehlte mir plötzlich. Wir befanden uns in Saal 3, in dem es neben normalen Kinositzen auch ein paar Zweiersitze ohne Lehne in der Mitte gab, und auf solchen Sitzen hatten wir Platz genommen. Simon hielt meine Hand, aber ich saß ganz eingefroren da.

Der Film hieß *Pretty in Pink*. Es ging um ein Mädchen, das einen Freund hat, mit dem sie aufgrund unterschiedlicher Interessen nicht zusammenbleiben kann, weswegen sie sich einem anderen zuwendet, der vordergründig zwar besser zu ihr passt, sie aber nicht glücklich macht. Am Ende zieht sie ein rosafarbenes Ballkleid an und ist dann doch wieder mit ihrem Freund vereint, weil sie sich nämlich wirklich lieben. Ich fand die Jungs in dem Film allerdings beide nicht besonders, wohingegen Ines hinterher sofort zu mir meinte: «Der war ja voll süß, oder?»

«Welcher?»

«Na der, mit dem sie am Schluss zusammen war.»

«Geht so.»

«Ich fand den auch nicht so süß», sagte Ansgar und schmiss sich in bester Minski-Art weg über seinen Spruch.

Es hatte schon wieder geregnet, der Ku'damm war nass. Wir bogen in die Joachimstaler Straße, setzten uns in die Billigpizzeria «Amigo» und bestellten alle Pizza. Als sie vor mir auf dem Tisch lag, merkte ich, dass ich gar keinen Appetit hatte und nichts runterbekam. So wie Jan, als er im Viktoriapark sein Eis nicht mehr essen konnte, nachdem wir beschlossen hatten, nicht mehr zusammen zu sein. Simon aß die Hälfte von meiner Pizza, und Ines kommentierte: «Kein Wunder, dass du so dünn bist.» Dabei aß ich normalerweise sehr viel Pizza, und dünner als sie war ich auch nicht. Alles in diesem schlecht beleuchteten Laden mit den hässlichen Kacheln machte mich nur noch unglücklicher, und ich war froh, als wir endlich in Richtung Nürnberger Straße gingen, wo das Sugar Shack sein sollte. Die frische Regenluft tat gut, es roch nach nassem Asphalt.

Neben Simon zu gehen war angenehm. Ich mochte ihn und verstand selber nicht, warum sich diese Luke-Skywalker-Problematik da jetzt hineindrängte. Allerdings verstand ich auch nicht, warum er so blöde Freunde hatte.

Als wir vorm Sugar Shack standen, öffneten wir die Tür, gingen rein und bezahlten. So einfach war das. Ich bekam einen Stempel auf den Handrücken und einen pinkfarbenen runden Plastikchip mit dem Aufdruck «Sugar Shack» als Getränkecoupon.

Ich hatte vorher noch nie so viel gute Musik hintereinander gehört. Anders als bei den Feten wechselte der Musikstil nicht ständig. Alles fügte sich ohne Pausen hintereinander, es war fast gar kein Schrott dabei, und zwischen all den Leuten konnte man Ansgar und seine Freundin leicht irgendwo stehenlassen.

Dann kam ein Song, den ich schon einmal gehört hatte, ein gutes Tanzlied, aber auch sehr melancholisch, der Text ging: «I saw you / And him / Walking in the rain / You were holding hands / And I will never be the same.» Davon wurde ich auch wieder traurig, aber nicht so elend und einsam traurig wie vorhin im Kino, sondern verstanden von der Musik und von allen, die um mich herum mit mir dazu tanzten. Fast hätte ich jetzt lieber alleine getanzt, ohne Simon. Ich schrie in sein Ohr, dass ich mal zur Toilette müsse, und verließ die Tanzfläche. Da sah ich Holger. Er stand mit anderen Leuten aus Jans ehemaliger Schulklasse neben der Bar herum. Ich ging hin und sagte hallo.

«Na», rief Holger in mein Ohr. «Ziehste mit deinem neuen Freund um die Häuser?»

Ich schaffte es noch, kurz zu nicken, dann heulte ich los.

«Was'n passiert?»

Ich versuchte, mich wieder zu fassen. Holger sah mich hilflos an. Ich wischte mit den Händen durch die Luft und machte ihm Zeichen, dass es hier zu laut sei, um mich zu erklären, und dass ich ihn lieber mal anriefe. Er fummelte einen Zettel aus seinem Portemonnaie heraus, lieh sich einen Stift und kritzelte seine Nummer auf den Zettel.

«Ja, mach mal!», brüllte er.

Dann suchte ich nach der Toilette.

Das UFA-Filmtheater Marmorhaus wird 1913 am Kurfürstendamm 236 eröffnet. In den achtziger Jahren macht es sich besonders durch die langen Filmnächte einen Namen, in denen man für den Preis einer Karte die ganze Nacht alle Filmsäle nutzen darf. 2001 wird das Kino geschlossen.

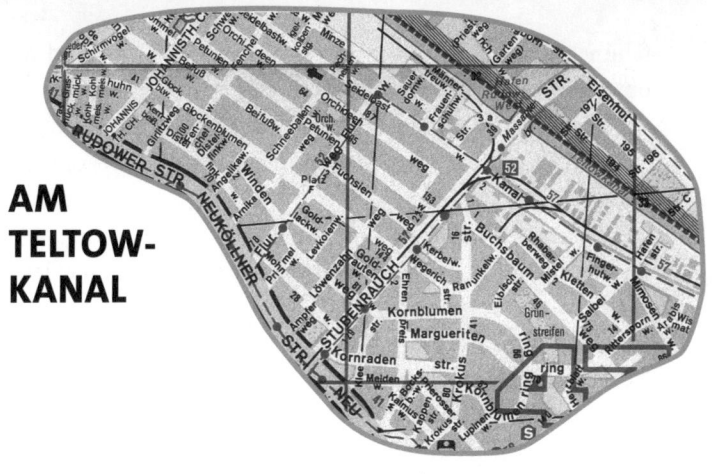

AM TELTOW-KANAL

*A*n der Endstation in Rudow stieg ich aus dem Bus, zusammen mit einem kleinen Mädchen mit Schulranzen auf dem Rücken. Sie trottete eine Weile vor mir her, dann bog sie nach rechts in eine der schmalen Seitenstraßen ab, die hier alle Blumennamen trugen. Als ich ihr nachsah, hüpfte sie ausgelassen. Total stumpf lief ich den altbekannten Weg zu Silke weiter, bis mir auffiel, dass ich da gar nicht hinwollte. Zu Simon hätte ich vorher abbiegen müssen. Anstatt zurückzulaufen, dachte ich, könnte ich nach links einen Bogen schlagen, stand aber plötzlich am Teltowkanal und guckte auf die öde Grenze. Nirgendwo war ein Mensch zu sehen, wie eigentlich immer in Silkes Gegend, nur ein paar Enten schwammen über das Wasser, an den weißen Grenzbojen vorbei. Rechter Hand verfiel eine nutzlose Brücke. Da war es dann wieder, das Stadtrand-Feeling in einer Stadt, die mehr so war wie ein großes Zimmer. Ich kehrte um und fand dann relativ umständlich die Straße und das Haus von Simon.

Wir saßen in seinem Zimmer, und er zeigte mir eine neue Platte, die er sich gekauft hatte; sie war von den Smiths. Lange fand ich den Moment nicht, um zu sagen, was ich sagen wollte, obwohl wir beide wussten, was kommen würde. Er legte die Platte auf und sagte: «Ansgar und Ines mochtest du nicht so, oder?»

«Na ja», meinte ich. «Ging so. Ich war aber auch ganz schön schlecht drauf am Samstag.»

«Warum eigentlich?»

«Ich glaube … wahrscheinlich hänge ich noch an meinem Exfreund.»

«Luke Skywalker?»

Ich nickte.

Holger hatte mir am Telefon erzählt, dass er in letzter Zeit auch nicht mehr viel mit Jan gesprochen habe. Er habe wohl ein paar neue Freunde aus der Berufsschule und sei dabei, seinen Tauchschein zu machen. Und das mit Simon hätte er längst mitbekommen. Ich hatte Holger noch aufgetragen, Jan von mir zu grüßen und ihm zu sagen, dass er sich mal bei mir melden solle.

«Das ist schade, aber ich habe mir das schon gedacht», sagte Simon.

Er drehte die Platte um. «Das vorletzte Stück auf der zweiten Seite ist total super, das musst du dir jetzt noch anhören.» Es hieß: «There Is A Light That Never Goes Out».

Jan rief mich nicht an. Nach ein paar Tagen hielt ich es nicht mehr aus und wählte seine Nummer.

«Ey, Paulchen», sagte er und erzählte mir dies und das vom Job und vom Tauchkurs. Ich schlug vor, dass wir uns am Freitag treffen sollten, ich könnte ihn von der Arbeit abholen oder von der Berufsschule.

Jan sagte: «Okay.»

Wir hatten eine Verabredung.

Am Donnerstagabend klingelte das Telefon, und Jan erzählte mir, er sei mal wieder krank. Er hustete in den Hörer. Ich sagte, wie schade, gute Besserung und dass wir das ja einfach auf nächste Woche verschieben könnten. Er meinte, er melde sich dann.

Nach dem Auflegen hatte ich ein grässliches Gefühl im Hals und im Magen, und dieses Gefühl sagte mir, dass es keinen Anruf mehr geben würde und auch kein Treffen.

Es hatte vollkommen recht damit.

Der Teltowkanal verbindet im Süden Berlins die Spree mit der Unteren Havel. Zu Mauerzeiten bildet er über weite Strecken ein Grenzgewässer zwischen Neukölln im Westen und Treptow im Osten.

IM SCHIMMEL-PFENG-HAUS

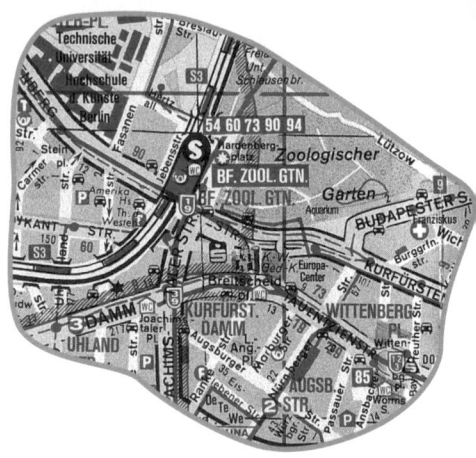

*J*n die Sache mit der Tanzschule war ich einfach hineingeraten. Anja und Carsten hatten die fixe Idee, so einen Kurs besuchen zu müssen, und suchten nach Leuten, mit denen sie sich zum Gruppentarif anmelden könnten. Heike und Gerald ließen sich rekrutieren, Silke wollte dann auch mitmachen, und Johnny musste man nicht zweimal fragen, ob er als ihr Tanzpartner dabei sein würde. Schließlich überredete sie mich ebenfalls, und Johnny überredete Stefan.

Die Tanzschule lag mitten in der City, im ersten Geschoss des Schimmelpfeng-Hauses, das wie eine Brücke über die Kantstraße gebaut war, dort, wo sie auf die Hardenberg- und die Budapester Straße trifft. Oben an dem Gebäude stand in großen Leuchtbuchstaben der Name «Schimmelpfeng», aber nicht weil es der offizielle Name des Hauses gewesen wäre, sondern nur als Werbung für irgendein Inkasso-Unternehmen. Ohnehin las ich immer «Schimmelpfennig» und dachte, Silke hätte sich vertan, als sie sagte, die Tanzschule befinde sich in dem Schimmelpfeng-Haus. Silke vertat sich öfter mal mit Begriffen, aber diesmal hatte sie richtig gelesen.

Trotz der zentralen Lage, inmitten oft beschrittener Wege, zwischen Gedächtniskirche und Zoo, und obwohl weithin sichtbar «Tanzstudio» über die Fensterfront geschrieben stand, war mir die Tanzschule nie aufgefallen. Vielleicht lag das an der nach hinten versetzten Fassade. Der Breitscheidplatz hörte dort auf, und der Bereich um den Zoo mit Zoo-Palast-Kino und dem Büro- und Geschäftskomplex vom Bikini-Haus fing noch nicht an. Es war eine Ecke, die es geschafft hatte, mitten im City-Gewimmel ein toter Punkt und die Rückseite von allem zu sein.

Selbst das große China-Restaurant, das in einem verglasten Bogen unter dem Schimmelpfeng-Gebäude hervorragte, hatte ich vorher kaum registriert. Ich fragte mich, ob es sich dabei wohl um *das* China-Restaurant handelte, das von Harald Juhnke auf diesem singulären Reklameplakat in dem Schaukasten schräg vor dem Zoo-Palast-Kino beworben wurde. Auf dem Bild sitzt Harald Juhnke vor einer riesigen und wie lackiert glänzenden «Ente kross» an einem Tisch. In der rechten Hand hält er ein Paar chinesische Essstäbchen, mit denen er dem kompakten Vogel niemals wird beikommen können, und guckt dabei irrsinnig schmierig in die Kamera, was aber nicht allein an seinem geschauspielerten Blick liegt, sondern vor allem an der unnachahmlichen Haltung der linken Hand, mit der er dem Betrachter die Ente präsentiert. Das Foto war derart bemerkenswert, dass es zu den geheimen Sensationen des Ku'damms gehörte, so wie Helga Goetze, der Sendermann und die Tütenlady, die mit Tüten voller Tüten plus einem mit Tüten vollgestopften Einkaufswagen täglich ihre einsamen Runden durch die Besuchermassen drehte. Es hieß, sie sei früher einmal wohlhabend gewesen. Das Juhnke-Bild wurde von Touristen fotografiert, und das Nachahmen seiner Pose war ein Standard-Gag. Allerdings war es erstaunlich schwer, sie wirklich zu kopieren. Wer sich einmal daran versucht hatte, begriff das wahre Ausmaß ihrer großartigen Künstlichkeit und damit die Juhnke'sche Kunst.

Den Eingang zur Tanzschule mussten wir unter der dunklen

Haus-Brücke, zwischen Betonpfeilern und Schmuddelkinos, erst einmal suchen. Drinnen standen schon andere Kursteilnehmer, die meisten älter als wir und nicht unbedingt auf die stilvollste Art chic gemacht. Das wirkliche Desaster aber war, dass Stefan kurzfristig abgesagt und seinen Platz weitergegeben hatte, und zwar an Minski.

In dem Raum hinter der Fensterfront, mit Blick zum Breitscheidplatz, stellten wir uns auf, Anja und Carsten, Heike und Gerald, Silke und Johnny. Und Minski und ich. Minski guckte mich so an, als wollte er sagen: «Tjaha! Da musste nun durch!» Ich wollte heulen. Ein kleiner Trost kam vom Tanzlehrer, der erklärte, dass die Tanzpaare in diesem Kurs prinzipiell rotieren, damit man sich nicht auf einen Tanzpartner einschießt und am Ende nur mit dem tanzen kann. Minski guckte mich so an, als wollte er sagen: «Na siehste! Haste noch mal Glück gehabt!»

Und irgendwie war es dann auch egal, denn das Ganze hatte mit Tanzen für meine Begriffe ungefähr so viel zu tun wie Malen nach Zahlen mit Kurt Mühlenhaupt oder wie meine Klavierkünste mit denen des Pianisten vom Symphonieorchester.

«Vor, Vor, Seit, Seit», rief der Tanzlehrer, und dabei hielt man sich am Tanzpartner fest und vollführte irgendwelche Schritte zu grauenhafter Musik. Ob da jetzt noch Minski dabei war oder nicht, machte keinen großen Unterschied mehr. Es fügte sich auch nahtlos in das Trash-Kolorit der Tanzstundenabende, dass es ringsum keinen schönen Ort gab, wo wir uns nach dem Kurs noch hätten zusammensetzen können. Der zweistöckige Horror-McDonald's am Hardenbergplatz war so ziemlich das Einzige, was uns dazu einfiel, und da wurde es schon wieder schwierig mit Minski, wie er da so im Neonlicht saß und mit vollem Burger-Mund seine vorhersehbaren Witze riss. Mein Leben konnte so nicht weitergehen.

Ich erinnerte mich daran, dass ich nach der zehnten Klasse ein Jahr in Amerika verbringen wollte. Die zehnte hatte gerade angefangen, vielleicht sollte ich mich jetzt mal langsam darum kümmern. Nur wie? Im Telefonbuch nachgucken? Unter A?

Die Antwort kam innerhalb der nächsten Tage von unserem Klassenlehrer. Er habe so Bewerbungsunterlagen für einen Schüleraustausch in die USA, sagte er nach dem Morgengebet, falls das jemanden interessiere. Nach der Stunde holte ich mir die Unterlagen bei ihm ab. Es waren nicht nur einfach Bewerbungsunterlagen für einen Schüleraustausch, sondern sogar für ein Stipendium. Dass es so etwas gab! Ich sah Licht am Horizont.

In der Bewerbung musste man ausführlich begründen, warum man ein Jahr weg und warum gerade in die USA wolle. Das fiel mir leicht. Ich schrieb, dass ich Fernweh hätte wie Rio Reiser und Farin Urlaub, dass es endlich auch mal etwas anderes geben müsse als den U-Bahnhof Alt-Mariendorf, den U-Bahnhof Mehringdamm und den U-Bahnhof Karl-Marx-Straße, den Weg durch die Passage, die Gemeindefeten, die Schulmessen, Silke, Nicole, Anja, Heike, Johnny, Stefan und Minski, RIAS und SFB. Und USA, das sei einfach naheliegend. Ich sei doch geboren, aufgewachsen und würde immer noch im amerikanischen Sektor dieser Sektorenstadt leben. Außerdem wäre ich erst kürzlich auf dem Deutsch-Amerikanischen Volksfest gewesen.

Möglicherweise formulierte ich das alles etwas anders. Aber als ich die Bewerbung weggeschickt hatte, war mir klar, dass ich da jetzt nicht mehr rauskommen würde. Nicht weil ich mir unsicher gewesen wäre, ob ich wirklich so lange und so weit fortwollte, sondern weil ich es jetzt nicht mehr ertragen hätte, nicht wegzugehen. In der nächsten Tanzstunde sah ich auf die Lichter und den Verkehr an der Kreuzung von Kant-, Budapester- und Hardenbergstraße und auf die Gedächtniskirche und dachte: Bald bist du in Amerika. Morgens in der U-Bahn rauschten die Bahnhöfe in der immer gleichen Reihenfolge vorbei: Westphalweg, Ullsteinstraße, Kaiserin-Augusta-Straße, Alt-Tempelhof, Tempelhof, Paradestraße, Platz der Luftbrücke, und ich dachte:

Bald bist du in Amerika. Würde es mit dieser Bewerbung nicht klappen, müsste ich mir etwas anderes einfallen lassen.

Dann bekam ich eine Einladung zum Auswahlgespräch.

Obwohl das 1960 gebaute Schimmelpfeng-Haus zwischen Kurfürstendamm und Hardenbergstraße unter Denkmalschutz steht, wird es 2009 abgerissen, zumindest der Brückenteil über der Kant- bis hin zur Hardenbergstraße. An dieser Stelle soll demnächst ein Bürohochhaus entstehen, der Atlas Tower.

Auf dem legendären Plakat wirbt Harald Juhnke nicht für das China-Restaurant im Schimmelpfeng-Haus, sondern für das Restaurant seines chinesischen Schwiegervaters im schräg gegenüberliegenden Bikini-Haus. Harald Juhnke stirbt 2005 in Rüdersdorf bei Berlin.

IN DEN
DSCHUNGEL

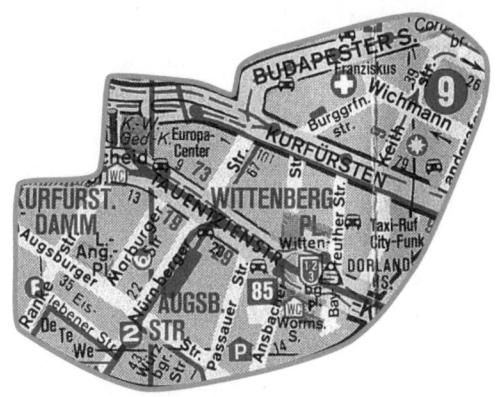

*J*ch telefonierte alle paar Tage mit Holger, auch noch, als es gar nicht mehr um Jan ging. Manchmal plauderten wir in den Schulpausen miteinander, aber am liebsten telefonierten wir abends, und zwar stundenlang. Mit keiner Freundin hatte ich jemals so ausgiebig am Hörer gehangen wie jetzt mit Holger. Das lag vielleicht auch daran, dass er mit seiner Mutter allein lebte, so wie ich mit meiner. Bei anderen kam nach spätestens einer halben Stunde irgendein Familienmitglied angelaufen und wollte auch mal wen anrufen.

Holger und ich redeten über unsere Freunde, über Klamotten, Lehrer, Schule, Musik und ab und zu auch darüber, wo das Leben hingehen sollte. Manchmal guckten wir einfach zusammen fern, als würden wir auf dem Sofa nebeneinandersitzen. Über die Telefonrechnung mussten wir uns keine Gedanken machen, niemand in West-Berlin musste sich Gedanken über Ortsgespräche machen, es gab nämlich keine Zeittaktung. Jedes Gespräch kostete 23 Pfennig. Man konnte sich abends mit dem Telefonhörer ins Bett legen, sich nachts gegenseitig beim Schnarchen zuhören und sich morgens gleich wieder begrüßen, immer für 23 Pfennig.

Das Gute an Holger war auch, dass er einen weit ausgehfreudigeren Freundeskreis hatte als ich, was natürlich kein Kunststück war. Aktuell herrschte Feten-Flaute, und es ging einfach nicht, dass Tanzen jetzt nur noch aus Vor-Vor-Seit-Seit und einer misslungenen Drehung im Schimmelpfeng-Haus bestand. Deshalb schloss ich mich eines Samstags Holger und seiner Crew an, die wieder ins Sugar Shack gingen. Ich sagte ihm, er solle mich zu Hause abholen. Wir könnten dann zusammen Pizza essen, und meine Mutter würde endlich einmal den Typen sehen, mit dem ich ewig unsere Telefonleitung blockierte.

Das erwies sich als zwiespältige Idee. Holger war ein so netter und vertrauenserweckender Junge, dass meine Mutter mich einerseits freudig mit ihm in die Nacht ziehen ließ. Andererseits wollte sie sich danach nicht mehr damit abfinden, dass Holger nur *ein* Freund war und nicht der zukünftige Schwiegersohn.

Am Wittenbergplatz trafen wir Oliver und Christian aus Holgers Klasse und, der Wahnsinn, Georg Hacke. Außerdem Mariola, die neu war an der Schule. Sie kam frisch aus Polen und sprach noch etwas gebrochen Deutsch, sah allerdings auf eine glamouröse Art westlicher aus als wir alle zusammen und war außerdem als Einzige von uns bereits volljährig. Nur wegen ihrer Sprachschwierigkeiten hatte man sie nicht in die Oberstufe geschickt. An unserer braven Schule war Mariola eine schillernde Erscheinung, und ich fühlte mich privilegiert, mit ihr auszugehen.

Wir gingen an den beleuchteten Schaufenstern und dem seit einigen Stunden vergitterten Eingang vom KaDeWe vorbei und überquerten danach die Passauer Straße. Oliver wirkte aufgedreht und laberte herum, das Sugar Shack sei doch irgendwie das Pop Inn unter den Ku'damm-Discos und ob wir nicht einfach mal in den Dschungel gehen sollten, wo die coolen Typen rumhängen.

«Kannste ja versuchen», meinte Georg Hacke. «Ich bin da jetzt schon zweimal nicht reingekommen, und ich sag dir noch was: Frauke Jeschonnek angeblich auch nicht.»

Es war sehr schwer vorstellbar, dass Georg Hacke irgendwo

nicht reinkommen würde, aber dass die allerschönste Frauke Jeschonnek jemals irgendwo nicht reinkommen sollte, das musste
ein Gerücht sein. Aber dann sagte Christian: «Das stimmt. Meine
Schwester war auch dabei. Dschungel kannste vergessen.»

«Was ist Dschungel?», fragte Mariola.

«Dschungel ist voll cool», erklärte Oliver. «Coolste Disco von
Berlin. David Bowie, Iggy Pop, Nina Hagen.»

«Und wo gehen wir?»

«Sugar Shack. Kinderdisco.»

«Du redest Müll», sagte Holger.

Mir war es egal, wohin wir gingen. Hauptsache, irgendwo
reinkommen und tanzen, ohne Instruktionen und ohne Minski,
aber mit Georg Hacke dabei. Mir reichte das vollkommen.

Das Sugar Shack war voller als beim letzten Mal, und es wurde
viel getanzt, eigentlich tanzten da alle an diesem Abend. Auch wir.
Mariola tanzte eher minimalistisch. Georg Hacke lächelte mich
beim Tanzen einmal an. Es war perfekt. Trotzdem fischte mich
Mariola irgendwann von der Tanzfläche und sagte: «Komm!»

Plötzlich standen alle an der Tür. Sie konnten unmöglich jetzt
schon gehen wollen.

«Spinnt ihr?», frage ich.

«Mariola will in den Dschungel», erklärte Christian.

«Ich denke, da kommt man nicht rein.»

«Wir versuchen's mal», sagte Oliver. «Wenn's klappt, zahle ich
den Eintritt.» Oliver hatte Kohle. Ich protestierte nicht. Ich war
dabei.

Wir gingen auf derselben Straßenseite ein paar Häuser weiter
in Richtung Augsburger, bis dahin, wo sich weithin sichtbar Leute vor einem Eingang drängelten. Dem Eingang zum Dschungel
natürlich. Holger sagte: «Och nee», aber ich fand es ganz interessant. Wir stellten uns dazu. Die Tür ging auf, drei Leute kamen
raus, aber reingelassen wurde keiner. Fünf Minuten später das-
selbe Spiel. Vor uns sagte jemand: «Los, wir gehen ins Cha Cha»,

und kurz danach zogen ein paar Leute ab. Die Tür ging erneut auf, zwei Typen verließen den Dschungel. Der Mann an der Tür warf einen kurzen Blick auf die Wartenden. Er nickte Mariola zu und winkte sie rein. Mariola hakte Oliver rechts und Holger links unter, Christian und Georg nahmen mich in die Mitte. Sie schob mich mit den beiden Jungs weiter, und dann waren wir einfach drin, wie auch immer das genau funktioniert hatte. Die plötzliche Nähe von Georg Hacke hatte meine Wahrnehmung getrübt.

Der Dschungel hatte auf jeden Fall nichts mit einem Dschungel zu tun, obwohl ein paar Palmen herumstanden. Es war viel heller als im Sugar, die Leute waren extravaganter gestylt, aber auch älter. Alle rauchten, und aktuell tanzte niemand. Man saß oder stand herum, unten an der Bar und oben auf einer Galerie, und hielt dabei einen Drink in der Hand. Die meisten sahen aus, als wäre ihnen langweilig. Oliver strahlte, als Einziger im Raum, wie mir schien.

«Scheiß auf Frauke Jeschonnek», rief er. «Mariola ist die Königin der Nacht!»

Dann erbot er sich, eine Runde Getränke zu spendieren.

So standen wir also eine Zeitlang da und tranken langsam unsere Gläser leer. Mariola sah uns an und fragte: «Gehen wir zurück zu Kinderdisco?»

Im Sugar war die Stimmung inzwischen noch besser geworden.

In den späten siebziger Jahren zieht die Diskothek *Dschungel* vom Winterfeldplatz in die Räumlichkeiten eines chinesischen Restaurants in der Nürnberger Straße. Die Wendeltreppe zur Empore, ein Aquarium und ein kleiner Springbrunnen werden von den Vorbetreibern übernommen. In den Folgejahren entwickelt sich der Dschungel zur wahrscheinlich angesagtesten Diskothek der Stadt; 1980 setzt ihm die Gruppe Ideal in ihrem Song «Berlin» ein Denkmal. Trotzdem übersteht auch der Dschungel den nach dem Mauerfall einsetzenden Bedeutungsverlust der City-West nicht und muss 1993 schließen.

Im Stadtführer *Berlin für junge Leute* steht 1987 über den Dschungel: «Disco im Stil der fünfziger Jahre, nicht der übliche Disco-Sound, Publikum 25–35 Jahre. Einlasskontrollen, empfehlenswert nur für kleine Gruppen.» Und über das Sugar Shack: «Lebendige Neondisco mit jungem, adretten Publikum, sich eher ‹cool› gebend.»

Während Postminister Kurt Gscheidle in der restlichen Bundesrepublik 1980 die Zeittaktung für Ortsgespräche einführt, bleibt West-Berlin noch bis Mitte 1992 vom Zeittakt verschont.

AM
LÜTZOW-
PLATZ

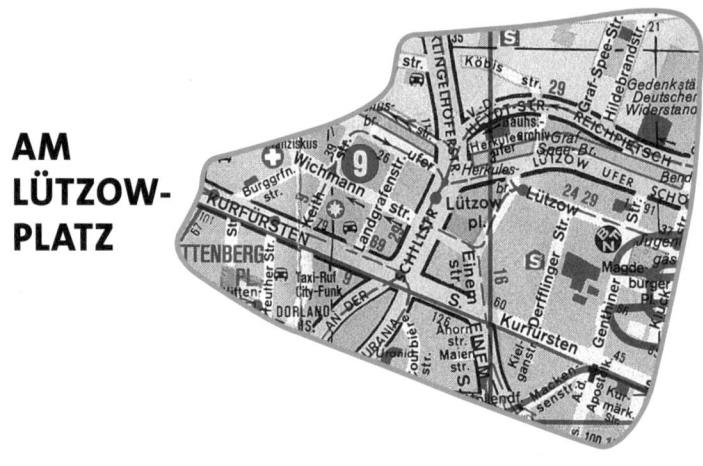

*A*ls der Tanzkurs überstanden war, kam als finale Herausforderung noch der Abschlussball. Mit meiner Mutter
und Tante Evi ging ich los, um ein Kleid zu kaufen, auch weil
man in den USA ebenfalls diese Abschlussbälle hatte, für die man
ein Kleid brauchte. Das wusste ich aus *Pretty in Pink*. Dafür war
die Tanzschule in jedem Fall gut gewesen, dass sie jetzt einen Anlass dafür lieferte, ein festliches Outfit zu besorgen, das ich dann
schon mal hätte für Amerika. Auch wenn ich noch kein Ticket
dahin hatte.

Wir gingen ins KaDeWe. Früher konnte man mir mit dem Ka-
DeWe drohen. Nichts hasste ich so sehr wie das KaDeWe. Ging
man einmal da rein, kam man den ganzen Tag nicht wieder raus
und war gefangen in einem riesigen Labyrinth voller Zeug. Man
stand auf Rolltreppen oder in Fahrstühlen herum und stiefelte
endlos hinter den Eltern an Regalen und Kleiderständern vorbei,
an Stoffballen, Vorhängen, Küchenmaschinen, Koffern, Gläsern
und all dem anderen scheißlangweiligen KaDeWe-Kram.

Standard-Textbausteine waren «Wann gehen wir endlich?»
(ich) und «Bald, wir brauchen nur noch dieses und jenes» (Eltern). In der Spielwarenabteilung gab es zwar durchaus interes-

sante Dinge zu sehen, irrsinnig viele Barbie-Klamotten zum Beispiel, total gute Roller Skates und sogar Autos und kleine Häuser
für Kinder. Das Problem war aber, dass man das alles dann auch
haben wollte, was wieder nicht ging («zu teuer»). Immerhin gab
es die große Fressabteilung ganz oben, da konnte man sich einen
Moment lang hinsetzen und Kartoffelpuffer essen. So gut wie bei
Oma waren die aber nicht.

Die Phobie war inzwischen überwunden, aber so ganz optimal lief es auch an diesem Tag nicht im KaDeWe. Mutter und
Tante breiteten ständig Kleider vor mir aus und sagten: «Guck
mal das. Das ist doch nicht schlecht», aber richtig gut fand ich
es meistens nicht. Schließlich betrat ich mit zwei Optionen eine
Umkleidekabine. Während ich mich auspellte, unterhielten sich
zwei Frauen in der Kabine nebenan.

«Wat hastn da für 'ne Größe jenomm?»

«Na 38.»

«38? Haste abjenomm?»

«Ick hab imma 38.»

«Nimm mal lieber 40.»

Ich kam mit dem ersten Kleid aus der Kabine und hatte
gleich eine Verkäuferin neben mir, die an mir rumzuppelte und
«Schön!» sagte, mit Nachdruck.

«Mir gefällt's auch», meinte meine Mutter. Aber mir gefiel es
nicht.

«Bisschen was Farbenfroheres vielleicht», schlug die Verkäuferin vor und zog los, um Entsprechendes zu suchen. Als ich das
zweite Kleid vorführte, das mir noch weniger behagte, standen
Verkäuferin, Mutter und Tante schon mit mehreren neuen Kleidern da, die mir genauso wenig zusagten.

«Probier doch wenigstens mal an», beharrten sie. «Wenigstens
das hier, guck mal, das ist schick.»

Es war schwer, wieder rauszukommen aus der Nummer. Die
Kleider waren alle nichts, und die Verkäuferin schüttelte schon

den Kopf: «Na, wat hättense denn gern? Wat hamse sich denn so vorjestellt?»

Als ich am Ende keine der Sachen wollte, herrschte zwischen den drei Frauen immerhin Einigkeit darüber, dass Mädchen in meinem Alter schwierig seien.

Wir gingen nach oben in die Lebensmitteletage, um Kartoffelpuffer zu essen, und dabei wurde beschlossen, dass ich noch mal alleine oder mit Silke losziehen sollte, um ein Kleid zu kaufen.

Was dann auch klappte.

Ich kam also zu meinem Kleid, allerdings musste ich damit nun zu dem Abschlussball der Tanzschule gehen. Was ich sowieso gemacht hätte, denn im Grunde war ich beim Ausgehen nicht besonders wählerisch. Das Leben war noch nicht so, dass jede Stunde voll war mit Arbeit, Verpflichtungen und Terminen und dass man am Abend dankbar war für ein paar ruhige Stunden. Ganz im Gegenteil. Wenn es einen Abschlussball gab, dann ging ich dahin, zumal mit einem neuen Kleid. Auch wenn eine Tanzkapelle spielte, auch wenn Minski dabei war.

Wir hatten einen runden, weiß eingedeckten Tisch für uns, und auf dem Tisch stand eine Flasche Sekt in einem Kühler. Der Tisch befand sich in irgendeinem Bankettsaal im Hotel Berlin am Lützowplatz. Keiner von uns sah richtig gut angezogen aus. All die Kleider und die Anzüge wirkten merkwürdig fremd an ihren Trägern und waren teilweise eine Nummer zu groß. Anja steckte in einer Horrorkombination aus schwarzem Rock, weißer Bluse und gelbem Jackett. Wir tranken den Sekt aus, die Tanzkapelle spielte Tanzkapellenmusik, und wir versuchten zu erraten, ob dazu jetzt Foxtrott, Tango oder Walzer zu tanzen sei. Anja und Carsten zogen als Erste los, um es auszuprobieren, sie hatten sich auch als Einzige für den Nachfolgekurs angemeldet, damit sie noch einen Discofox lernen konnten und einen Jive. Nach und nach gingen alle tanzen, Heike ging mit Gerald und Silke mit Johnny, aber ich konnte einfach nicht. Ich brachte es nicht fertig. Ich konnte mich nicht mit Minski auf die Tanzfläche stellen und ausprobieren, ob eher die Wiener oder die langsamen Walzerschritte passten zum aktuellen Geschrammel. Worauf hatte ich mich nur eingelassen? Minski saß da in seinem Anzug und fand das jetzt nicht mehr witzig.

«Das ist doch bescheuert», sagte er. Ja, es war bescheuert. Bescheuert mit Extrakäse. Ich konnte mich nicht überwinden, fand den Zugang nicht zu irgendeiner fröhlichen Scheißegal-Haltung und war verstockt. Johnny und Silke kehrten von der Tanzfläche zurück.

«Jetzt komm», sagte Johnny zu mir und wollte mit mir tanzen. Aber das ging natürlich auch nicht. Meine Haltung war: Ich will nicht tanzen, Punkt. Wäre ich mit Johnny gegangen, wäre meine Haltung ja gewesen: Ich tanze schon, nur nicht mit Minski. Und das wäre dann doch zu gemein gewesen. Minski ging mit Silke tanzen, und ich saß mit Johnny am Tisch. Das war eine vorläufige Verbesserung der Situation.

«Was meinst du?», fragte Johnny. «Sollen wir uns noch eine Flasche Sekt leisten?»

«Ja, bitte», sagte ich.

«Und willst du jetzt den ganzen Abend hier so sitzen?»

«Wahrscheinlich.»

Silke, Minski, Heike und Gerald kehrten zurück an den Tisch. Wir bestellten noch eine Flasche Sekt. Ich saß tatsächlich den ganzen Abend da, in meinem neuen Kleid, und tanzte nicht ein einziges Mal. Auch nicht, als ein fremder Mensch von einem anderen Tisch kam und mich aufforderte. Wenigstens war Minski zum ersten Mal richtig sauer auf mich.

Um 22 Uhr warteten draußen Johnnys Vater, Anjas Vater und Silkes Mutter in ihren Autos. Ich fuhr bei Anja mit. Carsten setzte sich nach vorn neben Anjas Vater, der ihn gleich zuquasselte mit Geschichten aus seiner eigenen Tanzschulzeit, während Anja und ich still hinausblickten auf die nächtliche Schöneberger Szenerie mit Straßenstrich und allem, was dazugehört.

Das KaDeWe, eigentlich «Kaufhaus des Westens», wird 1907 in der Tauentzienstraße am Wittenbergplatz eröffnet. Im Zweiten Weltkrieg wird es schwer beschädigt, als ein amerikanisches Kampfflugzeug in sein Dach stürzt. 1950 ist Wiedereröffnung, doch erst nach mehreren Umbauten wird es in den späten siebziger Jahren wieder das gehobene Luxus-Warenhaus, das es bei seiner Gründung einmal war. Derzeit hat es 60 000 Quadratmeter Verkaufsfläche und ist damit das zweitgrößte Kaufhaus Europas nach Harrod's in London.

GEISTERBAHN

*I*n letzter Zeit musste ich oft zum Ku'damm. Früher war ich ganz selten da hingekommen, und plötzlich andauernd. Neuester Anlass war das Auswahlgespräch für das Amerika-Stipendium, das im Hotel am Zoo stattfand. Am U-Bahnhof Kurfüstendamm stieg ich aus und steuerte zielstrebig das protzig vorgelagerte Messingportal des Hotels an, ging durch eine automatische Tür zum Fahrstuhl und drückte auf den Knopf. Der Fahrstuhl kam, und als die Tür sich gerade schließen wollte, sprang noch schnell ein Junge mit rein. Er fragte gleich: «Gehst du auch zum Auswahlgespräch?»

Ich sagte ja, und er sagte: «Cool. Ich bin Ben.»

Oben saßen schon zwei Mädchen auf einem Sofa, die ebenfalls zum Auswahlgespräch wollten. Beide wirkten sehr selbstbewusst auf mich, so wie Ben. Selbstbewusst und weltläufig. Ich fühlte mich klein und kindlich neben denen. Eine Tür wurde geöffnet, und heraus traten vier weitere Bewerber, die wohl gerade ihr Gespräch beendet hatten. Eine freundliche Frau sagte: «Sie können jetzt reinkommen.»

Wir nahmen nebeneinander auf den vier Stühlen Platz, die noch angewärmt waren von den vorangegangenen vier Kandidaten. Uns gegenüber saßen vier Leute hinter einem Tisch, drei Männer und eine Frau. Einer der Männer blickte ganz ernst, die anderen lächelten. Durch die Fenster hinter ihnen konnten wir auf die herbstlichen Ku'damm-Bäume und die verschnörkelten Fassaden sehen. Dann sollten wir uns nacheinander vorstellen und kurz beschreiben, warum wir ein Jahr in den USA verbringen wollten. Die Dunkelhaarige neben mir hieß Franziska. Sie redete flüssig und freundlich und sagte, dass sie Amerika gern kennenlernen wolle, weil wir alle sehr beeinflusst seien von der amerikanischen Kultur, außerdem halte sie es generell für wichtig, den eigenen Horizont zu erweitern. Das war eine geniale Antwort, fand ich und war sofort ratlos, was ich dem noch hinzufügen könnte. Sie spiele außerdem Klavier, erzählte Franziska, und lese gern. Was sie denn lese, wollte der eine freundliche Mann wissen. Franziska antwortete: «Im Moment Hermann Hesse.»

Dann war ich an der Reihe. Ich war viel zu aufgeregt, eingeschüchtert und auch ansonsten nicht fähig, mir jetzt noch schnell etwas Schlaues auszudenken, und sagte daher, dass ich was von der Welt sehen wolle und besonders Amerika, weil ich amerikanische Filme mögen würde. Welche Filme ich denn möge, fragte der freundliche Mann wieder, und ich erwiderte, wahrheitsgemäß, dass ich Filme mit Doris Day und Rock Hudson möge. Franziska guckte mich belustigt an und der freundliche Mann auch.

Nachdem Ben und das andere Mädchen sich vorgestellt hatten, bekamen wir eine neue Aufgabe. Der freundliche Mann (immer redete er) meinte, wir sollten uns jetzt vorstellen, wir seien also als Austauschschüler in den USA und bei einer netten Gastfamilie gelandet, die in einem kleinen Ort in den ländlichen Weiten des Heartlands wohne. Man verstünde sich gut, aber das Umfeld sei ausgesprochen dörflich und gewöhnungsbedürftig für Stadtkinder wie uns. Da würden wir nun bei einer Familienfeier auf reiche Verwandte aus Kalifornien treffen, mit denen man sich blendend unterhält und die am Ende des Tages der Meinung sind, hier würde man doch versauern und nichts sehen von Amerika, und einen deshalb einladen, zu ihnen zu ziehen; sie hätten ein großes, tolles Haus in Küstennähe, mit Pool und vielen Partys. Was wir denn dazu sagen würden?

Ben lachte schon, als die Frage noch nicht ganz zu Ende gestellt war, und sagte dann, zu meinem großen Erstaunen: «Was ist denn das für eine Frage? Ab nach Kalifornien!»

Der freundliche Mann lächelte freundlich. Ich dachte: Schlau bist du ja nicht, Ben. Wir Mädchen gaben andere Antworten. Das blonde Mädchen, ihr Name war Ina, meinte, das könne sie nicht so einfach beurteilen, da bräuchte sie mehr Informationen, ob das denn einfach so ginge zum Beispiel und was die Gastfamilie dazu sagen würde. Das war etwas weniger dreist, aber meiner Meinung nach hatte auch Ina den Hintergrund der Frage nicht erfasst, bei der es natürlich darum ging, ob wir nur auf eigenes Vergnügen aus waren oder ob wir uns auch als verantwortungsbewusste Botschafter im interkulturellen Austausch begriffen. Immerhin sollten hier Stipendien vergeben werden, und zwar vom Deutschen Bundestag.

Ich antwortete, in schön deutlicher Unterscheidung zu meinen Vorrednern, dass ich die erste Familie keinesfalls vor den Kopf stoßen würde. Sie hätten mich schließlich aufgenommen, ohne zu wissen, wer da kommt. Es gehe ja nicht darum, möglichst viele tolle Sachen zu erleben, sondern Neues kennenzulernen und auch selber Botschafter zu sein.

Während ich das sagte, nickten die Frau und der Mann mit dem ernsten Gesicht die ganze Zeit über und strahlten pure Zustimmung aus. Dann sagte Franziska, sie sähe das so wie ich. Die eine Familie hätte sich auf ein Risiko und ein Abenteuer eingelassen, die anderen hätten einen erst eingeladen, nachdem man sich gut verstanden hat. Warum hatten sie nicht längst selbst einen

Gastschüler in ihrem tollen Haus? Außerdem bilde ein mondänes Umfeld in Kalifornien genauso nur einen kleinen Ausschnitt von Amerika ab wie ein ländliches Gebiet. Wahrscheinlich sei das Dorf sogar aufschlussreicher.

Wieder heftiges Nicken bei Frau und Mann, und auch ich staunte nicht schlecht, wie Franziska noch mal einiges draufgesetzt hatte auf meine Begründung. So jemanden hatte ich bislang noch nicht getroffen.

Danach gab es ein paar weitere Fragen und etwas Geplauder, bei dem Ina und Ben zeitweise miteinander redeten, während Franziska oder ich gerade sprachen. An deren Stelle hätte ich das lieber nicht so gemacht.

Nach einer halben Stunde war alles vorbei. Wir wurden freundlich verabschiedet, und draußen auf dem Sofa warteten schon die nächsten Kandidaten, die sich gleich da hinsetzen würden, wo wir eben noch gesessen hatten.

«Mich nehmen die bestimmt nicht», sagte Ben im Fahrstuhl.

«Du hättest das mit ‹Ab nach Kalifornien› vielleicht nicht so sagen sollen, kann ich mir vorstellen», meinte Ina.

«Is halt so. Is mir auch egal, ob die mich auswählen, ich hab mich noch bei anderen Organisationen beworben.»

Ben schlug vor, in das neueröffnete Marché-Restaurant am Ku'damm zu gehen, da bekomme man frischgepressten Orangensaft. Franziska hatte offensichtlich wenig Lust, sich weiter mit Ben zu unterhalten, und verschwand Richtung U-Bahn. Wir restlichen drei suchten das Marché auf und holten uns jeder einen frischgepressten Orangensaft, der lecker, aber auch ganz schön teuer war. Ben kam aus Wannsee und Ina aus Charlottenburg. Ich fand es toll, Bekanntschaft mit Leuten von anderen Schulen und aus anderen Teilen der Stadt zu machen. Ina musste dann weg, und ich wollte mir noch eine neue Jacke kaufen. Ben sagte, bei Marc O'Polo gäbe es gerade gute Jacken.

«Ah», sagte ich. «Und wo ist der Laden noch mal?» Ich war da nämlich nie drin gewesen. Ben kam mit, um mir das Geschäft zu zeigen. Wir gingen den Ku'damm ein Stück weiter zurück, dabei redete Ben von seinem Hockeyverein und erzählte, dass er Weihnachten wieder auf Teneriffa sein werde. Im Marc-O'Polo-Shop zeigte er mir gleich die Jacken, die er super fand. Ich fand sie in Ordnung, ein bisschen langweilig vielleicht, vor allem aber kosteten die ungefähr dreimal so viel, wie ich überhaupt an Geld dabeihatte.

«Hm», sagte ich. «Ich werd mal noch weitergucken.»

Ben schrieb mir seine Telefonnummer auf und meinte, ich solle doch Bescheid sagen, wenn ich Nachricht von den Amerika-Fuzzis erhalten hätte.

An dem Tag fand ich keine Jacke. Ich war viel zu wuschig und angespannt, um zu shoppen. Auf dem Rückweg war ich sogar so sehr in Gedanken, dass ich Hallesches Tor den Zug in die falsche Richtung nahm. An der nächsten Station hörte ich mit halbem Ohr noch die Durchsage: «Kochstraße, letzter Bahnhof in Berlin-West», verbrachte aber einen Moment zu lange mit der inhaltlichen Auswertung dieser Ansage, und dann rollte der Zug auch schon wieder in den Tunnel. Na gut. Immerhin war mir das nicht in der U8 passiert, da war die Schleichstrecke durch den Osten noch viel länger und ohne Ausstiegsmöglichkeit. Die U6 hielt immerhin zwischendrin am Bahnhof Friedrichstraße. Der Zug wurde langsamer und fuhr im Schritttempo durch den ersten Geisterbahnhof: Stadtmitte. Das war weder besonders interessant noch besonders angenehm. Im gelben Dämmerlicht erahnte man einen kaputten Bahnsteig und sah schemenhaft einen oder zwei Wachposten mit umgeschnalltem Gewehr herumstehen, mit denen man mehr Mitleid hatte als Angst vor ihnen. Sie hatten einen wirklich unangenehmen Arbeitsplatz, und nach Amerika konnten sie auch nicht fahren. Dann beschleunigte der Zug wieder etwas, bis er abermals durch einen Geisterbahnhof zuckelte, Französische Straße. Friedrichstraße stieg ich aus und wartete auf dem gegenüberliegenden Gleis auf den nächsten Zug zurück.

Ich fühlte mich gar nicht wohl. Ich verspürte sogar eine leichte Panik. Der Bahnhof mit den hässlichen schleimgelben Kacheln sah ein bisschen aus wie der Bahnhof Hermannplatz, aber überall standen rauchende Gestalten mit eingefallenen Gesichtern, Betrunkene und alte Leute mit großen Taschen herum. Es roch komisch, die Lampen surrten und verbreiteten ein kaltes, bläuliches Licht. Schnell wollte ich hier weg, ganz schnell. Der Zug kam und kam nicht. Ich fixierte den Boden vor meinen Füßen und rührte mich nicht von der Stelle. Als ich endlich wieder in der U-Bahn saß, schlich der Zug noch langsamer als zuvor durch die beiden Geisterbahnhöfe, und zum ersten Mal beim U-Bahn-Fahren dachte ich darüber nach, dass ich in einem kleinen Kasten saß, der tief unter der Erde durch einen schmalen, dunklen Tunnel rollte, und das machte mich plötzlich nervös. Erst nach der Station Mehringdamm, als der Zug die vertrauten Tempelhofer Bahnhöfe abklapperte, ließ das Gefühl allmählich nach. Ich freute mich sehr, nach Hause zu kommen, und ich freute mich sehr, meine Mutter zu sehen.

Am Sonntag, den 13. August 1961, dem Tag, an dem in Berlin die erste, provisorische Version der Mauer gebaut wird, sperrt man gleichzeitig alle Ost-Berliner U- und S-Bahnhöfe, die von Zügen aus dem Westen passiert werden. Das betrifft vor allem Bahnhöfe im Bezirk Mitte, da dieser wie eine Ausbuchtung in den Westteil zwischen Kreuzberg und Wedding hineinragt. Die Eingänge zu den Bahnhöfen werden verrammelt; Grenzsoldaten bewachen die Gleisanlagen bei Tag und bei Nacht.

Auf den in nordsüdlicher Richtung verlaufenden U-Bahn-Linien U6 und U8 und der S-Bahn-Linie S2 durchqueren die West-Berliner Fahrgäste nach der Durchsage «Letzter Bahnhof in Berlin-West» fortan jene sogenannten Geisterbahnhöfe.

Einzige Ausnahme ist der Bahnhof Friedrichstraße. Dort kann man aussteigen, um nach Ost-Berlin einzureisen. Oder um umzukehren, wenn man sich verfahren hat.

AXEL-
SPRINGER-
HOCHHAUS

*M*ir war nicht klar, wie die Chancen überhaupt standen, wie viele Leute sich da auf wie viele Stipendien beworben hatten. Klar war mir nur, dass sich in unserer Gruppe Franziska sehr gut und Ben sehr schlecht präsentiert hatten.

Ich hatte mich vorher noch nie für etwas beworben, wusste also nicht, ob ich gut war darin. Bei Preisausschreiben und beim Loseziehen hatte ich jedenfalls nie viel Glück. Wenn ich mal gewonnen hatte, dann nur weil ich nachgeholfen und «Ich möchte bitte auch mal was gewinnen» auf die Postkarte geschrieben hatte. Beim «Berliner Kinderscheckheft», wo es immer Tausende von Gewinnen gab, hatte ich in all den Jahren, in denen ich ein Scheckheft besaß, nur einmal gewonnen.

Das Kinderscheckheft war, so wie das Erwachsenenscheckheft, das aus mir unerfindlichen Gründen den Titel «Tag der offenen Tür» trug, ungefähr postkartengroß und voller Gewinnspiele. Außerdem hatte jedes Heft eine eigene Losnummer. Die Gewinnspiele, an denen ich teilnahm, brachten alle nichts, aber über die Losnummer gewann ich einen roten Trainingsanzug, gestiftet vom Axel Springer Verlag.

Mein Vater fuhr mich damals nach Kreuzberg, sehr dicht an

die Mauer ran, zum großen goldenen Springer-Hochhaus, wo der Gewinn abzuholen war. Allerdings nicht einfach so. Um den Trainingsanzug zu bekommen, musste ich mich von meinem Vater verabschieden und zusammen mit ein paar anderen Kindern in eines der oberen Stockwerke fahren. Eine junge Frau begleitete uns und übergab uns oben an eine andere Frau mit langen roten Fingernägeln, Pagenschnitt und einem adretten Kostüm. Sie war sehr geschäftig und nervös und verteilte uns um einen Tisch, auf dem Tabletts mit Pfannkuchen standen, an denen wir uns aber nicht sofort bedienen durften. Für jedes Kind stand ein Namensschild auf dem Tisch, damit man wusste, wo man sich hinsetzen sollte. Mein Schild konnte ich aber nicht finden. Ich wandte mich an die Frau mit den roten Fingernägeln, die gerade ziemlich genervt zu einer anderen Frau sagte: «Wo bleibt denn der Fotograf?»

«Ich finde meinen Namen nicht», sagte ich.

«Moment», meinte die Frau und schickte die andere hinaus, um den Fotografen zu suchen.

«Ich finde meinen Namen nicht», wiederholte ich.

«Wie heißt du denn?»

«Ulrike Sterblich.»

Wir gingen zusammen um den Tisch herum.

«Guck mal hier», sagte die Frau und zog einen Stuhl vor, auf den ich mich setzen sollte. Auf dem Schild stand «Ulrike Gelblich». So hieß ich doch gar nicht.

Um den Tisch herum saßen jetzt sechs oder sieben Kinder unterschiedlichen Alters; ein kleinerer Junge durfte seine Mutter dabeihaben. Auf dem Stuhl neben mir fläzte sich ein ziemlich großer Junge, der im Raum umherguckte, dabei so mit dem Kopf vor sich hin nickte und dann zu mir sagte: «Cool, wa?»

Die Frau mit den Fingernägeln stellte sich an einem Ende des Tisches auf und bemühte sich um ein Lächeln. Hinter ihr stand ein Mann im Anzug, er hatte die Arme verschränkt und lehnte an der Fensterbank.

«Herzlich willkommen hier im Axel-Springer-Hochhaus», begann die Frau. «Zunächst einmal möchte ich euch allen zu eurem tollen Gewinn gratulieren. Ihr könnt euch ganz doll freuen, das sind wirklich ganz schicke Trainingsanzüge, die ihr da gewonnen habt.»

Dann ging die Tür auf, und herein trat die andere Frau mit dem Fotografen. «Na endlich, da sind Sie ja», sagte die Frau mit den Fingernägeln. Dann wandte sie sich wieder uns Kindern zu: «So, bevor ihr in eure leckeren Pfannkuchen beißt, stellt euch doch mal auf für ein Foto.»

Der Fotograf schob uns eine Weile im Raum herum und sagte schließlich: «Hier ist gut.»

«Vielleicht sollten die Kinder für die Aufnahme in die Pfannkuchen beißen», meinte die Frau, und der Fotograf sagte: «Sehr gut, bringense mal Pfannkuchen her.»

Die Fingernagelfrau reichte die Anweisung weiter: «Holen Sie mal die Pfannkuchen. Und einen Trainingsanzug!»

Die zweite Frau kam mit einem Tablett Pfannkuchen und einem verpackten Trainingsanzug an. Wir nahmen uns jeder einen Pfannkuchen, sollten mit dem Reinbeißen aber noch warten, bis der Fotograf das Kommando dazu gab. Er hockte sich ein bisschen verkrümmt vor uns hin und drehte an seiner Kamera.

«So, und jetzt alle in die Pfannkuchen beißen, so richtig mit Schmackes.»

Wir bissen alle in die Pfannkuchen.

«Na, noch mal! Freut euch ma noch mehr. Zeigt mir mal so richtig, wie lecker die Pfannkuchen sind. So, jeder mit einem frischen Pfannkuchen, bitte.»

Wir legten unsere angebissenen Pfannkuchen zurück auf das Tablett und nahmen uns neue, in die wir wieder hineinbissen.

Am Ende bekam jeder seinen Trainingsanzug ausgehändigt, und man begleitete uns wieder runter ins Foyer, wo die Eltern auf uns warteten. Draußen war es schon dunkel geworden, nur der

Grenzstreifen hinter der Mauer lag in gleißend hellem Licht. Auf der Verpackung von meinem Trainingsanzug klebte ein Etikett mit der Aufschrift «Ulrike Gelblich».

Am nächsten Tag war das Foto von uns in der *Berliner Morgenpost* abgedruckt. Darunter stand: «Diese jungen Gewinner eines brandneuen Trainingsanzugs ließen es sich schmecken bei Pfannkuchen und Kakao im Axel-Springer-Hochhaus.»

1952 beginnt der eigens dafür gegründete «Tag der offenen Tür e.V.» mit der Herausgabe des Berlin-Scheckhefts in stark limitierter Auflage. Ziel ist die finanzielle Unterstützung bedürftiger Berliner Journalisten und Künstler mit den Erlösen aus dem Verkauf des Hefts und diversen Veranstaltungen. Mit einer auf dem Heft aufgedruckten Losnummer nimmt man an einer Lotterie teil, bei der es jedes Mal ein «Traumhaus» innerhalb der Stadt zu gewinnen gibt. Einige Jahre lang gibt es zusätzlich zum Berlin-Scheckheft auch das Kinderscheckheft, das nach demselben Prinzip funktioniert.

Das Berlin-Scheckheft existiert noch heute, allerdings hat es Bedeutung und Popularität eingebüßt. Vielleicht, weil es nicht mehr wie früher in limitierter Auflage erscheint und weil Rabatt- und Couponaktionen sowieso überall präsent sind. Seit 2008 wird es nicht mehr vom «Tag der offenen Tür e.V.» herausgegeben, und Traumhäuser kann man auch nicht mehr gewinnen.

AMERIKA-
HAUS

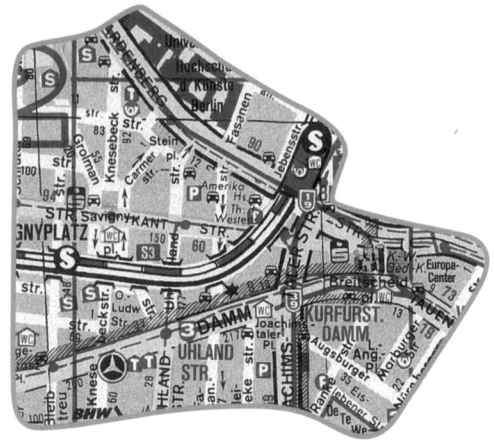

*D*er Brief mit der Zusage verschaffte mir eine neue Perspektive für mein Leben. Alles war gut. Anbei lag die Einladung zu einem Kennenlerntreffen beim «Verein Berliner Austauschschüler» im Amerika-Haus in der Hardenbergstraße.

Wie vereinbart rief ich gleich bei Ben an, um ihm zu erzählen, dass ich genommen worden war. Ben hatte ebenfalls ein Schreiben erhalten, mit einer Absage natürlich, er betonte aber nochmals, das sei ihm egal. Ich fragte ihn, ob er mit einer anderen Organisation fahren werde, und er sagte, das sei nicht klar und im Moment auch nicht so wichtig, er habe jetzt nämlich eine Freundin und würde deshalb sowieso nicht gern fortgehen.

War ich froh, keinen Freund zu haben.

Polizisten gingen vor dem Amerika-Haus auf und ab, am Eingang stand ein hauseigener Sicherheitsmann. Der fragte mich, wo ich hinwollte, und die Antwort «Zum Verein Berliner Austauschschüler» funktionierte als Sesam-öffne-Dich. Danach musste ich noch meine Tasche vorzeigen, dann sagte der Mann: «Die Treppe hoch.» Das Procedere war vielversprechend, offenbar ließ man hier nicht jeden einfach so rein. Man musste schon besonders qualifiziert sein.

Das Amerika-Haus hatte ich immer schön gefunden, ein flaches Gebäude im Bauhaus-Stil mit einer Mosaiksteinfassade in Hellblau und Weiß und mit drei orangefarbenen Querstreifen über einer langen Fensterfront. Es weckte angenehme Schwimmbad-Assoziationen.

In einem mittelgroßen Raum mit Blick auf die Hardenbergstraße kamen an diesem Nachmittag erstaunlich viele Schüler zusammen, die alle im nächsten Jahr in die Welt hinausgehen wollten, die meisten in die USA, einzelne auch nach Spanien, Japan, Griechenland oder Lateinamerika. Vorne, auf einem Tisch, saß der freundliche Mann aus der Auswahlkommission; er war der Leiter des Vereins und nannte sich Uli.

Uli begrüßte uns und erklärte, für ein erstes Kennenlernen würden wir heute Kleingruppen bilden, ansonsten träfen wir uns ab jetzt jeden Donnerstag hier, um uns gemeinsam auf das Auslandsjahr vorzubereiten. Während er redete, tippte mir jemand von hinten an die Schulter, es war Franziska. Sie saß mit Roots-Schuhen an den Füßen im Schneidersitz auf ihrem Stuhl und sagte: «Hey.»

«Hey», antwortete ich, «Ja, super. Du auch.»

Sie zeigte mit dem Daumen nach oben. «Sorry, dass ich nach dem Auswahlgespräch nicht mit euch mitgegangen bin, aber ich konnte diesen Typ da echt nicht ab.»

«Nee, klar. Der wurde auch nicht genommen.»

«Hast du denn noch Kontakt mit dem?»

Ich wollte nicht sagen, dass ich ihn erst vor ein paar Tagen angerufen hatte. Warum machte ich so etwas überhaupt? Ich war immer so unkritisch.

«Nee», sagte ich, «aber sonst wäre der ja hier.»

«Der war so ein Turboidiot.»

«Voll.»

Wir wurden in die angekündigten Kleingruppen aufgeteilt, die sich alle in unterschiedlichen Räumen versammeln sollten.

Meine Gruppe traf sich in einem ziemlich großen Zimmer, in dem ein einsamer Stuhlkreis herumstand. Wir waren fünf Schüler und ein Mann und eine Frau, die sich Officer nannten. Die beiden hatten ihren Auslandsaufenthalt schon absolviert und arbeiteten nun ehrenamtlich im Austauschschülerverein mit.

Um die Marschrichtung vorzugeben, machten die beiden Officer den Anfang bei der Vorstellungsrunde. Zuerst redete die Frau. Sie sagte ihren Namen und wie alt sie sei, dann sprach sie über ihre Familie. Offenbar kam sie aus großbürgerlichen Verhältnissen im Bezirk Grunewald und hatte immer die zweite Geige hinter ihrer Schwester gespielt, eine anscheinend sehr hübsche und sehr sportliche Person, genau wie die tennisspielende Mutter. Sie selber war nicht so sportlich und fühlte sich auch sonst der Schwester unterlegen. Dieses Defizit kompensierte sie durch Nahrungsaufnahme, was man sehen konnte.

Dadurch, erzählte sie, sei sie aber nur noch mehr zur Außenseiterin geworden, auch in der Schule. Schließlich war sie dann ein Jahr weg gewesen, in einer anderen Familie und gleichzeitig in einer anderen Kultur, und das sei sehr gut für sie gewesen, denn dadurch habe sie sich vom Druck ihrer Familie etwas lösen und mehr zu sich finden können.

Sie war aber nicht in den USA gewesen, sondern in Ecuador, und jetzt studiere sie Lateinamerikanistik.

Ihre Vorstellung hatte bestimmt zwanzig Minuten gedauert und war sehr persönlich und emotional ausgefallen. Danach sprach der Mann, und er redete sogar noch länger als die Frau. Auch bei ihm ging es im Wesentlichen um die Familie. Nachdem er fertig war, schwiegen wir alle.

Dann sollte jemand von uns über sich berichten. Erst dachte ich, niemand würde sich melden, aber ein schlaksiger Junge namens Fabian sagte Kaugummi kauend, er könne ja mal weitermachen.

Fabian sprach nicht so lange wie die zwei Officer. Sein Thema war ein Unfall, bei dem er sich die linke Hand zerschmettert hatte, weshalb er nun nicht mehr Gitarre spielen konnte. Alle starrten auf seine Hand, die mit weißem Verband umwickelt auf Fabians sorgfältig zerschlissener Jeans ruhte. Das Ganze war eine Katastrophe für ihn, denn er hatte eine Band, die zum Senatsrockwettbewerb eingeladen war, wo er nun nicht dabei sein konnte. Wir konnten alle sehr gut verstehen, dass ihn das frustrierte.

Nach Fabian und vor der Kaffeepause sollte noch jemand drankommen, und es meldete sich Lisa. Lisa, sehr hübsch und sehr selbstbewusst und in teuren Klamotten, sah nicht so aus, als könnte sie Probleme haben. Hatte sie aber trotzdem. Nach ihrem Bericht, in dem mir nicht richtig klar geworden war, was genau jetzt so schrecklich war in ihrem Leben, wirkte sie erschüttert, und während der Kaffeepause nahm Fabian sie tröstend in den Arm.

Bei mir wuchs indessen die Panik vor meinem Auftritt. Mir fiel nichts ein, was ich erzählen konnte, schon gar keine interessanten Probleme. Ich konnte hier nicht sitzen und sagen: «Ich gehe im Großen und Ganzen gern zur Schule, habe keine Geschwister, aber ein paar gute Freundinnen, und im Moment mag ich Frankie Goes to Hollywood.» Das entsprach nicht den Erwartungen und würde allen zeigen, dass ich mich noch nie so richtig mit mir und meiner Identität auseinandergesetzt hatte. Aus lauter Nervosität trank ich eine Tasse Kaffee.

Als wir uns wieder zusammensetzten, hatte Lisa immer noch etwas gerötete Augen, wirkte aber sonst ganz zufrieden. Zu meinem unendlichen Entsetzen nickte der Officer gleich in meine Richtung und sagte: «Mach du doch mal weiter, Ulrike.»

Ich schwitzte Ratlosigkeit und Koffein. «Ich weiß gar nicht, was ich erzählen soll», begann ich. «Ich glaube, ich habe mich noch nicht so richtig intensiv mit meinen Problemen auseinandergesetzt.»

Der Officer nickte verständnisvoll: «Und welche Probleme sind das?»

Ich überlegte. «Weiß ich jetzt nicht.»

«Das ist doch toll. Erzähl uns einfach nur was von dir, Ulrike.»

«Okay», sagte ich und berichtete, dass ich keine Geschwister, aber ein paar gute Freundinnen hätte und dass ich meistens ganz gern zur Schule gehe. Nachdem ich eine Weile ziellos herumgeplappert hatte, sagte ich noch: «Neulich, in der U-Bahn, habe ich mich plötzlich ganz beengt gefühlt in diesem kleinen Waggon so tief unter der Erde. Das war, als ich zu weit gefahren und dann Friedrichstraße ausgestiegen bin, um wieder umzukehren. Und als der Zug dann unterm Osten durch an den Geisterbahnhöfen vorbeigeschlichen ist, wurde mir ganz mulmig.»

Ich war sehr froh, dass mir das noch eingefallen war. Die beiden Officer lächelten freundlich, und die Frau meinte: «Danke, Ulrike. Felix, wie wäre es, wenn du weitermachst?»

Felix hatte Angst vor dem Atomkrieg.

Hinterher ging ich mit Franziska zum U-Bahnhof Zoologischer Garten. An der Treppe schlauchte uns ein blasses Mädchen um Geld an, Franziska gab ihr 50 Pfennig, die sie lose in ihrer Hosentasche hatte.

«Wie war deine Kennenlernrunde?», fragte ich sie.

«Lustig», meinte Franziska.

Von seiner Eröffnung 1957 bis ins Jahr 1990 wird das Amerika-Haus Berlin vom Kultur- und Informationszentrum des United States Information Service betrieben. Nach der Wende, von 1990 bis 2006, ist es dem US-Außenministerium unterstellt und nur noch eingeschränkt zugänglich; auch der «Verein Berliner Austauschschüler» muss ein neues Quartier beziehen. 2006 wird das Haus an die Stadt Berlin zurückgegeben, seither ist die Nutzung unklar. Es gibt allerdings Konzepte zur Gründung eines West-Berlin-Museums.

Den Senatsrockwettbewerb gibt es schon längst nicht mehr.

ZEHLEN-
DORFER
HÄUSER

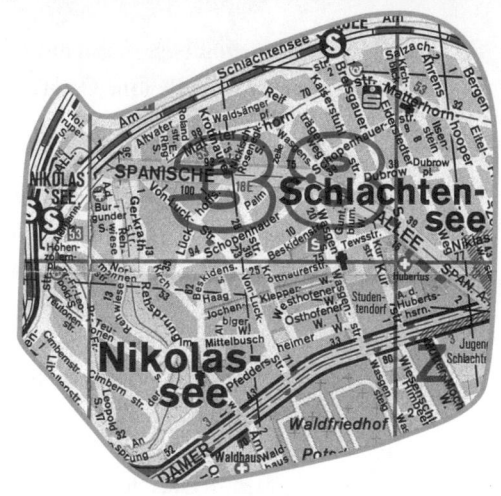

*E*s passierte so dies und das donnerstags im Amerika-
Haus. Manchmal bekamen wir einen Text mit, den wir lesen sollten, manchmal sahen wir auch einen Film. Es ging dabei
um Amerika und amerikanische Geschichte, Deutschland und
deutsche Geschichte, um kulturelle Identität, Fremdheit, Familie.
Die meiste Zeit unterhielten wir uns aber einfach. Man fragte sich
gegenseitig, auf welche Schule man ging, manche kannten sich
auch schon aus der Schule. Wenn ich den Namen meiner Schule
nannte, sahen einige mich komisch an und sagten: «Aha?» Ein
Mädchen fragte: «Glaubst du an Gott, oder was?» Noch nie im
Leben hatte mich jemand gefragt, ob ich an Gott glaubte, also, was
sollte ich jetzt mal eben dazu sagen?

Ein verblüffend großer Teil der Schüler kam aus dem Berliner
Südwesten, aus Zehlendorf, Wilmersdorf und Steglitz, manche
aus Charlottenburg, und an den Wochenenden waren jetzt häufig
Feten, Feiern und Rumsitzabende bei Leuten aus dem Amerika-
Haus. Allein oder mit anderen fuhr ich mit wenig benutzten Bus-
linien durch grüne Villenviertel und saß dann in großen Häusern
mit großen Wohnküchen und interessanten Möbeln oder in weitläufigen Altbauwohnungen mit hohen Bücherwänden. Manch-

213

mal waren Eltern zu sehen, meistens aber nicht. Trotzdem waren sie immer präsent durch ihre Ordnung oder Unordnung, ihre Bücher, die Bilder und Plakate an den Wänden, die Schallplatten und den Krimskrams in den Regalen.

Arthur hatte sich die Haare erst blond und dann grün gefärbt, in der Hoffnung, damit irgendwie aufzufallen oder zu provozieren. Es war allerdings kaum möglich, als Jugendlicher in Berlin aufzufallen, denn es war ja alles schon da. Alle Haarfarben, alle Styles, zur Schau getragenes Kaputtsein genauso wie zur Schau getragenes Adrettsein. Es gab Punker, es gab Popper, Rockabillys und Psychobillys, Waver, Rocker, Gruftis, rechte und linke Skins, Teds, Mods, Ökos, Autonome, schwule Autonome und Macho-Autonome, Lesben, Rastas, Kiffer, Fixer, Verrückte und Freaks in jeder Altersklasse. Zum Glück waren auch die berühmten Wilmersdorfer Witwen noch ausreichend präsent. Ihnen fiel die wichtige Rolle zu, ab und zu doch noch den Kopf zu schütteln und sich zu ereifern über «die Jugend von heute».

Arthur feierte seinen Geburtstag bei sich zu Hause, weit draußen in Nikolassee. Eine U-Bahn-Querverbindung durch den Süden existierte nicht; ich hatte die Wahl, erst mal nach Norden zu fahren, um dann mit der S-Bahn wieder nach Süden zu gelangen, oder mich mit Bussen umständlich nach Westen hindurchzuschlängeln. Ich machte die Bustour, stieg von einer Linie um in die nächste und noch mal in eine andere. Im BVG-Atlas hatte ich die Strecke vorher genau recherchiert.

In Lichterfelde wartete ich auf den 3er-Bus, mit dem ich bis zur Potsdamer Chaussee durchfahren wollte. Die Blätter von den Bäumen lagen schon mehrheitlich unten und taten sich zu braunen Verklumpungen zusammen, die man optisch von der allgegenwärtigen Hundekacke nur schwer unterscheiden konnte. Ich hatte meinen Walkman dabei und hörte eine Mixkassette. Das machte so eine Reise erträglich, das war sogar ganz schön.

Als der Bus kam, stieg ich ein und ging nach oben. Hinten drin saß Fabian, wahrscheinlich auch auf dem Weg zu Arthurs Party. Fabian, der an der Welt litt, weil er derzeit mit seiner Hand nicht Gitarre spielen konnte, und den alle so bewundernswert fanden. Einmal, am Rande des Kennenlernnachmittags, hatte ich ihn gefragt, was für Musik er denn mache mit seiner Band. Daraufhin hatte er verzweifelt an mir vorbeigeguckt und nichts geantwortet.

«Hallo», sagte ich jetzt und setzte mich vorsichtshalber nicht neben, sondern schräg vor ihn. Er sah mich leicht verwirrt an, als müsste er erst einmal überlegen, wer ich sei, dann sagte er auch: «Hallo.» Danach schwiegen wir bis zur nächsten Haltestelle. Weil ich das kaum aushalten konnte, fragte ich schließlich: «Fährst du zu Arthur?»

Fabian überlegte wieder einen Moment oder tat so, als müsste er einen Moment überlegen. «Ja. Zu Arthur.»

Die Strecke dauerte ewig. Wie schön wäre es gewesen, einfach weiter Musik zu hören und dabei Bäume, Häuser und Lichter vorbeirauschen zu lassen. Den Walkman hatte ich aber schnell in meine Tasche gepackt, aus Angst, Fabian könnte nachfragen, was ich da hörte, und es furchtbar finden. So war es natürlich auch furchtbar, und außerdem interessierte sich Fabian wahrscheinlich für nichts weniger als für meine Mixkassette.

Endlich bog der Bus in die Potsdamer Chaussee ein. Fabian sagte, ganz von sich aus: «Nächste isses, ne?» Aber kaum waren wir ausgestiegen, wollte er nach rechts, während ich mir ganz sicher war, dass wir erst ein Stück nach links zu gehen hatten.

«Ich glaube, wir müssen hier lang», meinte ich und zeigte nach links.

Fabian zuckte die Schultern: «Keine Ahnung.»

Es war mir völlig schleierhaft, warum jemand einfach irgendwohin lief, wenn er keine Ahnung hatte, aber das schien zu Fabians Gesamtkonzept zu gehören. Danach ging er halb hinter, halb neben mir, wobei er sich unaufhörlich räusperte. Als ich nach rechts in eine Seitenstraße abbog, rannte er, den Blick immer auf den Boden gerichtet, erst einmal ein paar Meter weiter geradeaus.

«Äh, hier lang», sagte ich schon wieder, und er: «Ach so.»

Wir gingen durch kleine Straßen, über nasses Laub und an Hecken und Jägerzäunen entlang, hinter denen trotz Dunkelheit erkennbar prächtige Häuser standen. Die Straßenführung wurde aber immer krummer, und ich verlor leider die Orientierung. Ich dachte, dann frag ich mal Fabian. Was im Übrigen auch die einzige Möglichkeit war.

«Weißt du, wo wir jetzt hinmüssen?»

Fabian seufzte und ließ theatralisch den Kopf hängen. «Ich dachte, du weißt das.»

«Ich habe gerade etwas die Orientierung verloren.»

«Toll.»

Aktuell befanden wir uns in einer Straße, an der die Häuser sehr imposant auf einer leichten Anhöhe hinter den Umzäunungen thronten, während auf der anderen Straßenseite einfach nur Wiese war. Wortlos ging Fabian ein paar Schritte vor, drückte auf eine Klingel und wartete. Ich stellte mich halb hinter, halb neben ihn und sah hoch zur Tür der alten Villa, aus der jetzt ein großer, gerader alter Mann heraustrat.

«Ja, bitte!», rief er.

«Entschuldigen Sie die Störung», sagte Fabian. «Wir suchen die … äh …» Ich warf die Adresse ein. Der alte Mann streckte den Arm aus, zeigte mit einem fuchtelnden Finger in die Richtung, aus der wir gerade herkamen, und erklärte: «Hier runter. Um die Kurve. Bis zur nächsten Ecke. Dann die erste *links*.» Das «Links» bellte er noch mal besonders heraus. Dann schloss er die Tür. Fabian rief ihm noch ein «Vielen Dank» hinterher.

Arthur wohnte in einem modernen weißen Haus mit flachem Dach; ein Mädchen in einem grünen Kleid und mit genauso grünen Schuhen öffnete uns die Tür. Sie gestikulierte mit der Zigarette in ihrer Hand und sagte: «Arthur ist gerade … ich weiß nicht … vielleicht in der Küche.» Das war eine Begrüßung nach Fabians Geschmack, er blickte auf und fragte das Mädchen nach einer Zigarette. Ich ging ins Haus und stand gleich in einem großen Wohnraum mit schwarzen Ledersofas und hellen Teppichen. Auf den Sofas saßen diverse Leute, die ihre Schuhe neben sich auf den Teppich geworfen hatten, um es sich im Schneidersitz bequem zu machen.

«Heeeey!», rief einer und umarmte mich zur Begrüßung wie seine allerbeste Freundin.

«Hey», sagte ich und strahlte eifrig zurück.

«In der Küche sind voll geile Salate!» Damit war er dann auch schon wieder weg.

In der Küche lehnte Arthur an der Spüle. Um ihn herum stapelte sich benutztes Geschirr, dazwischen standen Salatschüsseln, Baguettebrot, Käsestücke, Weintrauben und Leute mit Tellern und Gläsern in der Hand.

«Hallo», sagte ich, und Arthur: «Heeey, schön, dass du gekommen bist, nimm dir einfach, was du brauchst.»

Früher als die meisten machte ich mich irgendwann wieder auf den umständlichen Rückweg.

Lied der Wilmersdorfer Witwen aus dem Grips-Theater-Musical *Linie 1* von 1986:
Wir Wilmersdorfer Witwen verteidigen Berlin,
sonst wär'n wir längst schon russisch, chaotisch und grün.
Was nach uns kommt, ist Schiete,
denn wir sind die Elite.

MESSEHALLEN
AM FUNKTURM

*M*eine Oma brauchte sehr lange, bis sie es an die Tür geschafft hatte. Ich war seit ein paar Wochen nicht mehr zu Besuch gewesen, aber meine Mutter hatte mir schon erzählt, dass es ihr in letzter Zeit schlechter ging. Ich stand oben vor der Wohnungstür neben der letzten Treppe, die zum Dachboden führte, und hörte, wie sie von weitem «Mo-ment» rief und «Komme ja schon!». Schließlich öffnete sie mir. Kein Wunder, dass sie so lange gebraucht hatte, sie konnte fast gar nicht mehr gehen. Ich brachte sie zurück ins Bett und holte mir in der Küche ein Glas Wasser, damit setzte ich mich zu ihr.

«Trinkst du wieder ein olles Wasser!», sagte sie.

«Wie geht's?», fragte ich.

«Ach, der olle Fuß.» Oma guckte durch ihre dicken Brillengläser zum Fenster hinaus. Über den Hinterhof sah man auf Neuköllner Dächer.

«Kommst du von der Schule, ja?»

«Genau.»

Sie schnappte kurz nach Luft, der Fuß schmerzte. Es tat mir leid, dass ich sie zur Tür geklingelt hatte, dadurch war es bestimmt schlimmer geworden.

«Na ja. Haben wir ja schon bald wieder Weihnachten.»

Die alte Wohnung mit der bettlägerigen Oma hatte etwas Geisterhaftes, wie man da im Schlafzimmer saß und das Wohnzimmer eigentlich nicht mehr betreten musste. Zwischendrin ging ich doch noch mal rüber in die Stube, einfach nur um dort gewesen zu sein. Ich trat kurz raus auf den Balkon, fröstelte und ging wieder rein. Die große Holzuhr auf dem Schrank tickte so laut, wie sie immer getickt hatte, die Dielen knarrten an denselben Stellen, an denen sie immer geknarrt hatten.

Aus dem Alter, in dem man die Weihnachtsgeschenke selber bastelt, war ich langsam herausgewachsen. Andererseits war das Taschengeldbudget nicht so, dass ich richtig gute Geschenke hätte kaufen können, zumindest nicht für Erwachsene, die ihr eigenes Geld hatten. Trotzdem machte ich nach dem Besuch bei Oma einen Stopp bei Karstadt am Hermannplatz, weil ich noch Weihnachtsgeschenke brauchte. Eine Weile irrte ich durchs Kaufhaus, bis ich dringend auf Toilette musste.

Auf der Suche nach den Kundentoiletten kam ich an der Ausstellungsfläche mit dem Weihnachtstinnef vorbei, den ich mir ohne großes Interesse ansah, bis ich vor einer Reihe kleiner plüschiger Schneemänner stand und einen von denen in die Hand nahm. Der Schneemann hatte unten am Bauch einen gelben Punkt mit der Aufschrift «PRESS». Ich drückte PRESS, und der kleine plüschige Schneemann begann zu singen. Dabei wackelte er mit dem Kopf und ruderte mit seinen Stummelärmchen. Das war unfassbar bescheuert. Ich drückte noch ein weiteres Mal. In der Hand hielt der Schneemann ein Schild aus Filz mit der Aufschrift *Let It Snow*. Das Schild war falsch herum angebracht, sodass man es kaum lesen konnte, und wenn der Schneemann singend mit den Ärmchen ruderte, haute er sich das Schild gegen den Kopf. Ich drückte abermals den Knopf. Wieder zappelte der Schneemann in meiner Hand wie ein kleines, pelziges Tierchen, und dabei sang er eifrig die drei Weihnachtslieder, die er halt konnte. Ich stellte ihn zurück ins Regal, nahm einen anderen Schneemann gleicher Bauart in die Hand und drückte erneut PRESS. Nun musste ich wirklich sehr dringend zur Toilette und machte mich schnell davon.

Während ich am Waschbecken stand und mir die Hände wusch, fühlte ich immer noch das kleine weiche Gezappel darin, wie einen Phantomschmerz. Ich ging zurück zum Regal mit den lächerlichen Schneemännern. Meinen ersten Schneemann erkannte ich sofort wieder, er hatte einen flacheren Hinterkopf als die anderen, und seine Augen waren etwas zu dicht beieinander angeklebt worden. Ich nahm ihn, drückte nochmals seinen Knopf und trug ihn zur Kasse.

Für meine Mutter hatte ich jetzt ein wunderbares Geschenk.

Früher waren wir in der Adventszeit immer zum Indoor-Weihnachtsmarkt in den Messehallen am Funkturm gefahren, in denen unendlich viel Kinderunterhaltung geboten wurde. Man konnte backen, Wände bemalen, hüpfen, Karussell fahren, Puppentheater angucken und neue Spiele ausprobieren, die noch gar nicht auf dem Markt waren. In einer Halle gab es eine Ausstellung mit Krippen aus aller Welt, in einer anderen fuhren ausschließlich Modelleisenbahnen.

Trotz des riesigen Angebots war das Wichtigste beim Weihnachtsmarkt in den Messehallen, dass man einen dieser silbernen Heliumballons mit sich herumtrug, der magisch und glänzend in der Luft schwebte, nur durch ein buntes Geschenkband mit dem Handgelenk verbunden. Wenn man ihn berührte, knisterte die dünne Folie, und einen speziellen Geruch hatte er auch. Der Feind der schönen Ballons war die schiere Höhe der Messehallen. Hielt man seinen Ballon nicht gut fest oder löste er sich vom Handgelenk, segelte er grausam lange Richtung Decke mit seinem Geschenkbandschwanz und klebte dann da, traurig und unerreichbar fern an den kalten Metallstreben. Ein furchtbarer Anblick.

Meine Mutter freute sich sehr über den kleinen singenden Zappelschneemann. Er wurde zum Grundstein einer ganzen Sammlung singender Weihnachtsgimmicks.

Der riesige Weihnachtsmarkt unterm Funkturm, der die Hälfte der Messehallen belegte, existierte bis 1983. An seine Stelle tritt von 1984 an der Weihnachtsmarkt an der Gedächtniskirche.

GRENZÜBER-GANG FRIEDRICH-STRASSE

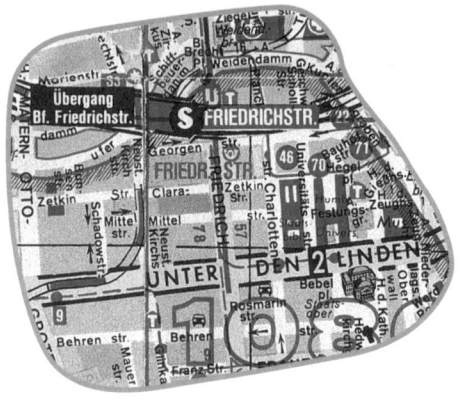

*D*as Gründungsjahr der Stadt Berlin auf 1237 zu datieren erschien mir nach den Erklärungen im Geschichtsunterricht nicht vollkommen schlüssig, trotzdem wurde 1987 zum großen Jubeljahr der 750-Jahre-Berlin-Feiern erkoren. Systemübergreifend in West und Ost, wie man las. Der Winter scherte sich nicht darum, er war eiskalt, und an einem Tag im Januar krachten auf dem vereisten Mariendorfer Damm überall die Autos ineinander. Ein paar Tage später durften gar keine privaten Pkws fahren, es gab den ersten Smog-Alarm seit Jahren. Die öffentlichen Verkehrsmittel waren an diesem Tag deutlich voller als sonst. Es schneite wieder und wieder, und alle freuten sich, als er endlich weg war, der Winter.

Auf den Straßen, in öffentlichen Gebäuden und in allen Geschäften tauchte jetzt das 750-Jahre-Berlin-Logo auf, ein Quadrat, bestehend aus vier Unterquadraten. Im ersten Quadrat befand sich ein rotes Dreieck, im zweiten eine blaue Kurve, im dritten ein gelber Kreis und im vierten die Inschrift «750 Jahre Berlin 1987». T-Shirts, Tassen, Taschen, Fähnchen, Aufkleber, Poster und Notizblöcke wurden mit dem Logo bedruckt. Wir nahmen das so am Rande zur Kenntnis.

Interessanter war, dass es jetzt im Radio einen neuen Sender gab, der weder zum SFB noch zum RIAS gehörte. Der erste Vorbote des Privatradios. Eigentlich waren es sogar zwei neue Sender, die sich aber eine Frequenz teilen mussten. Tagsüber lief der Privatsender Hundert,6, der damit genauso hieß wie die Frequenz. Hundert,6 spielte keine besonders tolle Musik und war auch sonst nicht dazu geeignet, mich von den Jugendwellen RIAS 2 und SFB 2 wegzulocken.

Um 19 Uhr allerdings beendete Hundert,6 vorläufig das Programm, und zwar immer mit der Nationalhymne. Kaum war sie zu Ende, wurde ihr Nachklang mit einer Klospülung entsorgt. Die Klospülung war das Signal zum Sendebeginn von Radio 100, dem Chaotensender. So nannten ihn jedenfalls die Leute, die gern Hundert,6 hörten. Radio 100 hatte nur vier Stunden Sendezeit, von 19 bis 23 Uhr. In der ersten Stunde liefen meistens Berichte auf Kurdisch, Türkisch oder Polnisch, von denen man nur etwas hatte, wenn man Kurdisch, Türkisch oder Polnisch sprach, aber danach ging es drei Stunden lang sensationell ungewöhnlich zu. Die Moderatoren sprachen ungeschliffen, fielen sich gegenseitig ins Wort, bekamen Lach- und Hustenanfälle und spielten an Musik einfach das, was sie persönlich gut fanden, egal ob es neu war oder alt und in den Charts oder nicht. Um 23 Uhr, zur Sendeübergabe an Radio Hundert,6, wurde ein achtzehnstündiges Pausensignal angekündigt.

Ein paar Leute vom Amerika-Haus hörten auch gern das neue Radio 100, und wir unterhielten uns darüber, als wir an Pfingsten alle mit der U-Bahn zur Friedrichstraße fuhren, zum gemeinsamen Ost-Berlin-Ausflug, dem ersten in meinem Leben. Ich hatte im Büro für Besuchs- und Reiseangelegenheiten im Forum Steglitz den Antrag für ein Tagesvisum gestellt. Das Büro für Besuchs- und Reiseangelegenheiten (BfBR) war eine der wenigen Institutionen im Forum Steglitz, die ich nie zuvor betreten hatte. Es ähnelte den polizeilichen Meldestellen, wo man ebenfalls mit ausgefüllten Formularen in auf totalen Reizentzug ausgelegten Räumen und Fluren herumsaß, um irgendwann von den Schergen undurchsichtiger Instanzen Stempel und Papiere zu bekommen, die erforderlich waren für irgendwas. Erst hatte ich im BfBR meinen (gebührenpflichtigen) «Antrag auf Einreise in die DDR» abzugeben, danach musste ich noch einmal hin, um den «Berechtigungsschein für den Empfang eines Visums» abzuholen, zusammen mit anderen Zetteln, die noch auszufüllen waren, damit ich das berechtigte Visum nun auch empfangen konnte.

Ich fragte mich, wie die DDR-Bürger, die dort arbeiteten, jeden Tag dahin und abends wieder zurück über die Mauer kamen und ob sie in ihren Arbeitspausen Gelegenheit hatten, durch die kapitalistische Warenwelt im Forum Steglitz zu stromern, ob sie sich mal einen Pulli bei Jean Pascale kauften oder eine Hose bei Wit Boy. Oder ob dort nur ausgewähltes Personal arbeitete, das dem Konsumterror des Westens zutiefst ablehnend gegenüberstand. Ich hätte fragen können, aber man hätte mir wahrscheinlich sowieso keine aufschlussreiche Antwort gegeben. Und dann vielleicht auch keinen Visumsberechtigungsschein ausgestellt.

Wir stiegen Friedrichstraße aus und folgten den Anzeigen zur Einreise in die DDR. «Bürger Berlin West» stand auf einem Leuchtschild, «Über Bstg. B». Wir gingen Treppen hinauf und dann durch einen langen unterirdischen Tunnel, in dem von unten die Schritte hallten und von oben die Leuchtstoffröhren surrten, wie sie nur im Osten surren konnten. Wir sagten alle nicht mehr viel, ebenso wenig wie die anderen Leute, die auch nach Ost-Berlin wollten. Schließlich gelangten wir treppab wieder auf einen Bahnhof, diesmal S-Bahn. Den S-Bahnhof mussten wir ganz durchqueren, danach ging es wieder ein paar Treppenabsätze hoch, und durch ein Labyrinth aus furnierten Stellwänden gelangten wir zum eigentlichen Grenzübergang.

Noch um eine Ecke mussten wir biegen, hin zu den Kontrollkabinen für «Bürger Berlin (West)». Dort stellten wir uns an. Ich hatte überhaupt keinen Überblick mehr, in welchem Teil des Bahnhofs ich hier eigentlich stand und überhaupt. Vor mir verschwand einer nach dem anderen durch eine der schmalen Türen, bis ich schließlich selber in die Kontrollkabine eintrat. Sie war lang und eng und beherbergte einen erhöht hinter einem Glasfenster sitzenden Grenzpolizisten. Den grüßte ich, wie es die Konventionen des zivilen Miteinanders so vorsehen, obwohl das zivile Miteinander hier schon nicht mehr vorhanden war, denn einer von uns war nicht in Zivil.

Durch eine Öffnung schob ich ihm die erforderlichen Papiere für die Einreise in die Hauptstadt der DDR hindurch, meinen behelfsmäßigen Berliner Personalausweis, den «Berechtigungsschein für den Empfang eines Visums», eine Zollerklärung sowie Wasweißichnichtwasnoch. Der Grenzer sah sich das alles an. Er sah auch mich an und verglich mich mit dem Bild, das in meinem Ausweis war und auf dem ich viel kürzere Haare hatte als jetzt. Dann guckte er hinter mich, und zwar nach oben. Ich drehte mich, seinem Blick folgend, auch in diese Richtung und entdeckte den langen schmalen, schräg aufgehängten Spiegel, der die Kabine in ihrer ganzen Länge abdeckte. Guckte der, was ich mit den Händen machte? Was für Schuhe ich anhatte?

Wie zum Abschluss jeder ordentlichen Kinderpost kritzelte der Mann noch etwas und stempelte hier und stempelte da. Dann schob er mir meine Papiere zurück, darunter das Tagesvisum. Es summte laut, die Tür öffnete sich, der Mann sprach einen freundlichen Gruß. Ich trat aus der Kabine, und die Tür krachte hinter mir zu.

Die meinten es ganz schön ernst mit ihrer übertriebenen Grenze.

Ein paar Holzfurniermeter weiter musste ich mein Geld umtauschen, 25 Deutsche Mark in 25 Ostmark. Eine Frau kontrollierte meinen geblümten Rucksack, danach ging es noch einmal um eine Nadelöhrkurve, und dann, nach einem kurzen Durchgang und ein paar vergleichsweise harmlosen Absperrvorrichtungen, stand ich endlich in Berlin (Ost).

Das Grundgesetz weist Berlin (West) nach der deutschen Teilung als Bundesland der BRD aus; dieser Status ist nach dem Viermächteabkommen aber nicht offiziell anerkannt. Berlin hat deshalb keine Stimmrechte in Bundestag und Bundesrat, die Berliner wählen nicht mit bei den Bundestagswahlen und besitzen anstelle eines normalen Ausweises der Bundesrepublik nur einen «behelfsmäßigen Personalausweis», der seinen Inhaber zwar als deutschen Staatsangehörigen ausweist, aber nicht die Bezeichnung «Bundesrepublik Deutschland» und auch keinen Bundesadler trägt.

Während Ausländer und echte Bundesbürger mit echten Ausweisen spontan nach Ost-Berlin reisen können, müssen die Berliner vorher umständliche Antrags- und Genehmigungsprozeduren durchlaufen.

Radio 100 wechselt irgendwann die Frequenz, von 100,6 nach 103,4 MHz, und geht bald Vollzeit auf Sendung. Der «erste linksalternative Privatsender» ist eine wichtige Plattform für die DDR-Bürgerrechtsbewegung im West-Berliner Exil. In der regelmäßigen Sendung «Radio Glasnost» werden auf Kassette eingeschmuggelte Tondokumente von Regimekritikern gesendet, wird über oppositionelle Veranstaltungen berichtet und Musik von in der DDR unerwünschten Bands gespielt. 1991 geht Radio 100 in die Insolvenz.

OST-BERLIN, ALEXANDER-PLATZ

*E*in paar Meter weiter um die Ecke fanden wir vor dem Tränenpalast wieder zusammen und hörten Uli zu, der uns erklärte, wir würden nun alle ins Zeughaus gehen und danach könnte jeder den Tag so verbringen, wie er wolle. Vor Mitternacht müssten wir die DDR aber wieder verlassen haben mit unserem Tagesvisum.

«Und wenn man erst nach Mitternacht auscheckt?», fragte einer.

«Probier es nicht aus», sagte Uli.

«Ja, aber was passiert dann?»

«Dann verwandeln sich hier alle in Vampire und Werwölfe.»

Er zeigte uns am Tränenpalast den Ausgang nach Westen, danach gingen wir durch die Friedrichstraße, die es zum Teil ja auch bei uns gab. Unter den Linden bogen wir nach links ein. Einige kannten das alles schon, andere bestaunten die seltsame Szenerie. Ich gehörte zu den Staunenden. Unter den Linden war als Geschäftsstraße angelegt, trotzdem gab es keinen Laden, in dem ich etwas hätte kaufen wollen. Da war mal ein Reisebüro für Reisen nach Ungarn und mal ein Geschäft mit Uhren und eins mit hässlichen Taschen. Die Geschäfte waren groß, hoch und ziemlich leer. Wenn ich mich umdrehte, lag weit hinter all den Lindenbäumen das Brandenburger Tor von der anderen Seite, und auf der gegenüberliegenden Straßenseite sah ich die Staatsoper, an der mein Großvater früher gearbeitet und den Weihnachtsbaum geschmückt hatte, solange er das noch durfte.

Im Zeughaus war das Museum für Deutsche Geschichte untergebracht, dort sahen wir uns in der Ausstellung «40 Jahre sozialistisches Vaterland DDR» die auf dieser Seite der Mauer offiziell herrschende Interpretation vom Lauf der Dinge an, was einige absurd fanden, während andere kühl behaupteten, die Darstellung von Geschichte sei doch überall ideologisch gefärbt.

Am Ausgang schärfte Uli uns ein letztes Mal ein, rechtzeitig auszureisen und vorher um Himmels willen nicht den Ausweis oder das Visum zu verlieren. Anschließend zersplitterte sich alles in kleine Grüppchen und zerstob in unterschiedliche Richtungen. Franziska wollte eine Buchhandlung suchen. Ich hatte vorher den Tipp bekommen, dass es am Alexanderplatz eine größere Buchhandlung geben solle, in der man unter anderem auch die guten Klaviernoten der Edition Peters für einen Bruchteil des West-Preises kaufen konnte. Irgendwie mussten wir unsere Ostmark ja loswerden, wieder mit rausnehmen durfte man das Geld nicht. Wir gingen also zum Alexanderplatz, Franziska und ich, außerdem Paula und Diana. Franziska und Paula kannten sich von der Schule, wo sie in Parallelklassen gingen, und Diana war die Einzige, die bei mir in der Nähe wohnte, weshalb wir oft zusammen zu den Treffen und wieder zurück fuhren. Sie hatte den Fehler begangen, sich etwas zu auffällig anzuziehen für den Ost-Ausflug mit ihrer ziemlich bunten Hose. Ein paar ältere Leute starrten uns unverfroren an. Eine Frau blieb stehen und schüttelte demonstrativ den Kopf, und ein Mann beschimpfte uns sogar. Hier war das Erregen von Aufmerksamkeit noch ganz einfach.

Der Alexanderplatz war verdammt weitläufig. Wir gingen an der Weltzeituhr vorbei und an dem Centrum-Kaufhaus, das so aussah, als hätte man eine riesige Häkeldecke darübergelegt, so eine aus dickem, weichem Plastik, und fanden schließlich die Buchhandlung, die wir gesucht hatten. Ich kaufte mir eine Klaviernotensammlung und eine Ausgabe von Cervantes' *Don Quichotte*. Ein paar Mark wurde ich dabei los. Diana hatte die großartige Idee, anschließend auf den Fernsehturm zu fahren. Daran hatte bislang noch keiner gedacht, obwohl es so naheliegend war. Was könnte man in Ost-Berlin Besseres tun, als sich mal selbst da hochzubegeben, in diese rätselhafte goldene Kugel, die man auch im Westen immerzu sehen konnte, um von dort aus runterzugucken auf das ganze Berlin, West und Ost, mitsamt Mauer durch die Mitte.

Leider wurde nichts daraus. Vor dem Fernsehturm stand eine irrsinnig lange Schlange, Wartezeit mindestens zwei Stunden. Wir liefen also eine Weile ziellos herum und setzten uns dann in eine Kneipe, in der alle rauchten und Bier tranken und wo nichts beschönigt wurde, weder am Sozialismus noch sonst irgendetwas. Als nach ziemlich langer Zeit jemand an unseren Tisch kam, bestellten wir Fassbrause und Käsebrote, und während wir auf unsere Getränke warteten, guckte ein junger Mann, nur ein paar Jahre älter als wir, vom Nebentisch zu uns rüber.

«Wo seitern her?», fragte er schließlich.

«Aus'm Westen», antwortete Paula.

«Ja, dit seh ick, aber woher?»

«Berlin», sagte ich.

«Schön. Jut jehts euch. Könnta mal hier so rüberkomm, wa.»

«Wenn man sich ein Visum besorgt hat.»

«Ick weeß. Wat habta euch so anjekiekt?»

«Wir waren im Zeughaus.»

Der Mann lachte sich kaputt. «Na großartich!»

Wir erhielten unsere Lieferung Fassbrause und Käsebrote.

«Ick jeh heute wieder rufen», sagte der Mann.

«Was rufst du denn?», fragte Franziska.

«Am Brandenburger Tor.» Der Mann machte eine Kunstpause. «Da treffenwa uns und rufen, dass die Mauer wegsoll.»

«Im Ernst?»

«Mein voller Ernst. Hamwa jestern schon jemacht. Ma sehn, wat heute passiert.»

Wir kauten auf unseren Broten herum.

«Was ist denn gestern passiert?», fragte Franziska.

«Na, noch nich so viel. David Bowie hamwa jehört, wa. ‹Heroes›. Hat er uns jewidmet.»

Vor dem Reichstag lief gerade das dreitägige «Concert for Berlin» mit David Bowie, den Eurythmics, Genesis und was weiß ich noch wem. Angeblich waren die Boxen so aufgestellt, dass man die Musik auch jenseits, beziehungsweise diesseits, der Mauer gut hören konnte, und offenbar stimmte das.

«Das ist ja spannend», meinte Paula.

«Und warum seid ihr da nich? Bei dem Konzert? Ick würd da sofort hinjehn, wenn ick könnte.»

«Zu teuer», sagte Diana.

Der Mann lachte wieder los. Er freute sich über diesen Aspekt ausgleichender Gerechtigkeit. «Jaaaa», rief er, «dit is denn wieder der Kapitalismus, wa!» Er trank sein Bier aus, dann stand er auf, gab jeder von uns die Hand, sagte: «Allet Jute noch. Grüßt mir West-Berlin», und ging.

Wir bezahlten unsere Rechnung, wurden dabei aber leider nur sehr wenig Geld los, zusammen keine fünf Mark. Wo wir jetzt hinwollten, war völlig klar: Wir wollten zum Brandenburger Tor.

Wir irrten ein wenig desorientiert durch Straßen mit braungrauen, bröckeligen Häusern und sehr wenigen Autos, bis wir wieder die Straße Unter den Linden gefunden hatten. Es war erst später Nachmittag, deshalb trödelten wir in Richtung Westen. Diana zog mit ihrer Hose noch immer Blicke auf uns.

Beim Spazierengehen stellte sich heraus, dass alle außer mir schon Post von ihren amerikanischen Gastfamilien erhalten hatten und jetzt ein bisschen mehr darüber wussten, was sie demnächst erwartete. Diana hatte das große Los mit einer offenbar sehr coolen Familie in Kalifornien gezogen, Franziska ging nach Vermont und Paula nach Florida. Ich war bislang nur einer Region zugeordnet worden, bestehend aus den Midwest-Staaten Minnesota, North und South Dakota, Iowa und Nebraska. Das war die Region, in die keiner wollte.

Schon weit vor dem Brandenburger Tor verdichteten sich die Zeichen, dass unser Mann in der Kneipe keinen Stuss geredet hatte. Überall sahen wir Volkspolizisten, je näher am Tor, desto höher die Vopo-Dichte. Irgendwann kamen wir gar nicht mehr weiter, zwei Polizisten stellten sich uns in den Weg: «Bitte, kehren Sie um.»

«Wir wollen zum Brandenburger Tor», sagte Paula, aber die Vopos meinten, das sei momentan nicht möglich.

«Warum nicht?», fragte Franziska.

«Bitte kehren Sie um», wiederholten die Polizisten und zeigten mit ausgestrecktem Arm in die andere Richtung.

Wir machten kehrt, und Franziska seufzte: «Schon ein bisschen anstrengend hier.»

Ich drehte mich noch einmal um. Über Ost-Berlin lagen graue Wolken, im Westen schien die Sonne.

Am 6. Juni 1987 steht David Bowie beim ersten von zwei Abenden des «Concert for Berlin» auf der Bühne vor dem Reichstagsgebäude in West-Berlin und verliest auf Deutsch eine Botschaft: «Wir schicken unsere besten Wünsche an all unsere Freunde, die auf der anderen Seite der Mauer sind.» Danach singt er «Heroes», ein Lied, das er zehn Jahre zuvor in Berlin komponiert und aufgenommen hat. Auf der anderen Seite der Mauer haben sich junge Leute versammelt, um die Musik zu hören. Es kommt zu ersten Zusammenstößen mit der Polizei und der Nationalen Volksarmee. Am zweiten Abend, an dem unter anderem die Band Genesis und die Eurythmics spielen, werden die Krawalle lauter und die Zwischenfälle heftiger; es gibt Festnahmen.

Der sogenannte Tränenpalast (eigentlich: «Grenzübergangs-stelle Bahnhof Berlin Friedrichstraße») wird ein Jahr nach dem Mauerbau am Grenzübergang Bahnhof Friedrichstraße errich-tet. Im Inneren der Halle finden die Grenzkontrollen für Aus-reisende von Ost- nach West-Berlin statt. Der Grenzübergang Friedrichstraße ist nur mit S- und U-Bahnen zu erreichen. Ab 1991 wird der Tränenpalast als Veranstaltungsort für Konzerte, Shows und Tanzabende genutzt. 2006 muss der Betrieb ein-gestellt werden, nachdem der Berliner Senat das Grundstück verkauft hat. Der Tränenpalast steht unter Denkmalschutz, unmittelbar neben der Halle wird jedoch 2009 ein neuer Büro-komplex, das Spreedreieck, fertig gestellt.

Im September 2011 wird im Tränenpalast die ständige Aus-stellung «GrenzErfahrungen. Alltag der deutschen Teilung» eröffnet, in der man sich unter anderem die Original-Abferti-gungskabinen ansehen kann.

BRANDEN-
BURGER TOR

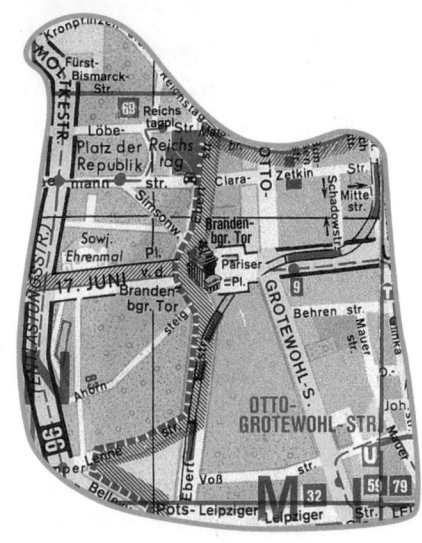

*M*ein restliches Geld hatte ich unauffällig in einer Blu-
menrabatte liegen lassen, etwas Besseres war mir leider nicht eingefallen. Jetzt saß ich mit Diana in der U6 nach Mariendorf. Wir waren ziemlich alle, und es fühlte sich seltsam an,
einfach so wieder im Westen zu sein, in einer komplett anderen
Welt.

Am Abend sah ich zusammen mit meiner Mutter die Nachrichten. «Auseinandersetzungen zwischen Jugendlichen und der
Volkspolizei nahe am Brandenburger Tor in Ost-Berlin» war die
Topmeldung. Man sah, wie einem Kameramann sein Aufnahme-
gerät aus der Hand geschlagen wurde, während die Leute «Die
Mauer muss weg!» und «Gorbi! Gorbi!» riefen. Es war überhaupt
keine geordnete Demonstration von im Demonstrieren geübten
Demonstranten. Es wirkte eher, als hätten sich ein paar Leute zu
einer Art Mutprobe verabredet, die darin bestand, verbotene Sachen zu krakeelen. Der Mann in der Kneipe hatte schließlich auch
nicht gesagt, er gehe demonstrieren, er sagte ja bereits, er gehe
«rufen».

Ein paar Tage später traf ich Diana in der U-Bahn, um abermals zum Brandenburger Tor zu fahren, diesmal westseitig. Alle im «Verein Berliner Austauschschüler» hatten Einladungen bekommen, um unter den geladenen Gästen bei der Rede von Ronald Reagan dabei zu sein. Das hatte für Kontroversen gesorgt. Einige wollten hingehen, andere wollten lieber an den Demonstrationen gegen Reagan teilnehmen. Man müsse doch kein Fan von Reagan sein, um sich das anzusehen, wenn man die einmalige Möglichkeit dazu habe, sagten die einen. Man werde medial automatisch dem Jubelvolk zugeschlagen, wenn man da teilnehme, meinten die anderen. Kein Einziger vertrat die Ansicht, man sollte zum Brandenburger Tor fahren, um Ronald Reagan zuzujubeln. Und wir waren immerhin alles Leute, die bald für ein ganzes Jahr in die USA ziehen wollten. Reagan war wirklich verdammt unpopulär. Die amerikanischen Sicherheitsbehörden, die sich im Vorfeld zweifellos eingehende Gedanken darum gemacht hatten, wer in die hochsensible Zone um das Rednerpult des Präsidenten eingeladen werden sollte, verbanden offenbar andere Vorstellungen mit unserem Verein. Gleichwohl waren wir völlig harmlos – selbst diejenigen aus unserer Gruppe, die zu den Anti-Reagan-Kundgebungen gehen wollten, verfielen nicht auf die Idee, ihre persönliche Einladung für Störaktionen bei der Rede des Präsidenten zu nutzen.

Ich zögerte mit meiner Entscheidung. Hingehen oder nicht? Einerseits war ich neugierig auf das Drumherum eines historischen Events, andererseits wollte ich auch nicht fälschlicherweise zu den Jublern gezählt werden, erst recht nicht hinterher in den Nachrichten. Franziska sagte, sie werde hingehen. Bei ihr hatte ich eher damit gerechnet, dass sie anders entscheiden würde. Diana sagte ebenfalls, sie ginge hin. Okay, dachte ich mir, gehe ich also auch.

Allzu intensiv wurden wir nicht kontrolliert. Man guckte in unsere Taschen und checkte die Einladungen. Deutsche und amerikanische Fähnchen wurden verteilt, wir nahmen sie ohne die Absicht, damit in der Luft herumzuwinken, wie man es bei den albernen Paraden im Osten machen musste (nur niemals mit amerikanischen Fähnchen). Diana und ich trafen auf niemanden, den wir kannten, dafür war es dann doch zu voll. Wir hielten uns ganz am Rand ziemlich weit hinten versteckt, während Ronald Reagan mit seiner Haartolle, seiner Frau, unserem Bundeskanzler Helmut Kohl und dessen Frau die schwarz-rot-gelb behangene Tribüne betrat. Dahinter war eine Sicherheitswand aufgestellt, die nur dort, wo Reagan stand, ein Fenster aus bestimmt bombensicherem Panzerglas hatte, durch das man die Mauer und das Brandenburger Tor sehen konnte.

Der Präsident begann zu reden, und in der Menge wurde es ruhig. Am Anfang sagte er irgendwas über Kennedy, und dann redete er so weiter. Nachdem wir Reagan einen Moment lang zugehört hatten, kamen Diana und ich noch einmal auf Ost-Berlin und den Typ aus der Kneipe zu sprechen und auf all die anderen Dinge, die wir hinterher über die Rufer und ihre Zusammenstöße mit der Polizei gehört hatten. Diana meinte außerdem zu wissen, dass ganz Kreuzberg heute wegen der Anti-Reagan-Proteste abgeriegelt wäre, was ich mir aber kaum vorstellen konnte.

«Quatsch», sagte ich.

«Doch, echt», meinte Diana. «Hat mein Stiefbruder erzählt. Da wurde schon letzte Nacht alles dicht gemacht.»

«Was der immer erzählt.»

Dianas Stiefbruder stand in Kontakt zur Kreuzberger Hausbesetzer-Szene und versorgte Diana von dort mit allerlei Geschichten, bei denen ich manchmal nicht genau wusste, wie glaubhaft sie waren. Diana klimperte mit ihren grünen Augen und bestand darauf, Kreuzberg sei abgeriegelt. Weiter vorn applaudierten die Leute und wedelten mit ihren Fähnchen herum, offenbar hatte Reagan irgendetwas gesagt, etwas historisch sehr Bedeutsames wahrscheinlich. Wir guckten wieder nach vorn. Reagan redete noch ein bisschen, dann war die Veranstaltung auch schon zu Ende.

An der Moltkestraße stiegen wir in einen Bus, der durch die John-Foster-Dulles-Allee und an der Siegessäule vorbei zum Zoo fuhr. Überall war Polizei, die Stimmung war äußerst angespannt.

Auch an diesem Abend konnte ich in den Nachrichten noch einmal sehen, was ich tagsüber erlebt und teilweise verpasst hatte. Zum Beispiel wie Ronald Reagan gerufen hatte: «Mr. Gorbachev, tear down this wall!» Genau wie die Jugendlichen auf der anderen Seite ein paar Tage vor ihm. Nur auf Englisch. Dann hieß es, Zehntausende Berliner hätten dem Präsidenten vor dem Brandenburger Tor zugejubelt, und dabei hatten sie auch Diana und mich eingerechnet, obwohl wir das Jubeln vermieden hatten. Weiter wurde gemeldet, es habe auch Proteste gegeben und Krawalle in der Innenstadt, wie schon am Tag zuvor.

Auf Radio 100 wurde atemlos darüber berichtet, dass ganz Kreuzberg abgeriegelt sei.

Bevor der amtierende US-Präsident Ronald Reagan anlässlich der 750-Jahr-Feier 1987 zu einem Besuch nach Berlin kommt, gibt es Unstimmigkeiten zwischen dem amerikanischen Planungsstab und dem Berliner Senat über den Ort, an dem Reagan seine große öffentliche Rede halten soll. Im US-Außenministerium begeistert man sich dafür, dass der Präsident vor der symbolträchtigen Kulisse des Brandenburger Tors spricht, das auf Ost-Berliner Gebiet direkt an der Mauer steht. In Berlin befürchtet man, diese Provokation könnte das Verhältnis zu Ost-Berlin belasten und sensible Verhandlungsprozesse torpedieren. Schließlich muss sich der Berliner Senat dem Willen des Weißen Hauses beugen, und Reagan hält seine Berliner Rede am 12. Juni 1987 vor 40 000 geladenen Gästen am Brandenburger Tor.

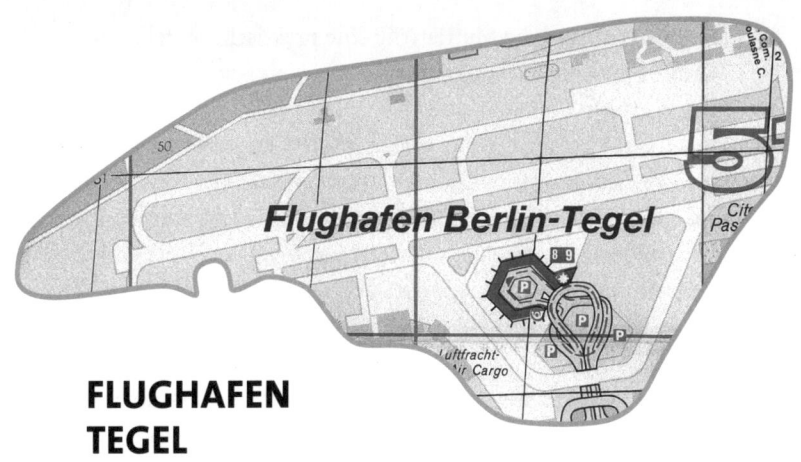

Flughafen Berlin-Tegel

FLUGHAFEN TEGEL

*K*aum gab es mal ein, zwei wärmere Sommertage, taumelten die Neuntklässler nach der Schule gleich hormonell überdreht in die Freibäder. Zu Hause öffnete ich zuerst das Fenster und dann den Brief aus Amerika, den ich gerade aus dem Postkasten geholt hatte. Vom Sommerbad am Ankogelweg wehten die vertrauten Planschgeräusche zu mir herein.

Meine Gastfamilie hieß schlicht und ergreifend Wood, und sie wohnten in Minnesota, in einem kleinen Ort namens Quimby. Der Vater, Walter Wood, war bei einer Versicherung, die Mutter, Gloria Wood, arbeitete als Sekretärin, so wie meine Mutter auch. Sie hatten zwei Töchter, eine in meinem Alter und eine dreizehnjährige. Die jüngere hieß Tina und mochte Filme und Leichtathletik, die ältere hieß Kelly und interessierte sich für Filme und Volleyball. Sie waren aktiv in der katholischen Gemeinde. Auf dem beiliegenden Foto sahen die Woods sehr freundlich aus. Gloria und Walter Wood waren auf jeden Fall älter als meine Eltern. Walter und die ältere Tochter Kelly trugen Brillen, und zwar ziemlich große. Die kleinere Tina hatte ein breites Grinsen und viele Sommersprossen, und die Mutter trug eine praktische Kurzhaarfrisur. Mutter und Töchter hatten alle die gleichen Schuhe aus weißem Leinen an den Füßen.

Ich rief Silke an, die nur mäßig interessiert wirkte. Überhaupt hatte sie sich innerlich schon ein bisschen von mir verabschiedet und orientierte sich momentan stärker an Nicole. Meine Mutter aber wollte alles haarklein übersetzt haben, als sie von der Arbeit kam, und sah sich lange das Foto an.

«Die sehen ja ausgesprochen nett aus», sagte sie. «Nicht wie Plastik-Amis.»

Trotzdem war sie traurig. «Jetzt gehst du also wirklich weg. Hoffentlich sind die da nett zu dir, in diesem Quimby.»

Der letzte Schultag war keine große Sache. Es klingelte, Kinder stürzten bescheuert vor Glück aus dem Schulgebäude, und wir schlenderten durch die Passage zur U-Bahn. Es war ja nicht so, dass ich nicht wiederkommen würde, außerdem hatte ich noch fünf Wochen Ferien in Berlin vor mir. In diesen ging ich mit Holger ins Kino, mit Silke ins Schwimmbad, es gab eine Fete mit Übernachten bei Nicole, Johnnys Geburtstagsfeier und diverse, leicht überspannte Abschiedsfeiern von angehenden Austausch- schülern auf dem Sprung nach anderswo.

Auf dem riesigen Parkplatz vor der Deutschlandhalle war ein ebenso riesiges Zirkuszelt aufgebaut, aber nicht für Zirkus- vorstellungen, sondern zum Tanzen. Es nannte sich «Die Macht der Nacht» und unterschied sich schon in der Dimension von allem, was ich bislang gesehen hatte. Ich war mit Holger und sei- nen üblichen Kumpels dort. Mariola war dabei, zusammen mit einer polnischen Freundin, die ähnlich exaltiert war wie sie selbst. Franziska und ein paar andere wollten auch noch da hinkommen an diesem Abend.

Die Musik war ganz anders in diesem Zelt. Kaum bekannte Songs, und alles mit einem schnellen und geraden Beat, der auf die meisten hier drin eine leicht euphorisierende Wirkung auszuüben schien. Einzelne fingen an, auf die großen Boxentürme zu steigen und dort oben zu tanzen, zum Beispiel Mariola und ihre Freundin, und weil Mariola da oben so sichtbar und exponiert war, fanden sich nach und nach noch mehr bekannte Gesichter zu ihren Füßen ein. Unter anderem Georg Hacke mal wieder.

Ich dachte: Was soll's, ich bin ja bald weg, und unter dieser Prämisse gelang es mir, Georg einfach mal anzulachen, so ganz direkt. Georg lachte zurück und rief in mein Ohr: «Du bist bald weg, hab ich gehört.»

«Im August.»

«Schade! Aber schön für dich.»

So einfach war das. Viel Geplauder war in diesem Inferno sowieso nicht drin, also verlegten wir uns aufs Nebeneinander-stehen mit minimalen Tanzbewegungen. Dann brüllte mir von hinten jemand ins Ohr.

«Hey! Wir sind da drüben.» Das war Paula.

Ich ging mit ihr mit, um irgendwo am anderen Ende des Zeltes Franziska zu begrüßen. Eine Weile stand ich da mit Paula, Franziska und deren Freunden herum, dann wurde ich unruhig und wollte zurück dahin, wo Georg Hacke war. Leider war ich mir aber nicht mehr sicher, von wo genau ich hergekommen war, auch sah ich Mariola nicht mehr auf einer Box tanzen. Ich drängelte mich durchs unübersichtliche Gewühl. Die Sichtverhältnisse wurden durch immer mehr Nebel und Stroboskop verschlechtert, und am Ende fand ich niemanden mehr wieder, weder Holger noch Georg noch Franziska. Ich verließ das Zirkuszelt, vor dem die Leute jetzt Schlange standen, um hineinzugelangen, und machte mich im dunklen Niemandsland der Jafféstraße auf die Suche nach dem Nachtbus.

An einem Donnerstag im August holte mein Vater meine Mutter und mich zu Hause in Mariendorf ab. Gemeinsam luden wir meine beiden schweren Koffer ins Auto und fuhren zum Flughafen Tegel, einmal durch die ganze Stadt, von Süden nach Norden.

«Tja, nu isses so weit», sagte meine Mutter.

«Mannomann», sagte mein Vater.

Aus dem Autofenster sah ich mir das Berlin an, wie es sich an diesem Sommermorgen routiniert aufmachte in den Tag: Leute an Bushaltestellen, Müllautos, Taxifahrer mit dem Ellenbogen aus dem Fenster raus, Bäume an den Straßen, Grünstreifen, Ampeln, Apotheken, Bäckereien, die Stadtautobahn.

Danach sechseckiger Flughafen, Abschied, Pan-Am-Maschine nach Frankfurt.

Am Abend saßen Franziska und ich mit einer Tüte Chips auf dem Bett eines Hotelzimmers am John F. Kennedy Airport in New York und sahen in der Ferne die Skyline von Manhattan leuchten, als wäre sie nicht ganz real. Jetzt war ich wirklich sehr weit weg von Berlin.

Wir hatten Glück gehabt mit dem Anschlussflug ab Frankfurt, denn die Maschine war überbucht, wie auch immer so etwas passieren konnte. Aus diesem Grund wurden Leute von der Economy-Class in die Business-Class gesetzt, Franziska und ich zumindest. Franziska war während des Fluges ein paar Mal aufgestanden und zu den anderen nach hinten gegangen, aber ich hatte mich kaum von meinem Platz bewegt. Das lag vor allem an dem Fisch. Ich hatte einen Riesenhunger gehabt, und als das Essen kam, gab es Fisch. Ich wusste, dass ich Fisch nicht gut vertrage. Es roch aber köstlich, und etwas anderes würde es in den nächsten Stunden nicht mehr geben. Vorsichtig schnitt ich in den Fisch hinein und kostete ein Stück. Es schmeckte ausgezeichnet, und ich aß den ganzen Fisch auf, geradezu gierig.

Eine Stunde später wurde mir übel. Franziska war eingeschlafen, die Stewardessen hatten die Blenden an den Fenstern überall heruntergezogen, es war dunkel. Ich saß auf der Fensterseite und musste über Franziska klettern, dann wankte ich zur Toilette, übergab mich und war für den Rest des Fluges völlig fertig. Als wir in New York landeten, mussten wir unser schweres Gepäck abholen und zu dem Bus schleppen, der uns ins Hotel bringen sollte. Gepäck für ein ganzes Jahr. Sommersachen, Wintersachen, Übergangssachen. Fotos, ein paar Kassetten, Gastgeschenke. Ich dachte, gleich breche ich zusammen.

Aber jetzt saßen wir hier, mit Chips und Manhattan-Skyline. Vorhin, als wir auf dem Weg in unser Zimmer aus dem Hotelfahrstuhl gestiegen waren, lag da ein in viereckige Folie eingeschweißtes Haargummi auf dem Boden. Es war einer Frau aus der Handtasche gefallen, als sie sich ein Bonbon herausgeholt hatte. Ich hob es auf und wollte es ihr hinterhertragen, aber Franziska hielt mich fest und meinte: «Lass mal, das ist doch peinlich.»

«Wieso?», meinte ich. «Die hat ein Haargummi verloren.»

Franziska schüttelte den Kopf. «Das ist doch ein Kondom.»

Irgendwie hatte ich es bislang geschafft, hinter dem Mond zu leben.

Am nächsten Tag, nach einem weiteren Flug, diesmal von New York nach Minneapolis, saß ich auf dem Rücksitz eines Autos der Marke Oldsmobile, eine Automarke, von der ich noch nie etwas gehört hatte, und fuhr durch eine Landschaft, die ich nie gesehen hatte. Weit und flach und voll riesiger Monokulturfelder mit Mais und Soja. Hin und wieder kamen wir an einer Ortschaft mit einer Tankstelle und ein bis zwei Imbissrestaurants namens Taco Bell oder Wendy's vorbei. Jetzt war ich noch weiter weg von Berlin.

Gelegentlich stellte mir jemand eine Frage, die immer mit «So» begann. «So, how was your stop in New York?» Meistens musste ich sie darum bitten, die Frage zu wiederholen, dann kramte ich in meinem Schulenglisch nach Worten, dann war es wieder still im äußerst geräumigen Oldsmobile. Wenn sie im Auto untereinander redeten, verstand ich fast nichts, und was da an Landschaft an meinen Augen vorbeizog, hatte eine unerwartet bedrückende

Wirkung. Ich hatte überhaupt keine mentale Kategorie für die Einordnung solch monumentaler Ödnis. Wenn alle Sinne Fremdartiges melden und ringsherum gibt es nur Maisfelder, Himmel und eine unendliche, gerade Straße, dann weiß man, wie sich Verlorenheit anfühlt. Hätte mir zu diesem Zeitpunkt jemand angeboten, auf der Stelle wieder nach Hause zu fliegen, ich hätte nicht gezögert.

Meine Uhr zeigte die alte Zeit: in Berlin wurde es Abend.

1974 wird der Flughafen Berlin-Tegel eröffnet und löst damit den Flughafen Tempelhof als wichtigsten Verkehrsflughafen in West-Berlin ab. Aufgrund des Viermächteabkommens über Berlin dürfen ausschließlich Fluglinien der West-Alliierten in Tegel starten und landen. Das sind vor allem die Pan Am, die Air France und die British Airways. 2013 soll Tegel als Flughafen geschlossen und der gesamte Flugverkehr vom neuen Airport Berlin-Brandenburg übernommen werden, wenn er denn fertiggestellt ist.

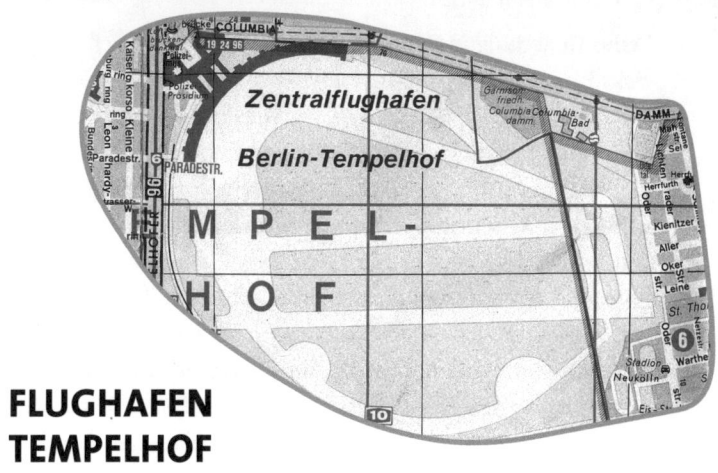

FLUGHAFEN TEMPELHOF

*S*chon in der zweiten Woche hatte ich Post von Heike. Sie schrieb, dass in Berlin alles so sei wie immer. In der Schule müssten sie jetzt Profilfächer wählen und Klausuren schreiben. Sie wollte wissen, wie die Jungs so seien in Amerika, und dann kam sie zu ihrem Hauptanliegen, nämlich dass sie ganz dringend die Pille bräuchte. Sie sei jetzt seit über einem Jahr mit Gerald zusammen, aber traute sich nicht, ihre Mutter wegen der Pille zu fragen.

«Das bleibt aber unter uns, o.k.?», schrieb sie. «Bloß nicht Silke oder Anja davon schreiben, o.k.? Keine Ahnung, wie die darüber denken. Bei Nicole weiß ich nicht. Aber ihr auch nichts davon schreiben, o.k.? Bitte, behalte das wirklich für dich!!! Es geht ja auch niemanden etwas an, finde ich. Aber ich glaube, du kannst mich ganz gut verstehen, und außerdem bist du gerade weit weg. Und sonst? Na ja, Samstag ist schulfrei, puh. Anja hat sich eine Dauerwelle machen lassen, sieht so aus wie schon mal.»

Ich setzte mich gleich hin und schrieb ihr zurück, dass sie wegen der Pille einfach zum Arzt gehen könne, da bräuchte sie keine Genehmigung von den Eltern. Das wusste ich von Franziska.

Dann hatte ich Geburtstag. Ich wurde siebzehn in einem Ort, der Quimby hieß, weniger als tausend Einwohner hatte und eine kleine Poststation, einen Gemischtwarenladen, eine Videothek und einen Friseur auf der Main Street. Die Häuser in Quimby waren aus Holz, und es gab keine Zäune, nur den einen um das Sportfeld herum, das gleich hinter unserem Haus lag. Meine Gastschwestern legten sich auch in den Ferien früh schlafen, Kelly, die ältere, noch früher als Tina, die jüngere. Wenn Kelly morgens aufstand, ging sie ins Bad, schmierte sich erstaunliche Mengen Make-up ins Gesicht und stylte sich die Haare so ähnlich wie Hannelore Kohl.

Als ich an meinem Geburtstag morgens in die Küche trat, stand auf dem Esstisch ein Kuchen und ein Paket von meiner Mutter, auf dem noch ein Brief von Nicole lag. Ich riss das Paket auf, während Tina danebensaß und sehr gespannt verfolgte, was man als deutsches Mädchen zum siebzehnten Geburtstag bekommt. Es gab Parfüm («Loulou» von Cacharel) eine neue Swatch-Uhr, zwei Tüten Gummibärchen und eine Tüte Colaflaschen. Die Uhr war genau die, die ich mir gewünscht hatte. Tina fragte, ob sie ein Gummibärchen probieren dürfe. Ich riss erst die Gummibärchentüte auf, dann den Umschlag von meiner Mutter.

Sie schrieb, neben allen möglichen Glückwünschen, dass es gestern auf dem Tempelhofer Flughafen zur 750-Jahr-Feier ein bombastisches japanisches Feuerwerk gegeben habe. Ganz Berlin hätte sich nach Tempelhof geschoben, der Verkehr sei zusammengebrochen und sie sei schließlich mit Tante Evi und Onkel Bobby auf der Stadtautobahn stecken geblieben, die kurz darauf auch gesperrt wurde, weil alle Leute ihre Wagen verließen, um von der Autobahnbrücke aus das Feuerwerk zu sehen. «Es war wohl das größte Feuerwerk, das es in Europa jemals gegeben hat, und ich kann das nur bestätigen.»

In Berlin war weiterhin alles spektakulär und das Größte. Sie machten einfach weiter mit ihrer Superlativkultur, auch ohne mich.

Ich erzählte Kelly und Tina von dem Feuerwerk, aber so richtig schienen sie mir das mit der Größe nicht zu glauben. Sie dachten wohl, das sei reine Prahlerei, beziehungsweise dachten sie, vielleicht sei das ja ein großes Feuerwerk für europäische Verhältnisse, aber hier in Amerika gäbe es garantiert die allergrößten Feuerwerke. Amerika, musste ich feststellen, war von eigenen Superlativen noch überzeugter als Berlin. Und während man in Berlin amerikanische Präsidenten, amerikanische Volksfeste, amerikanische Kommandanten und amerikanische Sektoren kannte, wusste man in Amerika noch nicht einmal genau, wo Berlin überhaupt ist.

Nicole schickte eine Geburtstagskarte, auf die sie ein paar Sätze gekritzelt hatte: «Schule absolut stressig gerade. Was noch? Heike trägt neuerdings Cowboystiefel, und Samstag ist mal wieder Dominicus-Fete nach langer Flaute. Und sonst passiert absolut NICHTS.»

Mit Kelly und Tina aß ich ein Stück von dem Geburtstagskuchen, den die Gasteltern für mich besorgt hatten. Er war mit einer vanilligen weißen Creme überzogen. Fete in Dominicus, wie gern wäre ich da hingegangen. Bestimmt wurde viel getanzt. Hier hieß es nicht Fete und auch nicht Party, sondern «Dance», und der erste Dance, bei dem ich gleich in der ersten Woche nach meiner Ankunft in Quimby war, ließ nichts Gutes ahnen. Getanzt wurde nämlich gar nicht beim Dance, wie auch, zu der beknackten Musik. Zu Bon Jovi und Poison kann man doch nicht tanzen. Dabei kam Prince aus Minnesota. Sie hatten Prince und tanzten zu Bon Jovi!

Der Kuchen mit seiner weißen Vanillecreme machte mich ganz süchtig. Immer wieder holte ich mir noch ein kleines Stück, das ich mir direkt in den Mund stopfte. Dabei hoffte ich, keiner würde merken, dass ich im Laufe des Tages den halben Kuchen alleine aufgegessen hatte.

Als einer der ersten Verkehrsflughäfen in Deutschland nimmt Berlin-Tempelhof im Jahr 1923 den Flugbetrieb auf. In den dreißiger Jahren entsteht nach Plänen des Architekten Ernst Sagebiel der noch heute bestehende Monumentalbau, der bei seiner Fertigstellung 1941 das größte Gebäude der Welt ist. Nach dem Zweiten Weltkrieg wird Tempelhof amerikanischer Militärstützpunkt; 1948 ist der Flughafen bei der Blockade West-Berlins von großer Bedeutung für die Versorgung der Stadt durch die sogenannte Berliner Luftbrücke. Später ist er phasenweise für den zivilen Luftverkehr geöffnet, vor allem aber strömen die Berliner einmal im Jahr zum «Tag der offenen Tür» aufs Flugfeld, unter anderem, um die «Rosinenbomber» zu sehen, jene Flugzeuge, die während der Blockade Lebensmittel in die Stadt brachten.

1993 übergibt die U.S. Air Force den Flughafen wieder an die Stadt Berlin. Der Flughafenbetrieb wird 2008 komplett eingestellt, im Mai 2010 wird das Tempelhofer Feld, so wie es ist, zur freien Nutzung für die Bevölkerung geöffnet. Die zukünftige Gestaltung des Areals ist umstritten.

CORBUSIERHAUS UND OLYMPIA- STADION

$\mathcal{D}$ ie Erfahrung mit den miesen Feten teilten auch die anderen Austauschschüler. Arthur, der in Colorado gelandet war, schrieb mir: «Die Partys hier sind wirklich das ALLERALLERALLERLETZTE. Da kann ich dir nur zustimmen.»

Ich stellte die neue Swatch auf meine amerikanische Zeitzone ein. Die kleinere, alte Swatch aber stellte ich wieder auf Berliner Zeit, und so trug ich beide Uhren nebeneinander am linken Handgelenk.

Viel später, als ich längst zurück in Berlin war, wurde ich die neue Uhr wieder los. Das war an einem Tag, an dem ich Franziska im Corbusierhaus besuchte. Vorübergehend hatte sie in dem Hochhaus am Olympiastadion die Wohnung einer Bekannten übernommen. Es war eine ziemliche Anreise dorthin. Zuerst fuhr ich mit der U-Bahn zum Theodor-Heuss-Platz, in dessen Mitte, als Mahnmal gegen Vertreibung, auf einem Podest eine ewige Flamme brannte. Vom Theodor-Heuss-Platz musste man mit dem Bus weiter über die Heerstraße Richtung Westend bis zur

Reichssportfeldstraße und ging dann von dort aus bergan direkt aufs Olympiastadion zu.

Als Kind war ich einmal beim Katholikentag im Olympiastadion gewesen und dann nie mehr, bis Silke und ich in den Sommerferien nach der achten Klasse die Idee hatten, da mal hinzufahren. Wir wussten nicht genau, ob man überhaupt reinkäme in das Stadion, aber wir wollten es versuchen. Wir reisten mit der U-Bahn an und gingen dann in der Sommerhitze über den menschenleeren Olympischen Platz. Es gab nicht viele Orte in der Stadt, an denen man eine so große plane Fläche einfach für sich hatte. Vielleicht gar keinen anderen.

Silke sagte: «Ich muss unbedingt rennen.» Dann rannten wir beide im Zickzack über den Platz, um etwas zu machen mit all der Fläche.

Das Haupttor unter den olympischen Ringen stand offen. Wir gingen hindurch, spazierten durch die pompösen Außengänge mit den Fackelhaltern an den Pfeilern und schließlich ins Stadion hinein, wo sich noch einmal ein riesiger Raum auftat, den wir wieder ganz für uns hatten, 90 000 freie Sitzplätze. So allein konnte man sich selten fühlen, so weit sehen auch nicht; aber vor allem war es der stillste Ort unter freiem Himmel überhaupt. Mitten im Grunewald war es lauter, da knackten Äste, sangen Vögel und irgendwo rief immer einer seinen Hund. Hier im Olympiastadion waren wir uns nicht mehr sicher, ob es überhaupt noch andere Menschen gab auf dem Planeten.

Eine Weile saßen wir so da und ließen uns davon beeindrucken, dann gingen wir wieder durchs Haupttor hinaus auf den Olympischen Platz und von dort aus ins Sommerbad am Olympiastadion. Die Badeanzüge trugen wir schon unter den Kleidern.

Auf dem Weg zu Franziska kam ich nun aber von der Heerstraße, denn ich wollte ja nicht zum Stadion. Auf halber Strecke ging nach rechts eine Steintreppe ab, die in ein kleines Kiefernwäldchen führte, hinter dem sich das monolithische Corbusierhaus trotz seiner Größe gut versteckt hielt. Das Gebäude stand auf Betonpfeilern, durch die der Wind hindurchjagte, und ich beeilte mich, durch die automatische Glastür ins Foyer zu gelangen, wo es einen sehr kleinen Supermarkt und eine noch kleinere Post gab. Mit einem der drei Fahrstühle fuhr ich hoch zu Franziska, die in einer Einzimmerwohnung in der neunten «Straße» wohnte, wie die Etagen im Corbusierhaus hießen. Neben mir stand eine Frau, die auf meine Swatch guckte und sagte: «Darf ich Sie was fragen? Ich sammle nämlich Swatch-Uhren, und genau die da fehlt mir noch!»

Der Fahrstuhl hielt an der siebten Straße, aber die Frau stieg nicht aus, obwohl sie die Sieben gedrückt hatte. Sie blieb im Fahrstuhl stehen und bot mir 60 Mark für meine Swatch.

«Das ist für mich leider Quatsch», entgegnete ich, «weil ich mir hinterher ja eine neue kaufen muss für 65 Mark, da würde ich ja Geld verlieren.»

«Stimmt», meinte die Frau. «Also 65 Mark.»

«Wissen Sie, ich will eigentlich keine neue. Ich find meine schön.»

Die Frau stieg mit mir in der neunten Straße aus und bot mir siebzig Mark. Ich sagte: «Achtzig.»

Wir stiegen wieder in den Fahrstuhl und fuhren nochmals hinunter zur siebten Straße, wo die Frau wohnte. Die Flure im Corbusierhaus waren nicht besonders schön, sehr lang und fensterlos. Wir blieben schließlich vor einer Tür stehen, sie schloss auf und sagte: «Kommse ruhig rein.»

Kaum war ich durch die hässliche Tür und aus dem hässlichen Flur raus, stand ich in einer wahnsinnig schicken und hellen Maisonette-Wohnung mit großer Fensterfront und amerikanischer Wohnküche. Die Frau sauste die Treppe runter und kehrte mit ein paar Geldscheinen zurück.

«Hier, gucken Sie, da sammle ich die Uhren.» Sie zeigte mir einen weißen Vitrinenschrank, in dem tatsächlich haufenweise

Swatch-Uhren aufgestellt waren. Ich nahm meine vom Handgelenk und gab sie ihr. Die Frau lächelte selig, sagte: «Die bekommt einen schönen Platz!», und erbrachte damit den Beweis, dass man mit Uhren noch wesentlich unsinnigere Dinge tun konnte, als zwei davon am selben Handgelenk zu tragen.

Ich ging die siebte Straße entlang und fuhr wieder hinauf zur neunten Straße. Diesmal standen drei italienische Architekturstudenten im Fahrstuhl, die mich auf Englisch fragten, ob ich hier wohne, sie würden nämlich gern mal eine der Wohnungen von innen sehen. Ich nahm sie mit zu Franziska.

In Quimby, Minnesota, trug ich also zwei Uhren am Arm und erhielt den nächsten Brief von Heike. Sie bedankte sich für meinen Rat in Sachen Pille, schrieb aber auch, dass sie jetzt doch Nicole davon erzählt habe. Und Anja wüsste das jetzt ebenfalls und würde sie gut verstehen. Allerdings wüsste sie nicht mehr so genau, ob sie überhaupt noch mit Gerald zusammen sein wolle, vielleicht sollte sie lieber Schluss machen, sie finde ja zum Beispiel Georg Hacke gerade ganz süß. Das solle ich aber bitte um Gottes willen für mich behalten.

Ich schrieb ihr schnell zurück, sie solle sich besser nicht von Gerald trennen.

Außerdem bekam ich an diesem Tag noch Post von Sabine Breck, die ich aus dem Amerika-Haus kannte und die zu den wenigen gehörte, die ebenfalls in meiner Region gestrandet waren, im Staate South Dakota. Vorher hatte ich nie viel mit Sabine Breck zu tun gehabt, aber nun schrieb sie mir:

«Hi! Wie geht's DIR denn so, von wegen Culture Shock und Familie und so??? Ich find's ganz O.K. (inzwischen). Minnesota ist rechts von mir, richtig? Sind ja fast alle anderen in Kalifornien. Voll fies. Das ist ein absoluter Scheißbrief, wirf ihn bitte weg! Meine Gastschwester hat mich zum Friseur gezerrt, ich habe jetzt eine Dauerwelle. Na ja, hab mich dran gewöhnt. Also, wie gesagt, ein blöder Brief, ist auch nur zur Kontaktaufnahme gedacht (d. h.: bitte antworten!!!). Mach's gut, viele Grüße, Sabine»

Später kamen noch zwei Mädchen aus der Nachbarschaft zu Besuch. Brenda wohnte direkt nebenan, Tara gegenüber. Ich war allein im Haus und freute mich sehr. Zusammen sahen wir uns das Jahrbuch aus ihrem letzten Schuljahr an, und sie erklärten mir, wer nett sei und wer ein *Jerk*. Dann ging es auch noch ums Wetter. Als Tara den Wetterbericht aus dem Radio erwähnte, fragte sie vorsichtig nach, ob mir Radiogeräte bekannt seien. Brenda lachte sich scheckig, und Tara schämte sich. Sie hätte eben vorsichtshalber lieber fragen wollen, sagte sie.

Danach machten wir uns zusammen auf zum Popcornstand an der Main Street. Dort gab es Popcorn und Limo zu kaufen, und als wir ankamen, standen schon drei andere freundliche Schüler der Quimby Highschool mit einer Tüte Popcorn und je einer Dose 7 Up dort herum. Das wird jetzt also mein neuer Hangout, dachte ich, und die Idee gefiel mir gut. Einfach zum Popcornstand gehen, und da trifft man dann immer ein paar Leute. Genau so hatte ich sie mir vorgestellt, die schönen Seiten des dörflichen Lebens. Und die drei Gleichaltrigen freuten sich ihrerseits über mich, für sie war ich ein neues Gesicht und hatte einen lustigen Akzent. Es wurde eine frische Tüte Popcorn geordert. Ein quirliges Mädchen mit Dauerwelle (natürlich, alle hatten ja Dauerwelle) spendierte mir eine Büchse 7 Up. Neben 7 Up gab es noch Mountain Dew, Mello Yello, Dr. Pepper und Pepsi, und der Oberbegriff für das, was man bei uns gemeinhin Limonade nennt, war hier *Pop*. Ich wurde gefragt, wo ich her sei, und ich antwortete: «From Berlin, Germany.»

«Is that in Europe?»

Die kleine Runde löste sich noch vor 20 Uhr auf. Brenda, Tara und ich liefen im hellen Abendlicht am Sportfeld vorbei nach Hause. Die breiten geraden Straßen waren leer, es war warm, der Himmel riesig, und plötzlich hatte ich fast kein Heimweh mehr.

Walter und Gloria Wood räumten gerade den Geschirrspüler leer, als ich die Wohnküche betrat und Gloria mich fragte, wo ich denn gerade herkäme. Ich sei mit Brenda und Tara am Popcornstand gewesen, sagte ich. Gloria meinte, sie sehe es nicht gern, dass ich da hinginge. Ich fragte noch mal nach, denn ich dachte: Ach, sicher so ein Missverständnis, ich habe mich wohl komisch ausgedrückt in meinem Schulenglisch. Ich war doch nur am Popcornstand, mit anderen Schülern, Popcorn essen, Pop trinken. Es gibt zudem gar nichts anderes, was man machen könnte, abends, hier im Dorf.

Es lag aber kein Missverständnis vor. Sie hätten es ihren Töchtern nicht erlaubt, am Popcornstand rumzuhängen, sagte Gloria, und das gelte nun auch für mich. Als ich ratlos dastand, zwischen Tür und Geschirrspüler, hob Walter Wood hinter dem Rücken seiner Frau entschuldigend die Hände, mischte sich da aber lieber nicht ein.

Ich dachte an die Möglichkeit, bei irgendeiner Gelegenheit coole Verwandte oder gern auch Nicht-Verwandte aus Kalifornien kennenzulernen, die mir anbieten würden, meinen Wohnort zu ihnen zu verlegen, damit ich etwas sähe von Amerika.

Das Berliner Olympiastadion wird anlässlich der Olympischen Sommerspiele 1936 nach Plänen des Architekten Werner March erbaut. Zur Fußball-Weltmeisterschaft 1974 wird es teilüberdacht und für die WM 2006 von Grund auf umgebaut und modernisiert. Es fasst seitdem rund 74 000 Zuschauer.

1957 findet in Berlin die Internationale Bauausstellung «Interbau» statt, für die vor allem das Hansaviertel in Tiergarten gebaut wird, aber auch, nach Plänen des Schweizer Architekten Le Corbusier und in unmittelbarer Nähe zum Olympiastadion, das Corbusierhaus. Mit 530 Wohnungen auf siebzehn Geschossen ist es bis heute das größte Wohngebäude der Stadt. Die Straße zwischen Heerstraße und Olympiastadion, an der das Corbu- sierhaus steht, wird 1997 von «Reichssportfeldstraße» in «Fla- towallee» umbenannt.

MADE IN
BERLIN

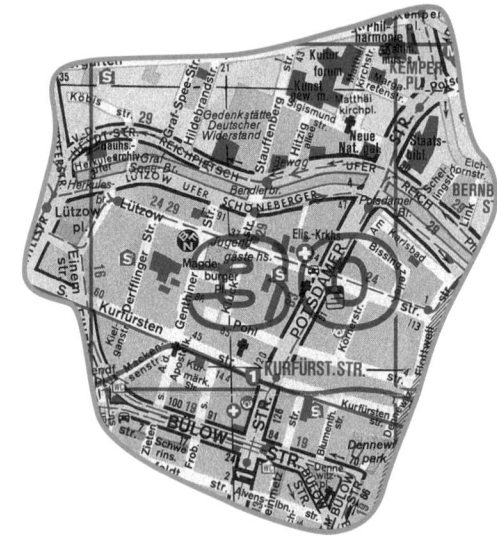

*E*in paar Dinge waren merkwürdig überrepräsentiert in diesem winzigen Kaff, in dem ich nun lebte. Zum einen gab es sieben Kirchen verschiedener Glaubensrichtungen, und zum anderen drei Austauschschüler. Das Kirchengewirr ließ sich kulturell und historisch bestimmt erklären, die hohe Gastschülerdichte jedoch war einzig auf Susan Jaeger zurückzuführen, die äußerst umtriebige ortsansässige Repräsentantin unserer internationalen Austauschorganisation. Susan selber nahm jedes Jahr eine Austauschschülerin in ihre Familie auf, nun schon seit acht Jahren in Folge. In diesem Jahr war es Rosanna aus Venezuela. Daneben hatte sie für das Schuljahr zwei weitere Familien als Gastgeber rekrutieren können: Die Andersons hatten einen Belgier namens Étienne aufgenommen, und den Woods hatte sie mich aufgeschwatzt.

Am zweiten Wochenende nach meiner Ankunft, kurz vor Schulbeginn, lud Susan Jaeger Étienne und mich zu einem Abendessen in ihr Haus ein. Susan und ihr Mann waren äußerst freundliche Leute und merklich erfahren im Umgang mit Gastschülern, doch Rosanna war trotzdem voller Heimweh. Sie konnte auch kaum Englisch. Étienne war ein höflicher, schmaler Junge mit feinen Händen und sehr korrekten Tischmanieren, und sein Englisch war ebenfalls unter aller Sau. Er kannte mehr Wörter als Rosanna, aber sein Akzent war so stark, dass man ihn kaum verstand. Für ihn sei es wichtig gewesen, eine Familie mit Klavier im Haus zu finden, damit er während seines Auslandsjahrs regelmäßig üben könne. Das erzählte Susan, und Étienne nickte. Dann legte er los, er habe seinen Eltern versprechen müssen, täglich zu üben, denn nur unter dieser Bedingung hätten sie ihm erlaubt, in die USA zu kommen, und das auch nur für das halbe Schuljahr, sein Vater sei grundsätzlich dagegen gewesen, er sei Museumsdirektor und sehr konservativ, aber sein Bruder habe im letzten Jahr heftig gegen den Vater rebelliert, wovon er nun profitiere, sonst hätte das sicher niemals geklappt mit einem Auslandsaufenthalt, und dazu noch in Amerika, der Vater habe gemeint, wenn schon, dann England, doch die Mutter habe ihn schließlich unterstützt in seinem Wunsch, und jetzt sei er also hier.

Étiennes plötzlicher Redeschwall war etwas anstrengend gewesen in seinem unverständlichen Englisch. Danach war er gleich wieder ganz verhalten und stocherte mit großem Interesse in dem Süßkartoffelbrei auf seinem Teller.

Am ersten Schultag begrüßte Mr. Lindahl, Lehrer für Wirtschafts- und Sozialkunde, die neue *Senior Class*. Besonders begrüßte er Rosanna, Étienne und mich als die neuen, wie er sagte, *Aliens* an der Schule und klärte uns vor der gesamten Klasse darüber auf, dass wir uns keine Illusionen darüber machen sollten, hier mehr zu lernen als ein bisschen umgangssprachliches Midwest-Englisch, das dem schönen und erhabenen britischen Original weithin unterlegen sei. Jedes Jahr hätten sie hier ein paar Aliens an der Quimby Highschool, aus Europa, Japan, Australien und Südamerika, und jedes Jahr müsse er sich vor den Aliens schämen für die unfassbare Dummheit der amerikanischen Teenager. Also bitte, sagte er, es tue ihm persönlich sehr leid, aber die Schule sei hier so, mit all diesem lächerlichen Mickey-Mouse-Stuff wie *Homecoming* und ständigen Sportveranstaltungen. Da müssten wir jetzt durch. Aber danach könnten wir ja wieder zurück in unsere angenehmen Länder mit den guten Schulen, während er selber hier festhänge in diesem kläglichen Sumpf der Ignoranz.

Mr. Lindahl redete schnell und lief dabei nervös hin und her. Er war klein und schmal, trug eine große Brille und taubenblaue Polyesterhosen aus den siebziger Jahren. Den Kopf hielt er etwas schief, und manchmal stotterte er. Niemand sagte etwas zu seiner Ansprache. Alle kritzelten gelangweilt in ihren Heften, guckten höchstens ein bisschen amüsiert und kauten Kaugummi. Das war die erste Schulstunde in Amerika.

Bei den Woods hatte ich Post von Tante Evi, die mir schrieb, alle hätten schon den Brief zu lesen bekommen, den ich meiner Oma geschickt hatte, auch den Nachbarn und der Pflegerin habe sie ihn schon gezeigt. Weiter las ich, dass Mbuyi sich gerade einen alten Männerhut bei *Made in Berlin* gekauft hätte, weil das momentan chic sei. Made in Berlin war ein großes Secondhand-Geschäft an der Potsdamer Straße, in dem ich kurz vor meiner Abreise einmal mit Nicole gewesen war. Ich hatte mir dort ein silbergraues Herrenjackett gekauft. Nicole fand den Laden doof. Auch meine Mutter war wenig begeistert von meinem Neuerwerb, sie bestand darauf, das Jackett, das sie «oll» und «speckig» fand, zuerst einmal in die Reinigung zu geben, und dann war es vor meinem Abflug ganz zufällig noch nicht fertig zum Abholen. Ich hatte sie gebeten, es mir nachzuschicken, aber sie schaffte es, dieses Anliegen konsequent zu ignorieren. Jetzt dachte ich wieder an mein supercooles Jackett und an die momentane Unmöglichkeit, dazu auch noch einen passenden Hut bei Made in Berlin zu holen.

Natürlich hätten mir Hut und Jackett wenig geholfen in Quimby. Eine Zeitlang lebte ich noch in der Vorstellung, als Repräsentantin einer europäischen Metropole die Menschen auf dem flachen Land im amerikanischen Mittelwesten mit urbanen Styles beeindrucken zu können, doch das funktionierte nicht. Sie verstanden meinen Geschmack genauso wenig wie ich ihren. Der angesagteste Mädchenschwarm der Schule zum Beispiel hatte ein großes, fleischiges Gesicht und als Frisur einen verschärften Vokuhila, nämlich mit Dauerwelle im hinteren Langhaarbereich. Für mich sah er wie ein groteskes Riesenbaby aus oder wie ein peinlicher Schlagersänger, doch meine Mitschülerinnen fanden ihn überaus attraktiv.

Der Graben zwischen Stadt und Land schien dabei allerdings eine größere Rolle zu spielen als der zwischen Europa und Amerika. Im amerikanischen Fernsehen konnte ich nämlich sehr wohl Menschen sehen, die denen, die ich von zu Hause kannte, in Geschmack und Verhalten ähnlicher waren als das Quimby-Volk. Meine neue Stilikone war Lisa Bonet in der Cosby-Show-Spin-off-Serie *A Different World*, in der sie ein College-Girl war, das gern Herrenjacketts und Hüte im Secondhand-Look trug. Und bei Brenda zu Hause sah ich auch *Purple Rain*, den Film von Prince, der gleich um die Ecke, hier in Minnesota, spielte und keinen Zweifel daran ließ, dass Minnesota durchaus interessant sein konnte. Zumindest in urbaneren Gefilden.

Schließlich brach das ominöse *Homecoming* an, von dem Mr. Lindahl in der ersten Schulstunde gesprochen hatte. Dabei wurde schnell klar, was er mit «Mickey-Mouse-Stuff» gemeint hatte.

Dem Event vorangestellt war eine Woche, die sich *Spirit Week* nannte. In der Spirit Week hatte jeder Tag ein Motto: Montag war «Sporttrikot-Tag», Dienstag «Ulkige-Haare-Tag» (wie sollten die bloß noch ulkiger werden?), Mittwoch «Hawaii-Tag», Donnerstag «Regenbogen-Tag» und Freitag «Formeller Tag» mit Anzügen und Kleidern. Was das alles sollte, blieb mir schleierhaft. Ich fand es aber gut, dass überhaupt etwas passierte, und machte jeden Mottotag beherzt mit. Außerdem wurden während der Spirit Week in großen Scheunen von jeder Schulklasse topgeheime, karnevaleske Wagen für die Homecoming-Parade gebaut, die thematisch darauf ausgelegt waren, das gegnerische Team des Homecoming-Footballspiels zu demoralisieren.

Am Tag vor Homecoming wurden die Homecoming Queen und der Homecoming King gewählt. Étienne und ich fanden es interessant, dass in Amerika derartige Sehnsüchte nach Monarchie existierten, die Königinnen und Könige dann aber demokratisch gewählt wurden. Nicht alle in der Quimby Highschool machten mit beim Mickey-Mouse-Stuff. Es gab eine ganze Reihe von Leuten, die Homecoming versiert ignorierten, und diese hatten eine größere Schnittmenge mit denen, die sich abends auch am Popcornstand einfanden. Meine Gastschwester Kelly, davon abgesehen, dass sie am Popcornstand sowieso nicht herumhängen durfte, war auf jeden Fall eher pro Mickey-Mouse-Stuff. Sie stellte sich sogar als Homecoming Queen zur Wahl, konnte sich aber nicht durchsetzen.

Am Tag der Parade war es sonnig und warm. Mit Rosanna und Étienne stand ich zwischen den anderen Bewohnern von Quimby am Straßenrand und sah all die aufwendig gezimmerten und geschmückten Wagen vorbeiziehen. Das königliche Paar saß auf einem eigenen Fahrzeug, winkte zu uns herab, und wir winkten fröhlich zurück. Das anschließende Footballspiel gewann die Quimby Highschool gegen die Mannschaft der Elmwood High. Während des Spiels verteilte ich um mich herum Gummibärchen und Cola-Flaschen, die erst skeptisch probiert und dann vehement nachgefordert wurden.

Der Dance am Abend war leider wieder eine Katastrophe.

Made in Berlin war schon in den Achtzigern ein großer Secondhand-Laden an der Potsdamer Straße in Schöneberg. Später zog das Geschäft zum Hackeschen Markt. Mittlerweile gibt es eine zweite Filiale an der Friedrichstraße.

DEIN HERZ
KENNT KEINE
MAUERN

*A*ls Gastgeschenke hatte ich den Woods ein paar von den 750-Jahre-Berlin-Gimmicks mitgebracht. Ein Berlin-T-Shirt mit dem klobigen, bunten Logo für jeden, außerdem einen großen Berlin-Bildband und die Maxi-Single mit dem aktuellen Hit «Berlin. Berlin …» von *John F. und die Gropiuslerchen*. Sie legten das Vinyl auf den Plattenspieler, und dann hörten wir uns alle zusammen das Lied an. Den Text verstanden sie natürlich nicht, deshalb versuchte ich, das ein bisschen zu übersetzen. Aber übersetzte Lieder: na ja – «Berlin, Berlin, your heart doesn't know any walls»; ich kam mir etwas komisch vor dabei.

Den Bildband holte ich in regelmäßigen Abständen unter dem *Coffee Table* hervor, um ihn mir in allen Details anzusehen. Ich war ein bisschen besessen von dem Gedanken, auf einem der Bilder, irgendwo in einer Menge von Menschen, auf einem Ausflugsdampfer oder auf dem Ku'damm, jemanden zu entdecken, den ich kannte, vielleicht sogar mich selber. Ich kam darauf, weil das bei Silkes Vater einmal so gewesen war. Silkes Vater war in den Sechzigern aus Bayern nach Berlin gezogen. Als er seine Eltern in seiner ehemaligen Heimat besuchte, brachte er ihnen ebenfalls einen Berlin-Fotoband mit. Die Eltern freuten sich, sagten danke schön und legten das Buch auf den Esszimmertisch. Als Silkes Vater aber wieder zurück in Berlin war, riefen sie ihn an und bedankten sich noch einmal ganz überschwänglich für das «tolle Buch» mit dem «tollen Foto» drin.

Fünfzehn Jahre später saß Silke mit ihrem Vater bei den Großeltern in Bayern und Silkes Oma meinte: «Kennt Silke denn schon das Buch?»

«Welches Buch?»

«Na, das tolle Berlin-Buch, mit dem tollen Foto drin.»

Sie holte den alten Bildband hervor, und Silke blätterte lustlos darin herum.

«Seite 42», rief die Oma. Silke schlug Seite 42 auf und staunte nicht schlecht, dort ein historisch wirkendes Foto von der ehemaligen Berliner Folk-Kneipe *Go-In* zu finden, auf dem ihr Vater als zentraler Fluchtpunkt des Bildes mit einer Bierflasche in der Hand in der ersten Reihe thront und sich offenbar köstlich amüsiert.

«Das hast du mir ja noch nie gezeigt», sagte Silke zu ihrem Vater.

«Was hab ich dir noch nie gezeigt?»

«Na, das tolle Bild hier.»

Silkes Vater sah sich die Aufnahme an und konnte es kaum fassen.

In meinem Fotoband fand ich niemanden, den ich kannte, und irgendwann hatte ich wirklich jedes Gesicht in jeder Menschenmenge abgesucht.

Zum Einkaufen fuhren wir in absurd große Supermärkte, deren Cornflakes-Regale allein nicht in unsere Bolle-Filiale hineingepasst hätten. Manchmal wurde dort von einem Angestellten, der neben einer Popcornmaschine stand, frisches Popcorn an die Kunden verteilt, die ihre überdimensionierten Einkaufswagen vor sich herschoben und für die es das Normalste auf der Welt war, dabei eine frische Tüte Popcorn in die Hand gedrückt zu bekommen. In diesen Supermärkten gab es alles, außer normales Brot. Im Brotregal lagen zweihundert Sorten weiches Toast, aber man fand dort nicht ein einziges richtiges Brot. Ich fragte, rein interessehalber, ob es auch normales Brot gäbe. Die Frage löste größtes Unverständnis aus. Hier sei doch alles voller Brot, sagten die Woods und zeigten auf das vielfältige Toast-Angebot.

Kelly hatte schon ihren Führerschein, und zusammen mit ein, zwei Freundinnen fuhren wir ab und zu in den nächstgrößeren Ort, um ins Kino zu gehen, wo es das Popcorn nur in riesigen Behältern und Getränke nur in Eimern gab. Das Popcorn war immer buttrig und salzig, niemals süß. Hinterher aßen wir Pizza, wobei es üblich war, sich eine zu teilen, weil die Pizza die Ausmaße eines Traktorreifens hatte. Meistens fuhren wir aber zu Footballspielen in umliegende Dörfer, um zu sehen, ob das Quimby-Team eher verlor oder eher gewann. Mit der Zeit verstand ich das Spiel sogar.

Einmal unternahm die ganze Familie einen Trip nach Minneapolis, zum fünfzigsten Geburtstag von Walter Woods Schwester, die Liz hieß und eine sympathische Person mit einem verblüffend aufgeschlossenen Freundeskreis war. Bei der Feier bildeten die ländliche Verwandtschaft und die urbanen Freunde von Tante Liz Parallelgesellschaften, die sich nicht viel zu sagen hatten und auch recht unterschiedlich aussahen, wobei die Woods noch am kompatibelsten wirkten. Ein freundliches Ehepaar mit einem sehr gut aussehenden Sohn, der an der örtlichen Uni Architektur studierte, unterhielt sich länger und sehr interessiert mit mir. Der Mann erzählte, dass seine Großeltern aus Deutschland eingewandert seien. Er habe sogar Verwandte in Berlin und könne ein paar Sätze Deutsch. Der Sohn fragte mich, wie ich als europäische Stadtbewohnerin denn so zurechtkäme in einem gottverlassenen Minnesota-Kaff, er könnte das keinen Monat lang aushalten. Ich sagte, wenn das Kaff eines nicht sei, dann gottverlassen. Schließlich gäbe es sieben Kirchen unterschiedlicher Glaubensrichtungen und in der Schule hätte ich gerade aufgeschnappt, wie ein Mädchen einem anderen erzählte, was Jesus ihr letzte Nacht im Traum mitgeteilt habe. Auch hätte ich Mitschüler, die mich unchristlich nannten, weil ich in meiner katholischen Schule nicht gelernt hätte, dass die biblische Schöpfungsgeschichte ein wörtlich zu nehmender Tatsachenbericht sei.

Das sprudelte alles so aus mir heraus. Die Mutter legte mir ihre Hand auf die Schulter und sagte, das tue ihr sehr leid. Der Sohn entschuldigte sich auch und versicherte, das sei wirklich nicht repräsentativ für das ganze Amerika.

Hätten sie mich gefragt, ob ich zu ihnen nach Minneapolis ziehen möchte, ich wäre sofort dabei gewesen, vollkommen egal, was ich damals im Auswahlgespräch zu diesem Thema beifallheischend herumgelabert hatte. Minneapolis gefiel mir ausgesprochen gut. Und der Sohn auch.

Sie fragten aber nicht.

Wir schliefen in einem Hotel, in dem Kelly und ich uns ein Doppelzimmer teilten. In der Nacht träumte ich von zu Hause. Das passierte mir zwar oft, aber in diesem Hotelzimmer in Minneapolis träumte ich noch intensiver als sonst. Ich lief durch eine Berliner Straße, die ich sofort an ihren typischen Bürgersteigen mit den rautenförmig angeordneten Gehwegplatten in der Mitte und den kleinen Pflastersteinen links und rechts erkannte. Alle paar Meter stand ein Baum an der Seite. Ich sah das alles sehr klar, diese typische Berliner Straße, und dachte, wenn das so klar eine typische Berliner Straße ist, dann bin ich wohl auch wirklich wieder in Berlin. Jetzt musste ich nur noch eine U-Bahnstation finden oder eine Bushaltestelle, dann könnte ich mich orientieren und einfach nach Hause fahren. Leider wurde die Straße immer schmutziger. Ich musste den Blick nach unten richten, um nicht in schlammige Pfützen oder Hundedreck zu treten. Aus meiner Tasche flogen jetzt lauter dichtbeschriebene Papierblätter heraus, sie segelten in die Pfützen und in den Dreck. Neben mir hielt ein

Auto an, darin saß der architekturstudierende Sohn aus Minneapolis. Er stieß die Beifahrertür auf und rief, ich solle schnell einsteigen. Ich konnte meine Papiere aber nicht einfach so herumliegen lassen, und außerdem wollte ich gar nicht nach Minneapolis, jetzt, wo ich doch wieder in Berlin war.

Vor der Rückfahrt nach Quimby wollten die Woods noch ein bisschen in Minneapolis shoppen, und nach dem Duschen fragte Kelly, ob sie sich Klamotten von mir borgen dürfe, nur mal so. Ich hatte natürlich nicht viel dabei. Sie zog meine Hose von gestern und ein Ersatz-T-Shirt von mir an, und beim Frühstück guckte Gloria sofort komisch und fragte ihre Tochter, wie sie denn bitte heute aussehe. Tina sprang der Schwester zur Seite und erklärte ihrer Mutter, Kelly wolle eben auch mal aussehen wie ein Mädchen aus der Stadt.

Das Musikprojekt «John F. und die Gropiuslerchen» veröffentlicht 1987, zur 750-Jahr-Feier Berlins, den mit O-Tönen von John F. Kennedy, Willy Brandt, Walter Ulbricht und Ernst Reuter unterlegten Song «Berlin, Berlin ... dein Herz kennt keine Mauern». 1989 wird der Song aktualisiert und unter dem Titel «Berlin, Berlin ... die Mauer ist weg» ein erfolgreicher Chart-Hit.

FASZINIERENDES
BERLIN

*E*s wurde Herbst in der mit Maisfeldern bepflanzten Prärie. Abends ging ich manchmal hinaus, um mir den theatralischen Sonnenuntergang anzusehen, und danach war der Himmel übersät mit Sternen, mehr als ich jemals vorher gesehen hatte. Wenn Gloria nicht da war, sah ich Walter Wood heimlich im Garten rauchen. Ich versuchte immer, zuerst ihn zu fragen, ob ich irgendwas durfte, zum Beispiel mit Brenda ins Kino gehen oder übernachten bei Rosanna. Obwohl er dann nur überfordert an mir vorbeisah, mit den Schultern zuckte und bedächtig sagte, da solle ich besser seine Frau fragen. Einmal fragte ich sie, nein, ich fragte nicht, ich sagte ihr, ich würde mir an den nächsten Sonntagen gern die anderen Kirchen von Quimby ansehen. Es interessiere mich, wie es da so zugehe, die hiesige katholische Messe unterscheide sich schließlich bis auf die Sprache überhaupt nicht von den katholischen Gottesdiensten zu Hause in Berlin.

Eine Zeitlang mochte ich es genau so. Der Gottesdienst am Sonntag war ein Stück Heimat, das Einzige in Amerika, was mir durch und durch vertraut war, wo ich mich nicht fremd fühlte, sondern genauso zugehörig wie alle anderen um mich herum. Aber jetzt wollte ich eben auch mal die anderen kennenlernen, die

Presbyterianer, die Baptisten, die Mennoniten, die neuapostolisch evangelisch lutherisch reformierten freikirchlich charismatischen Adventisten, je exotischer, desto besser. Am meisten interessierten mich solche, die während der Messe Zuckungen bekamen und in Zungen redeten. Gloria Wood sah mich mit herabgezogenen Mundwinkeln an und sagte, das könne sie nicht gutheißen.

Ich wollte wissen, warum nicht.

Sie antwortete nicht. Sie wischte mit dem Handtuch über die Arbeitsflächen in der Küche und runzelte die Stirn. Ich kannte das schon. Meistens schaffte ich es nicht, mich in ihr Schweigen hineinzudrängen, aber diesmal unternahm ich eine Anstrengung und sagte, weißt du, dieses Austauschjahr ist für mich, die Idee dabei ist, dass man neue Dinge kennenlernt. Deshalb bin ich hierhergekommen.

Dann ging ich schnell in mein Zimmer, um ihr nicht länger beim Schweigen zuhören zu müssen.

Beim Abendessen meinte Gloria, ich könne von ihr aus andere Kirchen besuchen, wenn ich zusätzlich in die katholische Messe ginge.

Ich wollte wissen, warum.

Sie erklärte, dass die anderen nicht zählten.

Es kam weiterhin viel Post aus Berlin. Von meinen Eltern, von Silke, von Heike und Nicole, manchmal von Anja, oft von Holger und ab und zu auch von Johnny; von Tante Evi, von Mbuyi; und von Saskia, die mir zuletzt sehr anschaulich die Auswirkungen des jüngsten BVG-Streiks geschildert hatte, wie sie von Mehringdamm bis zur Schule laufen musste und trotzdem mit anderen, die auch zu spät erschienen, Ärger kriegte von den Lehrern, die alle ein Auto hatten. Außerdem korrespondierte ich mit einigen anderen Austauschschülern, die in anderen Bundesstaaten gelandet waren, vor allem mit Franziska und Diana. Auch Olivia aus Cornwall schrieb mir jetzt nach Quimby, wobei sich ihre Briefe in letzter Zeit nur noch um ihren Verlobten drehten und um den Ring, den er ihr geschenkt hatte.

Meine Mutter fragte, ob ich denn in Quimby etwas mitbekäme von den aktuellen Geschehnissen in Deutschland, man sei ja gerade sehr aufgebracht hier, und dann schilderte sie mir in leicht verwirrender Art und Weise die Chronologie der Barschel-Affäre. «Wir sind alle sehr schockiert», schrieb sie am Schluss.

Ansonsten schien sie ständig mit Tante Evi und Onkel Bobby essen zu gehen und beklagte wie üblich ihre Haare, ihre Figur und die zu kurzen Wimpern.

Weil die lokalen Zeitungen in Minnesota nur über lokale Ereignisse berichteten und auch die Fernsehnachrichten wenig international ausgerichtet waren, hatte ich tatsächlich keine Ahnung, was aktuell in Deutschland und in Berlin passierte. Zu dieser Zeit an diesem Ort war das auch ganz egal, es fragte ja keiner danach.

Allerdings wurden Rosanna, Étienne und ich alle paar Wochen irgendwohin eingeladen, um Vorträge über unsere Länder zu halten. In umliegende Schulen, kirchliche Frauenclubs, Seniorenclubs, Lions Clubs, Farmer Clubs und was sonst noch für Clubs. Dabei fiel es Étienne auf, dass er zwar über Belgien und Rosanna über Venezuela sprach, ich Deutschland aber nur kurz erwähnte und dann ausschließlich über Berlin redete. Ich fand das vollkommen legitim.

Nach all den Einladungen kannte ich Étiennes Belgien-Dias mit den dazugehörigen Erklärungen, Zahlen und all den Scherzen, die er dabei zu machen pflegte, in- und auswendig. Genauso Rosannas leiernden Kurzvortrag über Venezuela. Und natürlich hätten beide jederzeit und ohne weiteres meinen Berlin-Vortrag übernehmen können, zusammen mit der Karte und den Bildern, die ich immer zum Herumreichen mitbrachte. Auf der Karte sah man Deutschland mit allen Sektorengrenzen und der Insel West-Berlin inmitten der DDR, weit hinter dem Eisernen Vorhang.

Wenn ich sie vorzeigte, wartete ich gern auf das Raunen, das danach durch den Raum ging. Für die meisten erzählte ich hier etwas ganz Neues und Unerhörtes. Sofort hagelte es Nachfragen: Wie käme ich denn da rein und wieder raus, wie gefährlich sei das, und würde man dabei auch echten Kommunisten begegnen?

Bei Vorträgen vor Schulklassen wurde das Berlin-Szenario üblicherweise für einen Spaß gehalten. Wenn die Schüler am Ende noch Fragen stellen durften, fragten sie Rosanna und mich, wie uns die amerikanischen Jungs gefielen, und Étienne, wie er die Mädchen fände, im Vergleich zu den belgischen Mädchen.

Rosanna antwortete, dass ihr die amerikanischen Jungs ganz gut gefielen, ich sagte, ich fände ihre Frisuren komisch. Meistens fragte dann einer nach, was für Frisuren, und meistens konnte ich darauf wahrheitsgemäß antworten: So eine wie deine. Jedes Mal ein Brüller. Étienne meinte, er finde Mädchen einfach grundsätzlich schön, amerikanische und belgische, aber auch deutsche und venezolanische. Das fanden alle charmant, zumal er mit diesem französischen Akzent sprach.

Nach unseren Vorträgen sagte Étienne immer zu mir: Wirklich faszinierend, dieses Berlin, und ich antwortete: Dann komm mich doch mal besuchen. Das war unser Ritual. Er kam dann später tatsächlich, da waren die Kommunisten aber schon weg.

Als wir am ersten Abend seines Besuchs in einer schrottigen Bar in der Rosenthaler Straße im Osten saßen, wo ich mich nur hin verirrte, wenn ich jemanden herumzuführen hatte, meinte er nach ein paar Bier zu mir, ich sei die erste Person, gegenüber der er das so äußern würde, weil er sich erst jetzt richtig sicher sei, aber diese Frage nach den Mädchen damals, wie er die amerikanischen Mädchen finde, die sei in Wirklichkeit völlig an ihm vorbeigegangen, denn interessanter finde er nämlich Jungs. Und da hätte ich recht, die amerikanischen hatten schreckliche Frisuren. Und Berlin, sagte er, sei wirklich genau so faszinierend, wie er es sich vorgestellt habe.

In Berlin spiegeln sich auf kleinem Raum die von den vier alliierten Siegermächten des Zweiten Weltkriegs eingerichteten Sektoren Deutschlands. Der West-Berliner Norden wird von Frankreich, der Süden von den USA und das dazwischenliegende Gebiet von England kontrolliert. Der Osten der Stadt bildet die sowjetische Zone.

Im September 1987 gerät der amtierende Ministerpräsident Schleswig-Holsteins, Uwe Barschel, in den Verdacht, seinen politischen Gegner Björn Engholm ausspioniert zu haben. Im Oktober wird Barschel in einem Genfer Hotel tot in der Badewanne aufgefunden.

MARTIN-
GROPIUS-BAU

*J*n den Briefen von Silke, Anja, Heike und Nicole ging es wochenlang nur noch um die Franzosen. Zuerst fuhr die Klasse nach Frankreich, danach kamen die Franzosen nach Berlin. Viel Spaß schien das alles nicht zu machen. Der Grundton ihrer Berichterstattung war genervt, nicht wegen der Franzosen selber, aber wegen der vielen Vorbereitungen, die ihnen aufgebürdet wurden. In Zweiergruppen mussten sie alle einen Programmpunkt planen. Silke und Saskia hatten die Koordination eines Besuchs im Martin-Gropius-Bau übernommen, in dem es zur 750-Jahr-Feier gerade eine neue Ausstellung mit dem viel strapazierten Titel «Berlin, Berlin» zu sehen gab. Anja und Heike organisierten einen Trip zum Checkpoint Charlie, und Nicole kümmerte sich mit noch zwei anderen um die Abschiedsfete. Hinterher stöhnten sie alle darüber, wie anstrengend die Woche gewesen sei. Für nichts anderes hätten sie mehr Zeit gehabt, noch nicht einmal für ihre Freunde.

Silke schilderte, wie ein offenbar etwas zappelig veranlagter Franzose auf dem Weg zum Gropius-Bau aus der U-Bahn gesprungen war, um ein klebriges Eispapier in den Müll zu werfen, und dann nicht mehr schnell genug wieder in den Waggon kam. Die Türen gingen zu, und die anderen fuhren ohne ihn weiter. Der Lehrer der Franzosen stieg daraufhin an der nächsten Station aus, um zurückzufahren, aber der Zappelige hatte seinerseits schon die nächste Bahn genommen, sodass man am Ende lange auf den Lehrer warten musste, der sich im Berliner U-Bahn-Netz nicht so gut zurechtfand wie sein nur kurz verlorengegangener Schüler.

Über die Franzosen selber erfuhr ich nicht sehr viel, sie schienen keinen bleibenden Eindruck hinterlassen zu haben. Noch nicht einmal Nicole machte Anmerkungen dazu, ob ihr die Jungs gefallen hätten.

Ich faltete Silkes Brief wieder zusammen, legte mich aufs Bett und dachte daran, wie ich mir vor etlichen Jahren mit meinen Eltern die Preußen-Ausstellung im Gropius-Bau angesehen hatte. Hauptsächlich konnte ich mich an die Exponate von Uniformen preußischer Soldaten erinnern, weil sie so unfassbar klein waren, nicht viel größer als ich, damals zehn- oder elfjährig. Interessanter als die Ausstellung fand ich das Haus. Der Martin-Gropius-Bau stand direkt an der Mauer und wirkte auf mich wie etwas, das da eigentlich nicht hingehörte. Ein höchst ungewöhnlicher Quader mit griechischen Säulen vor dem Eingang und vor den Fenstern, an der Fassade goldene Bilder und Mosaike, aber rundherum nichts als Schotter und Gestrüpp. Eine Zeitlang wunderte ich mich auch darüber, dass der Architekt Gropius so unterschiedliche Bauten wie diesen und die Hochhaussiedlung im südlichen Neukölln zu verantworten hatte.

Es wurde kalt in Minnesota. Ende November fiel der erste Schnee, und an einem Wochenende im Dezember schlug Kelly vor, Ski zu fahren. Mir war rätselhaft, wo man in dieser unendlichen Ebene ein Skigebiet finden sollte, aber zusammen mit Tina fuhren wir bei der Farm ihrer Tante vorbei, borgten uns Skier, Stöcke und den Minivan aus, luden noch die Zwillings-Cousins Shawn und Brad mit ihren Snowboards ein und düsten nach

Mankato. Tatsächlich gab es vor der Stadt Mankato ein kleines Skigebiet mit Liften und allem Drum und Dran, es nannte sich «Mount Kato». Den halben Tag fuhren wir dort rauf und runter. Im Lift fragte mich jemand, woher ich käme, und diesmal sagte ich, der Einfachheit halber: «Europe.»

Um vier Uhr trafen wir uns am Restaurant, aßen etwas, luden die Skier ein und machten uns auf den Weg zurück nach Quimby. Es wurde dunkel, und es hatte wieder angefangen zu schneien, worüber Kelly, die schon mit der Schaltung des Minivans nicht gut zurechtkam, leise fluchte. Und plötzlich war alles nur noch weiß. Wir guckten aus dem Fenster und sahen nichts mehr. Als wäre irgendwo ein defekter Fernseher explodiert und hätte die Welt mit einer einzigen großen Funkstörung überzogen, war um uns herum nur noch weißes Gestöber. Wir fuhren durch einen sagenhaften Schneesturm.

«Blizzard!», rief Shawn, und Tina sagte, das hätten wir alle bereits bemerkt. Kelly fuhr in Schrittgeschwindigkeit durch das Nichts. Sie saß weit vorgebeugt, dicht an der Windschutzscheibe, und wirkte immer verzweifelter. Sie sagte, das sei hier echt Scheiße jetzt, sie sähe *nichts*. Tatsächlich sagte sie sonst niemals Scheiße, doch wir anderen konnten auch nichts tun, um ihr zu helfen. Deshalb saßen wir nur stumm in dem beheizten Kleinbus und hörten dem Wind beim Pfeifen zu.

Irgendwo hatte ich gelesen, dass TV-Rauschen irgendetwas mit dem Weltall zu tun hätte, mit der kosmischen Hintergrundstrahlung. Nun musste ich diese Information, deren gedanklicher Ursprung für die anderen nicht nachvollziehbar war, unbedingt teilen. Allerdings hatte ich Schwierigkeiten, den Begriff «Hintergrundstrahlung» ins Englische zu übersetzen. Die beiden Jungs glaubten mir kein Wort. Davon hätten sie noch nie etwas gehört. TV-Störungen sollen aus dem Weltall kommen? Was man euch in Deutschland so alles erzählt. Köstlich.

«Eine Unsinn!», rief Brad unvermittelt auf Deutsch, worauf

Shawn sagte: «Eine große Limonade!» Dann beömmelten sie sich ohne Ende.

«Ihr könnt Deutsch?», fragte ich.

Sie rissen sich zusammen und konzentrierten sich. «Ja, Frau.» Dann wieder ein Irrsinnsgelächter. Tina erzählte, die beiden hätten in der Schule Deutsch als Fremdsprache.

«Guten Tag, ich habe Dürst!»

Es rumpelte, Kelly war offenbar ein wenig von der Straße abgekommen. Mit verzerrtem Gesicht lenkte sie den Wagen wieder zurück auf die Fahrbahn und tastete sich weiter voran durch den Schneesturm, wobei man mit einem Auto nicht wirklich tasten kann, nur Gas geben, bremsen und lenken.

Die Zwillinge steigerten sich indessen in eine dadaistische Konversation aus sinnlos aneinandergereihten deutschen Wortfetzen hinein. Irgendwann, als Shawn mit aufgerissenen Augen immer wieder «Große Schnee! Große Schnee!» skandierte, konnte ich nicht mehr. In dieser bedrohlichen Situation, zusammen mit der Müdigkeit, die sich nach stundenlangem Skifahren in der Wärme des Autos einstellte, gab mir «große Schnee» einfach den Rest, und ich hatte einen schlimmen Lachanfall. So einen, bei dem man die Kontrolle über die eigene Mimik völlig verliert und der ganze Körper sich verkrümmt. Und bei dem alle um einen herum in Mitleidenschaft gezogen werden, sodass sich danach auch Tina und die Zwillinge auf der Rückbank kugelten und zu gar nichts mehr zu gebrauchen waren.

Nur die arme Kelly lachte nicht. Sie trug die Verantwortung, sie war den Tränen nahe, und hinten im Wagen drehten alle durch.

Von Holger hatte ich eine Weile nichts gehört, aber kurz vor Weihnachten bekam ich einen Brief von ihm. Er war jetzt endlich mit Mariola zusammen. Außerdem hatte er ein neues Hobby, nämlich auf Flohmärkte zu gehen. Als Weihnachtsgeschenk hatte er mir eine alte Postkarte in den Umschlag gelegt, die er auf dem

Flohmarkt an der Straße des 17. Juni gefunden hatte. Vorne drauf waren vier verschiedene Berliner Stadtpanoramen, aufgenommen in den frühen Siebzigern. Einmal Ku'damm mit Gedächtniskirche, einmal Funkturm, einmal die noch nicht eingestürzte Kongresshalle und einmal Berlin bei Nacht. In der Mitte stand der Aufdruck: «Dufte, unser Berlin.» Hintendrauf hatte jemand mit Tinte in schwungvoller Schrift geschrieben: «‹Von Natur ist der Berliner gutmütig, leicht gerührt, in hohem Grad wohltätig und unter Umständen großer Opfer fähig. Dagegen ist er ebenso leicht aufbrausend, zum Streit geneigt, rechthaberisch und spottsüchtig. Er kann keinen guten oder schlechten Witz unterdrücken.› Meyers Konversationslexikon, 2. Band: Atlantis – Blatthornkäfer.»

Der Architekt Martin Gropius (ein Großonkel des Baumeisters Walter Gropius) entwirft 1877 gemeinsam mit Heino Schmieden die Pläne für ein Kunstgewerbemuseum im Stil der italienischen Renaissance. Gropius stirbt 1880; das Gebäude wird 1881 fertig gestellt. Im Zweiten Weltkrieg wird es schwer beschädigt und gerät nach der Teilung Berlins in eine abseitige Randlage. Erst ab 1978 wird der Martin-Gropius-Bau unter Leitung der Architekten Winnetou Kampmann und Ute Weström neu errichtet. Wiedereröffnung ist 1981, im selben Jahr findet dort auch die große Preußen-Ausstellung statt.

Über den Trödelmarkt an der Straße des 17. Juni, die nach Osten hin auf das Brandenburger Tor zuläuft, heißt es in *Berlin für junge Leute* 1987: «Treffpunkt interessanter, vielfach ein wenig ausgeflippter Leute. Wer früh kommt, hat natürlich eine reiche Auswahl an originellen Sachen.»

Französischer Sektor

Sowjetischer Sektor

Britischer Sektor

Amerikanischer Sektor

1988, WEIT WEG VON BERLIN

*A*m Nachmittag sah ich auf meine beiden Uhren. In Berlin war es kurz vor Mitternacht, dort machte man sich gerade bereit zum großen Angestoße. Leider hatte ich keine Ahnung, wo und wie. In ihren Briefen hatten alle nur geschrieben, sie wüssten noch nicht, was sie an Silvester machen würden. Ich trat an mein Fenster, das nach Osten hinausging, und sagte: «Frohes neues Jahr.»

Im Keller trafen Gloria und Walter Wood Vorbereitungen für eine kleine Silvesterparty. Kelly durfte zu ihrem Freund fahren und mit dessen Familie feiern, und auch mir war es gestattet, mit Brenda und Tara zu einer kleinen Party im Ort zu gehen, obwohl die dort anwesenden Gleichaltrigen genau die waren, mit denen die Woods so gar nicht einverstanden gewesen wären. Zum Glück wurde heute nicht näher nachgefragt.

Étienne hatte sich schon vor Weihnachten aus dem Staub gemacht, er war ja nur für ein halbes Jahr gekommen. Wir hatten uns tränenreich verabschiedet, und in der ersten Woche nach seiner Abreise ging es mir schlecht. Wir waren so sehr zu Komplizen in der Fremde geworden, dass ich mich fast wieder so allein und verloren fühlte wie ganz zu Anfang.

Dafür rückte Rosanna jetzt stärker in den Fokus. Ihr Englisch war inzwischen so weit gediehen, dass man sich mit ihr unterhalten konnte. Über Silvester war sie aber mit ihrer Gastfamilie nach Florida geflogen, und das war sicher schön für sie.

Die Party, zu der Brenda und Tara mich mitnahmen, fand im Haus eines kleinwüchsigen Typs statt, der vielleicht Anfang oder Mitte zwanzig und der ältere Bruder von Scott aus der zehnten Klasse war. Es sah für meine Begriffe reichlich desolat aus in dem kleinen Haus. In einem Zimmer lag nur eine Matratze, überall hing Wäsche herum, alles war kahl und spartanisch. Als wir ankamen, saßen sieben Personen in der Küche: der Gastgeber, sein Bruder Scott, zwei Freunde von Scott, alle aus der zehnten Klasse, sowie Lenny Cooper und Troy Jones aus meiner Klasse.

Scott und seine beiden Freunde waren schon gründlich hinüber. In Minnesota durfte man zwar mit 16 schon den Führerschein machen, Alkoholkonsum war aber erst ab 21 legal, und in den Regeln der Austauschorganisation stand geschrieben, dass man bei einem Verstoß umgehend nach Hause geschickt würde. Deshalb lehnte ich das mir angebotene Bier ab.

Das könne ich doch nicht machen, sagte Lenny, und er schlug vor, dass wir ein Trinkspiel spielten, das *Quarters* hieß. Er kramte eine Vierteldollarmünze (Quarter) aus seiner Jeanstasche und erklärte, dass man die so auf den Tisch knallen müsste, dass sie hoch und in ein leeres Glas hineinspringt. Wenn es klappt, muss der Nächste das Glas mit Bier vollgießen und austrinken. Ich mochte Lenny Cooper eigentlich ganz gern. Er war in meiner Kunst-Klasse, wo er, unabhängig von der Aufgabenstellung, stets die Plattencover seiner Lieblingsbands abmalte: Anthrax und Metallica in Acryl auf Leinwand. Lenny war schon kriminell auffällig geworden, er hatte eine leere Scheune angezündet, und als er erwischt wurde, lag leider auch noch Dope auf dem Rücksitz seines Wagens. Außerdem zerschmetterte er manchmal verwaiste Briefkästen mit dem Baseballschläger aus einem fahrenden Auto heraus. Zu mir war er aber immer nett, und außerdem hatte er eine normale Frisur.

Wir spielten also Quarters, und Lenny knallte die Münze gleich in das Glas rein. Er goss Bier in das Glas und reichte es an Scott weiter. Scott trank es halb leer, dann pustete er Luft aus seinem Mund, sagte: «'scuse me», und stand auf. Dabei stieß er seinen Stuhl um. Er hob ihn sehr umständlich wieder auf und schwankte zur Toilette, von wo er vorerst nicht wieder zurückkam. Dabei war es erst halb zehn.

Keine fünf Minuten später torkelte der Nächste zur Toilette und kehrte ebenfalls nicht zurück. Der dritte Zehntklässler hatte sich mit seinem Stuhl dicht an die Wand gekuschelt und behielt die Augen geschlossen. Wir spielten also zu sechst, Lenny, Dave und der Gastgeber, Brenda, Tara und ich. Ich trank bis Mitternacht insgesamt zwei Gläser Bier, wovon ich überhaupt nichts merkte. Die drei Jungs rauchten zwischenzeitlich einen Joint, und ich war sehr gespannt, was danach mit ihnen passieren würde. Es passierte aber ebenfalls nichts.

Um Mitternacht stießen wir alle an. Ich verkündete, dass ich in diesem Jahr zurück nach Hause fahren würde. Danach tauchte Scott kurz im Türrahmen auf, er sah nicht gut aus. Er blickte in der Küche herum, als suchte er etwas, dann war er wieder weg. Als ich immer dringender pinkeln musste, war das Grund genug, zurück zu den Woods zu gehen. Ich hatte keine Lust, mir jetzt hier die Toilette anzugucken. Wenn sie überhaupt frei war.

Im Hause Wood plätscherte die Party auch langsam aus. Gloria kam lachend auf mich zu und wünschte mir ein frohes neues

Jahr, ohne nachzuhaken, wo ich den Abend verbracht hatte. So ein bisschen Sekt tat ihr ausgesprochen gut.

Im Februar 1988 finden in Calgary, Kanada, die XV. Olympischen Winterspiele statt, bei denen sich die DDR-Eiskunstläuferin Katarina Witt gegen ihre US-amerikanische Konkurrentin Debi Thomas in einer «Carmen»-Kür durchsetzt und die Goldmedaille holt. Die deutsche Tennisspielerin Steffi Graf gewinnt im September das US-Open-Turnier der Damen, und im November löst George H. W. Bush, Vater des späteren Präsidenten George W. Bush, den amtierenden Ronald Reagan als Präsident der Vereinigten Staaten von Amerika ab. Im Jahr 1988 sterben, unter anderen, Nico, Chet Baker und Franz Josef Strauß.

SOWJET-MODE
UND NEON-NAZIS

*R*osanna machte unzählige Fotos vom Schnee, der zugegebenermaßen sehr imposant daherkam. Mehrmals fiel die Schule aus, weil Blizzards über das Land fegten, und waren sie vorüber, war alles meterhoch verschneit. Die Temperaturen im Januar sanken mit eingerechnetem *Windchill* auf minus 70 Grad Celsius, da ging keiner mehr freiwillig nach draußen.

In Berlin hatten sie den wärmsten Winter seit dreißig Jahren.

Rosanna fotografierte nicht nur, sie hatte sich außerdem unglücklich in Dave verliebt. Dave jedoch war mit einem sehr hübschen Mädchen aus dem nächstgrößeren Ort zusammen, ein gertenschlankes Cheerleader-Püppchen. Rosanna verfluchte sie, obwohl die ihr nichts getan hatte. Ihren Frust killte sie mit tütenweise Nacho-Chips, Popcorn und Oreo Cookies, was ihre Chancen bei Dave bestimmt nicht verbesserte, denn sie ging immer mehr in die Breite. Gewichtszunahme war ein bekanntes Gastschülerphänomen. Auch ich merkte, wie mir die eine Jeans enger wurde, aber das waren milde Veränderungen im Vergleich zu dem, was sich an Rosanna vollzog.

Silke schrieb mir auf einem Sarah-Kay-Briefpapier, das sie bestimmt schon seit ihrer Kindheit hatte, Silvester sei total öde gewesen. Sie hatte mit Anja und Carsten bei Johnny zu Hause gesessen – da hätte ich ihr auch vorher sagen können, dass das öde wird. Weiter schrieb sie: «Ich hatte eigentlich Lust, zu Silvester mal was Alkoholisches zu trinken, aber Anja und Carsten, diese Hänger, haben den ganzen Abend Tee getrunken! Johnny und ich haben dann ein bisschen Sekt getrunken, und um zwölf haben wir geknutscht. Kann sein, dass wir jetzt zusammen sind. Die anderen sind alle schon wie alte Ehepaare miteinander, dabei erzählt Heike ständig, dass sie gar nicht mehr richtig in Gerald verliebt ist. Heimlich findet sie Georg Hacke gut, wusstest du das? Falls nicht, sag ihr nicht, dass ich es dir erzählt habe, o.k.?»

Ich stöhnte. Immerhin schrieb sie auch noch andere Sachen, zum Beispiel, dass in Berlin jetzt die Sowjet-Mode ausgebrochen sei, überall in der Stadt trügen Leute T-Shirts mit roten Sternen und rote Sterne als Anstecker, Ohrringe und Aufnäher. «Andererseits verbreiten sich gerade aber auch ganz schlimm die Neon-Nazis. Zum Beispiel Jochen, weißte, mein Cousin, der ist jetzt voll der Neon-Nazi geworden. Ich finde das ganz schrecklich, du müsstest mal hören, was der redet.»

Wäre es nicht so ein echter Silke-Verhörer gewesen, ich hätte vermutlich gedacht, es handele sich bei «Neon-Nazis» wirklich um eine neue, irgendwie bunte Mode von rechts außen.

Nicole schrieb mir auf schlichtem Karopapier, dass sie mich vermisse, «weil die anderen ständig nur mit ihren Freunden zusammenhängen».

Im Briefwechsel mit meiner Mutter war das Thema Winterstiefel ein Dauerbrenner. Ich hatte nämlich keine. Nachdem ich ihr ein Foto von mir vor meterhohen Schneebergen geschickt hatte, schrieb sie mal wieder: «Sag mal, auf dem Bild hast du ja so dünne Trittchen an. Warum ziehst du denn keine Stiefel an?

Hast du keine? Oder was. Nachher wirst du noch krank. Du musst Dich immer warm anziehen!»

Ich antwortete: «Was die ‹Trittchen› angeht, ich brauche wirklich keine warmen Stiefel, niemand hier läuft in warmen Stiefeln rum (die Hälfte der Mädchen trägt jetzt noch hochhackige Pumps!!!), denn man läuft ja hier nicht. Der Amerikaner nimmt eines seiner Autos, um eben mal um die Ecke zu fahren.»

Während die Sowjet-Mode bereits in den neunziger Jahren weitgehend verschwunden ist, gibt es leider immer noch ein paar Neo-Nazis.

REDSKINS

*E*s war immer noch Winter, als Susan Jaeger Rosanna und mich zu einem internationalen Gastschüler-Wochenende nach Blackbush Falls brachte. Ungefähr eine Stunde lang fuhren wir in nördlicher Richtung über die schnurgerade Landstraße zwischen schneebedeckten Feldern, bis wir den Ort erreichten, der mit fünftausend Einwohnern immerhin fünfmal so groß war wie Quimby. Auf dem Programm standen Erfahrungsaustausch, Freizeit und Party. Für drei Nächte wohnten wir bei anderen Gastfamilien vor Ort, und für die Party sollten wir alle selber Musik mitbringen. Hurra!

Nach und nach trafen alle in der Cafeteria der Schule von Blackbush Falls ein, Gastschüler aus Norwegen, Frankreich, Kolumbien, Japan, Australien und diversen anderen Ländern. Es gab ein großes Hallo. Manche kannten sich schon von anderen Treffen, alle redeten augenblicklich drauflos. Man hatte sich sofort lieb untereinander und bildete sich ein, die Welt zu repräsentieren. Dafür fehlten allerdings die Repräsentanten weiter Teile Asiens und des gesamten afrikanischen Kontinents.

Dann kamen die lokalen Gastfamilien, um uns einzusammeln. Ich wurde von einem Mädchen abgeholt, nicht viel älter als ich. Sie trug einen dicken roten Anorak und Jeans, hatte ein ruhiges, freundliches Gesicht und halblange dunkle Haare ganz ohne Dauerwelle. Ihr Name war Becky. Wir stiegen in ein großes, morsches Auto, in dem ziemlich viel Müll herumlag, und Becky erzählte, ihre Mutter sei auch Deutsche. Sie fragte mich, ob ich schon mal in einem Indianerreservat gewesen sei.

Ich antwortete, nein, noch nie.

Dann sei jetzt Premiere, sagte Becky.

Für mich war nicht erkennbar, wo das Indianerreservat anfing. Das Haus von Beckys Familie stand irgendwo in der verschneiten Landschaft. Becky parkte den Wagen, nahm meine Tasche von der Rückbank, und wir gingen hinein. Ihre Mutter begrüßte mich herzlich, aber nicht auf Deutsch. Sie war sehr dick. Becky und ich zogen unsere Anoraks aus, dann zeigte Becky mir ihr Zimmer, in dem ich jetzt schlafen würde; es war ein schönes Zimmer voller Stofftiere und mit einem großen Bett. Sie erklärte, das sei ein Wasserbett, und zeigte mir, wie ich es beheizen könnte. Auf dem Bett lag ein neues, sehr angesagtes T-Shirt der Marke Guess. Becky meinte, das sei für mich. Ich wusste gar nicht, was ich sagen sollte. Zum Glück hatte ich von zu Hause gerade neuen Berlin-Tinnef nachgeordert und auch eine Kleinigkeit als Gastgeschenk dabei.

Wir gingen zurück ins Wohnzimmer, wo Beckys Mutter drei große Becher mit Mountain-Dew-Limonade vollgegossen hatte und mir gleich nochmal erzählte, dass sie auch Deutsche sei. Sie sprach astrein Amerikanisch, keinen Schatten eines deutschen Akzents konnte ich heraushören. Ich fragte sie, wie lange sie denn hier lebe, und sie sagte, sie sei hier geboren. Ihre Großeltern seien als junge Leute aus Deutschland eingewandert, sie lebten nicht weit von hier, in New Ulm. Ob ich vorher schon in einem Indianerreservat gewesen sei, wollte sie wissen.

Nein, sagte ich.

Das hier sei ein Indianerreservat, erzählte Beckys Mutter, und ihr Mann ein Indianerhäuptling. Er komme heute erst spät zurück aus Minneapolis. Im Haus würden ansonsten noch Beckys jüngere Schwester und eine Pflegetochter wohnen. Die Tür ging auf, ach, da sei sie ja schon.

Die Pflegetochter sah sehr indianisch aus und trug einen abgeschrabbelten weißen Anorak mit verblassten blauen und rosafarbenen Sternen darauf. Sie nahm sich einen Becher voll Mountain Dew und verschwand wieder.

Die sei sehr schüchtern, meinte Becky. Dann machten wir uns Toasts und den Fernseher an und aßen sehr informell auf dem Sofa unser Abendbrot. Ich fühlte mich wohl. Zum Schlafen zog ich gleich das neue Guess-Shirt an.

Als ich am Morgen in die Wohnküche kam, saß der Indianerhäuptling mit einem gegrillten Toast in der Hand auf dem Sofa und guckte Football. Er hatte schüttere dunkle Haare, eine Brille und war ebenfalls dick.

Guten Morgen, rief er, du bist wohl das deutsche Mädchen. Und ohne auf meine Antwort zu warten, wollte er wissen, ob ich gut geschlafen hätte. Ich sagte, ich hätte sehr gut geschlafen, und das stimmte auch. Ich solle mir einfach einen Toast machen, sagte der Häuptling, Butter stehe noch draußen, Käse und Marmelade fände ich im Kühlschrank, Milch auch. Ich nahm mir ein Glas Milch und schmierte mir einen Toast mit Marmelade. Vor dem Kühlschrank klebte der Boden, da war wohl Mountain Dew ausgekippt, ein paar Fliegen und Katzenhaare hatten sich auch schon mit verleimt.

Guck mal, rief der Indianerhäuptling wieder, da spielen die Washington Redskins gegen die Chicago Bears. Redskins, ja? Er schüttelte den Kopf und zeigte mit indignierter Miene auf den Bildschirm. Ob ich das sähe, fragte er, die Cheerleader würden mit indianischen Federkronen auf dem Kopf herumhüpfen, darüber könne er sich aufregen, das seien heilige Kultgegenstände. Man stelle sich vor, es gäbe ein Footballteam, das sich «Die Christen» nennt, und die Cheerleader wedelten mit Kreuzen und trügen Dornenkronen aus Plastik.

Das würde nicht gehen in diesem Land, sagte ich und löste meinen Fuß vom Boden, was ein Schmatzgeräusch machte.

Ganz genau, rief der Häuptling, das würde nämlich *gar* nicht gehen, und nach einer Pause fügte er sinngemäß hinzu: Aber mit uns können sie es ja machen, wir sind ja nur die Ureinwohner.

Ich meinte, vielleicht wüssten die gar nicht, dass der Federschmuck heilig sei.

Ja, sagte er, das wüssten sie tatsächlich nicht, aber wenn, dann wäre es ihnen auch egal.

Ich erzählte ihm nicht, dass wir früher in Indianerverkleidungen durch den Garten getobt waren. Mit heiligem Federschmuck auf dem Kopf haben wir Omas Streuselkuchen gegessen und uns auf dem Spielplatz um die Schaukel gezankt.

Er lächelte mich freundlich an und fragte, woher in Deutschland ich denn käme. Aus Berlin, antwortete ich. Ja, sagte er, sie hätten schon mal einen Berliner hier gehabt, einen Studenten, der sich für Indianersprachen interessierte. Die Deutschen interessieren sich verblüffend viel für die indianische Kultur. Seine Frau sei übrigens auch Deutsche.

Nach dem Frühstück fuhren wir zu einer Bingo-Halle, die einfach in der Gegend herumstand. Das waren für mich die drei erkennbaren Merkmale des Reservats: Erstens, es gab Spielhallen, zweitens, es gab Indianer, und drittens, die Gebäude standen tendenziell planlos irgendwo herum.

In der Bingo-Halle saßen vornehmlich ältere Leute mit Stapeln von Karten an langen, kahlen Tischen, während per Lautsprecher Zahlen durchgegeben wurden, so lange, bis jemand auf seiner Karte eine Zahlenreihe voll hatte und «Bingo» rief. Es war sehr unglamourös. Wir tranken Pop und warteten auf Beckys Vater, der hier und dort nach dem Rechten sehen musste, weil er Mitbetreiber der Halle war.

Am Abend fuhren Becky und ich zu der angekündigten Party nach Blackbush Falls ins Haus der Familie, bei der eine italienische Gastschülerin wohnte. Alle hatten ihre Kassetten mitgebracht. Die Südamerikaner tanzten frenetisch, und jeder blieb so lange, wie er wollte. Es war der erste Dance in Amerika, der diesen Namen verdiente.

Am Montag sollten wir alle am normalen Schulunterricht der Blackbush Falls Highschool teilnehmen und vor einer Klasse Fragen über unsere Länder beantworten, bevor wir wieder abgeholt und auf unsere Käffer verteilt würden. Meine deutsch-indianische Gastfamilie hatte mich am Abend vorher mit Geschenken, hauptsächlich indianisch bemalten Töpferarbeiten, überhäuft und verabschiedete mich, als wäre ich ihre eigene Tochter. Ich hatte ein letztes Mal in Beckys beheizbarem Wasserbett geschlafen und überlegt, ob ich hierbleiben würde, wenn es die Möglichkeit dazu gäbe. Doch zu meiner eigenen Überraschung wollte ich lieber wieder zurück zu den emotional zurückhaltenden Woods nach Quimby, wo der Küchenboden glänzte.

Morgens gingen wir zusammen raus in die Kälte, Becky, ihre Schwester, ihre Pflegeschwester und ich, die temporäre Gastschwester. Der Schnee war mit einer geriffelten Eiskruste überzogen, und es war wie immer windig. An der Straße warteten wir auf den gelben Schulbus. Darin saßen ausschließlich indianische Kinder in dicken Anoraks, die schweigend aus den Fenstern sahen, nach draußen, wo es keine Farben mehr gab, nur Weiß mit ein bisschen Braun, und die Luft darüber grau. Der Busfahrer hatte das Radio an, und es lief «Hazy Shade of Winter» in der Version von den Bangles.

Immer wenn ich später irgendwo diesen Song hörte, saß ich für einen Moment wieder in dem gelben Schulbus voller Indianerkinder, der durch eine weißgraue Landschaft fährt. Niemand sagt etwas, und die Bangles singen, es sei der Frühling unseres Lebens.

Im Magazin des Ethnologischen Museums in Berlin-Dahlem lagern fast 30 000 Objekte aus nordamerikanischen Indianerkulturen, die im Laufe vergangener Jahrhunderte dort gesammelt wurden, darunter viele heilige Kultgegenstände. Eine Auswahl des Bestands kann seit 1999 in der Dauerausstellung «Indianer Nordamerikas» besichtigt werden.

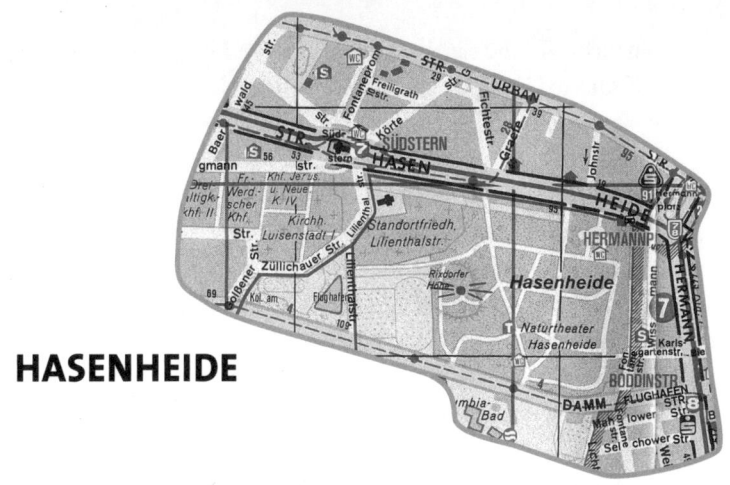

HASENHEIDE

*F*ranziska schrieb mir, Paula habe ihr geschrieben, sie
habe gehört, Sabine Breck sei vorzeitig nach Hause geschickt worden, man hätte sie in South Dakota beim Ladendiebstahl erwischt.

Ich sah Sabine Breck nie wieder in meinem Leben, aber Jahre
später dachte ich noch einmal an sie, und zwar an jenem Abend,
als ich mit Silke und ihrem Polizei-Kollegen im Funkwagen durch
Neukölln fuhr. Nachdem sie den ersten Ladendiebstahl mit dem
armen alten Mann beim Aldi in der Hermannstraße protokolliert
und aufgenommen hatten, wurden sie gleich zum nächsten gerufen, bei H&M an der Karl-Marx-Straße. Es war inzwischen nach
Ladenschluss, und wir gingen durch das leere Geschäft, zwischen
T-Shirt-Stapeln und Kleiderständern hindurch bis zu einer Art
Tapetentür, durch die man aus der glitzernden Verkaufskulisse
hinüberwechselte in die Eingeweide der Warenwelt, in das große
Verkaufslager und die kleinen Schuhkartonräume der Filialver-
waltung.

In so einem winzigen, fensterlosen Kabuff erwarteten uns die

Filialleiterin und der Ladendetektiv. Die Filialleiterin hatte kurze blondierte Haare, an den Wänden hingen die Dienstpläne für die nächste und die laufende Woche, und dazwischen saßen zusammengesackt diese beiden vielleicht fünfzehnjährigen Mädchen auf braunen Klappstühlen aus Plastik.

«Schönen guten Abend allerseits», sagte Silke.

Das eine Mädchen, das mit der sowieso schon ganz verschmierten Wimperntusche, schluchzte sofort laut auf.

Der Detektiv erklärte: «Jo, also die Damen hier sind aus der Umkleide mit ein paar mehr Sachen rausgekommen, als sie vorher anhatten. Die Verpackungen haben sie hinter den Spiegel gestopft.»

Vor ihm auf dem Tisch lagen die leeren Hüllen billiger Nylonstrumpfhosen.

«Insgesamt drei Paar Strumpfhosen, zwei T-Shirts, ein Paar Ohrringe, ein Armband. Warenwert insgesamt 52 Mark 96, und eine Strumpfhose fehlt noch.» Silke wandte sich an die Mädchen: «Wo ist die fehlende Strumpfhose?»

«Ich hab alles rausgegeben, ehrlich», schluchzte die Verheulte und bekam einen Schluckauf.

Silke fragte die andere: «Hast du irgendwo noch eine Strumpfhose?»

Die andere guckte erschrocken und schüttelte den Kopf. Ihr Make-up war noch perfekt.

«Sie ist Austauschschülerin aus Frankreich», sagte die Verschmierte. «Sie wohnt gerade bei uns.»

«Da fehlt aber definitiv eine Strumpfhose.» Der Detektiv hielt mit der Linken drei leere Verpackungen hoch, mit der Rechten zwei schwarze Strumpfhosen.

«Gut. Dann müssen wir noch mal ganz genau nachsehen», meinte Silkes Kollege. «Von wem ist diese Tasche?»

Die Verschmierte bekam sofort einen neuen Weinkrampf.

«Meine.» Und dann, leicht hysterisch: «Den Mercedesstern

dadrin hat mir ein Freund geschenkt, und der ist auch schon ganz alt! Den hat er schon von seinem großen Bruder bekommen! Und die Rauchsachen dadrin gehören mir überhaupt nicht! Die hab ich da aufbewahrt für eine Freundin, weil ihre Eltern so streng sind und immer in ihre Tasche gucken! Das müssen Sie mir glauben!»

Silkes Kollege zog einen bestickten kleinen Samtbeutel aus der Tasche und aus dem Samtbeutel ein kleines Tütchen mit Marihuana, losem Tabak und Blättchen.

«Wirklich, das gehört mir gar nicht!»

Er blieb völlig unbeeindruckt. «Finde ich hier drin noch irgendwas, das Ihnen nicht gehört?»

«Nein, nur das.»

«Da ist jedenfalls keine Strumpfhose drin», sagte der Polizist, griff sich als Nächstes die Tasche der Französin, holte einigen Krimskrams raus und stopfte ihn wieder zurück. Weiterhin keine Strumpfhose. Die Filialleiterin verschränkte die Arme: «Irgendwo muss sie ja sein.»

«Okay», meinte Silke. «Können wir in irgendein Nebenzimmer rein?»

«Hier raus und dann rechts, da ist offen.»

Silke verschwand mit der Verschmierten nach nebenan, kam wieder und verkündete: «Keine Strumpfhose.» Danach ging sie mit der Französin und fand nochmals keine Strumpfhose.

«Ich hab nur eine Strumpfhose genommen, und Camille auch, wirklich!», sagte das verschmierte Mädchen. Silkes Kollege fragte die Filialleiterin und den Detektiv, ob die dritte Verpackung nicht von einem anderen, bisher nicht entdeckten Diebstahl herrühren könnte.

«Kann, kann», antwortete der Detektiv.

«Wie auch immer», sagte die Filialleiterin. «Ihr habt jetzt beide zwei Jahre Hausverbot, und zwar in allen Filialen. Weltweit.»

Beim Rausgehen schnappte sich Silkes Kollege die leeren

Strumpfhosenverpackungen, sah sie an, warf sie wieder zurück auf den Tisch und sagte zum Detektiv: «Die eine hier hat auch eine ganz andere Größe.»

Als wir die beiden Mädchen anschließend zu ihren Eltern fuhren, wurde abermals Rotz und Wasser geheult, diesmal von beiden. Es klang durch, dass die Französin zu Hause einen strengen Papa hatte, der ebenfalls Polizist war, und bei der anderen war die Versetzung ins nächste Schuljahr gefährdet. Außerdem hatte sie am nächsten Tag Geburtstag.

Das Domizil war ein Altbau mit prunkvollem Eingang an der Hasenheide. Bevor wir hineingingen, bedrängte das verschmierte Mädchen Silke und ihren Kollegen, dass sie bitte ihre «Rauchsachen» unten in die Mülltonne werfen dürfe, sie hätte Angst, ihre Eltern würden die Tasche nun ebenfalls kontrollieren.

«Das geht natürlich nicht», antwortete der Polizist. Das Mädchen krümmte sich, richtete sich wieder auf, faltete die Hände und winselte: «Bittebittebitte! Ich werde nie wieder klauen und auch nie wieder für jemanden die Rauchsachen verwahren!»

Silke und ihr Kollege wechselten Blicke, anschließend öffnete der Polizist wortlos die Mülltonne und sah in eine andere Richtung, während das Mädchen den Inhalt des Samtbeutels hineinschüttete. Danach drückte Silke eine Klingel, eine Stimme fragte: «Ja, bitte?», und Silke sprach in die Anlage: «Polizei, wir bringen Ihre Töchter.»

Oben stand eine sehr erstaunte Frau in der Tür. Sie blickte von den Polizisten auf ihre Tochter, auf ihre Gasttochter, auf mich und wieder auf die Polizisten, dann sagte Silke mit einem verbindlichen Lächeln: «Die Mädchen haben leider eingekauft, ohne zu bezahlen.»

Die Frau sagte: «Ui.»

«Das tun Mädchen in dem Alter manchmal», meinte Silke.

Die Frau schüttelte den Kopf und sah auf ihre Tochter: «Frollein, Frollein.»

«Ich glaube aber, die machen das nicht noch mal.»

Die Frau hielt die Tür auf, und die Mädchen huschten in die Wohnung. Im Flur hing ein großes Filmplakat von Fritz Langs *Metropolis*.

«Und jetzt?», fragte die Frau.

«Sie kriegen Post von uns und müssen sich danach mit den Damen noch mal auf der Wache einfinden.»

«Gibt das eine Anzeige?»

Silke schüttelte den Kopf. «Bagatelldelikt. Die bekommen ein Normverdeutlichungsgespräch.»

In diesem Moment dachte ich an Sabine Breck. Ob sie auch zusammen mit ihrer Gastschwester erwischt wurde? Was hatte sie wohl geklaut? Und hatte sie vor ihrer Abschiebung ebenfalls so ein Normverdeutlichungsgespräch über sich ergehen lassen, von den Cops in South Dakota?

Silke, ihr Kollege und ich liefen die Treppen wieder hinunter und gingen durchs nasse Laub zurück zum Funkwagen. Auf der anderen Seite der Straße lag dunkel die Hasenheide, man hörte Polizeisirenen. Silke sagte: «Was'n da schon wieder los?»

Der Volkspark Hasenheide zwischen Kreuzberg und Neukölln ist nach seiner früheren Nutzung als Jagdgebiet und Hasengehege im 17. Jahrhundert benannt. Heute dient er als Naherholungsgebiet und Drogenumschlagplatz.

PROM

*D*er Schnee taute, der Winter verzog sich, die Felder wurden grün. Es wurde warm, es wurde heiß, das Schuljahr in Quimby ging dem Ende entgegen.

Bevor es so weit war, gab es noch einen wichtigen Termin namens *Prom*, eine mit höfischen Ritualen versetzte Tanzveranstaltung, zu der nicht wenige Mädchen sich auch so kleideten wie der europäische Adel im 19. Jahrhundert. Ich hatte mein Kleid ja schon mitgebracht. Es entsprach nicht ganz den lokalen Gepflogenheiten, aber es erinnerte mich an den schönen Tag, an dem ich es mit Silke zusammen in der Schloßstraße gekauft hatte, und wie wir dabei noch den Angeber ohne Napoleon gesehen und ihm heimlich gefolgt waren, um zu erfahren, wo er hingeht. Er ging ins Forum Steglitz, fuhr rauf zu Schaulandt, diesem riesigen Musikgeschäft mit den Gespenster-Logos, und verbrachte Ewigkeiten zwischen den Platten und CD-Regalen. Als uns das zu langweilig wurde und wir auch langsam merkten, was für eine peinliche Aktion das war, schlenderten wir am Angeber vorbei, als ob wir nur zufällig da wären, sagten hallo, verließen das Forum Steglitz und setzten uns ins Café Melanie, das einzige uns bekannte Café weit und breit.

Noch wichtiger als das Kleid war beim Prom das Date, die Begleitung durch eine Person des anderen Geschlechts. Noch einmal bedauerte ich die verfrühte Abreise von Étienne. Rosanna spekulierte in konsequenter Realitätsferne darauf, dass Dave sich vorher noch von seiner Freundin trennen und sie zu seinem Prom-Date machen würde. Sie hatte auch schon Anzeichen dafür ausgemacht, zum Beispiel hatte er sie morgens einmal angelächelt. Ich ging eher von der pragmatischen Variante aus, die da wäre, dass am Ende Rosanna und ich miteinander und ohne männliche Begleitung zum Prom gingen.

Nach der Kunststunde fing mich Lenny Cooper ab. Er hatte ein rot-weißes Tuch in die Haare und noch zwei weitere gemusterte Tücher um die zerrissene Jeans geknotet, kaute auf seinem Kaugummi und fragte mich, ob ich denn ein Prom-Date hätte. Ich sagte nein.

Vielleicht, wenn ich wollte, könnten wir ja zusammen zum Prom gehen, meinte er, und ich sagte: «Okay.»

Nach der Schule schlenderte ich mit Tina und Kelly nach Hause, und natürlich erzählte ich, dass Lenny Cooper mich gefragt hätte, ob wir zusammen zum Prom gehen würden. Oh Gott, meinte Kelly und schüttelte den Kopf, und ich sagte, ach komm, der sei doch ganz nett.

Kelly machte große Augen und fragte, ob ich denn etwa Ja gesagt hätte.

Ich hätte «Okay» gesagt, antwortete ich.

Ich solle es vergessen, meinte Kelly.

Ich erinnerte sie daran, dass nicht sie, sondern ich mit Lenny Cooper zum Prom gehen wolle, also, wo sei das Problem?

Wo das Problem liege? Frag mal Mom und Dad, sagte sie.

Tina meinte, sie finde Lenny Cooper ganz cool, denn Tina hatte ihre eigene Meinung.

Beim Abendbrot kam Kelly, die gern mal petzte, sofort mit der Sache heraus und erzählte, ich wolle mit Lenny Cooper zum Prom. Gloria runzelte schrecklich die Stirn, Walter seufzte.

Was das denn für eine Idee sei, fragte Gloria.

Warum, fragte ich zurück, bislang hätte ich kein Prom-Date, und Lenny habe mich heute gefragt. Ich fände ihn nett und habe halt «Okay» gesagt.

Nun, sagte Gloria, dann müsse ich ihm morgen wohl mitteilen, dass es doch nicht okay ist.

Ich wollte wissen, warum.

Kelly machte wieder ihr Kopfgeschüttel und sagte, als würde ihre Meinung mich interessieren, dass Lenny ja wohl kaum akzeptabel sei, er könne froh sein, dass er auf freiem Fuß ist und nicht im Kittchen, wo er nämlich hingehöre.

Ich will ihn ja nicht heiraten, rief ich, und auch nicht mit nach Hause nehmen, weder hierher noch nach Berlin, sondern nur zum verdammten Prom mit ihm gehen, was denn, bitte schön, daran der *fucking big deal* sei?

Ich hatte verdammt gesagt und «fucking». Tina duckte sich und hielt ihren Kopf ganz dicht über den Teller, sodass keiner ihr Gesicht sehen konnte. Walter rückte seine Brille zurecht. Kelly hörte auf zu kauen. Gloria schluckte den letzten Bissen, den sie noch im Mund hatte, hinunter und sagte mit belegter Stimme, ich möge auf meinen Ton achten, so würde in diesem Haus nicht gesprochen.

Am Abendbrottisch sitzen und sich zoffen. So ein richtiger Familienzwist mit petziger Schwester und ungerechten Eltern, irgendwie hatte das auch was.

Schließlich legte Walter sein Besteck beiseite und sagte, mit Lenny Cooper zum Prom, das gehe nun wirklich nicht. Tina sah mich an und meinte, vielleicht habe ihr Vater da recht.

Zum Prom kam Dave mit seiner Freundin, Lenny kam gar nicht, und ich ging mit Rosanna. Das war wohl das Beste für alle, denn immerhin hatte ich nach allen Querelen aushandeln können, nach dem Prom bei Rosanna übernachten zu dürfen. Das bedeutete, wir konnten noch auf die After-Prom-Party gehen, die in einer großen Scheune auf dem Hof von Dave stattfand. Kelly erschien da nicht (oder durfte nicht), aber Lenny war da, und das passte sowieso besser zu ihm als diese Mickey-Mouse-Veranstaltung vorher.

Auf der Scheunenparty gab es Bier zu trinken, und Rosanna hatte ordentlich Durst. Ich war bestens gelaunt, denn es war Sommer, und alle waren gut drauf in dieser Scheune mit dem großen roten Sonnenuntergang dahinter und den illegalen Getränken in der Hand. In wenigen Wochen war das Schuljahr zu Ende, danach kamen noch ein paar Wochen Ferien, und dann der Rückflug nach Hause, nach Berlin.

Bei dieser Feier redete ich mit allen, auch mit Leuten wie mit Greg und Jason, mit denen ich das ganze Jahr über kaum ein Wort gewechselt hatte. Ich stand mit den beiden zusammen, und Greg, ein unglaublicher Langweiler, der den mittleren Westen der USA noch niemals verlassen hatte, fragte mich, ob ich mich gut amüsiere. Ich sagte: Absolut, und er meinte dann: Ja, die Amerikaner verstünden zu feiern.

Auf dem Weg zur Toilette passierte ich ein paar Heuballen. Auf einem saßen Rosanna und Lenny Cooper und knutschten. Später, bei ihr zu Hause, kotzte Rosanna noch in den Garten.

Das Café Melanie in der Rheinstraße ist, auf seine unspektakuläre Art, immer noch da.

BERLIN
VON OBEN

*W*ieder fuhren wir in dem großen Oldsmobile nach Minneapolis, Walter, Gloria, Kelly und Tina Wood, ich und meine beiden Koffer. Ich war nicht traurig, ich freute mich auf mein Zuhause in Berlin, machte im Kopf aber auch eine Liste der Dinge und der Menschen, die ich vermissen würde. Rosanna. Den guten Kunstunterricht. Die Weite des Landes. Mr. Lindahl. Tara, Brenda, Lenny, meine Schulfreunde. Das Fernsehprogramm.

Plötzlich bogen wir ab auf einen kleinen Umweg, ich dachte, um vielleicht etwas zu essen. Tina lächelte wissend, alle wirkten so mild. Vor uns tauchte ein futuristisches weißes Gebäude mit verspiegelten Fenstern auf, und Walter Wood sagte in seiner bedächtigen Art, sie hätten sich überlegt, vielleicht würde ich mich freuen, wenn wir hier vorbeifahren, das sei das brandneue Tonstudio von Prince.

«Paisley Park!», rief Tina.

Gloria, die Prince selbstredend nicht mochte, fragte, ob man denn da reinkönne.

Kelly bezweifelte das, aber ihre Mutter meinte, wenn wir jetzt schon hergefahren seien, sollten wir es doch zumindest einmal versuchen.

Ich war ganz gerührt von dieser Aktion. Walter parkte den Wagen, Kelly, Tina und ich stiegen aus und gingen zum Eingang. Dort gab es einen kleinen Empfangsbereich, in dem ein sehr großer dunkelhäutiger Mann saß. Kelly, erstaunlich erfindungsreich, sagte, ich sei Architekturstudentin aus Deutschland und würde mich für das Gebäude interessieren, ob wir vielleicht einen Blick hineinwerfen dürften.

Der Mann schüttelte den Kopf und meinte, *sorry Ladies*, aber das ginge nicht.

Wir trollten uns zurück zum Wagen, stiegen ein und fuhren weiter.

Ich fand, da hatten die Woods einen sehr würdigen Abschluss hinbekommen.

Nachdem ich am Flughafen meine Koffer aufgegeben hatte, umarmte ich Gloria und Walter, dann Kelly und Tina. Tina war ganz albern und aufgedreht, aber Kelly kullerten Tränen übers Gesicht. Bevor ich in den Sicherheitsbereich verschwand, drehte ich mich um und winkte. Tina winkte frenetisch zurück, Gloria lächelte sanft, Kelly schnäuzte sich die Nase und Walter Wood hatte nasse Augen. Okay, dachte ich, diese vier Nasen werde ich auch vermissen.

Vor der Landung in Tegel kippte der Pilot die Maschine so zur Seite, dass ich eine schöne Sicht auf die Havel und ihre Seen hatte, mit den vielen weißen Segeln darauf und all dem Grün drum herum. Es war ein strahlender Sommertag in Berlin.

Vor dem Zweiten Weltkrieg ist die von Binnengewässern umgebene Stadt Berlin, die via Stettin (dem heutigen Szczecin) sogar über einen Zugang zur Ostsee verfügt, ein Zentrum des deutschen Wassersports. Nach dem Bau der Mauer konzentriert sich der Segelsport auf die Havelgewässer im Westen, auf den Wannsee und den Tegeler See, bis hoch zum geteilten Nieder Neuendorfer See. Auf diesen begrenzten West-Berliner Wasserflächen tummeln sich im Sommer um die 20 000 Segelschiffe, Paddel-, Ruder- und Motorboote.

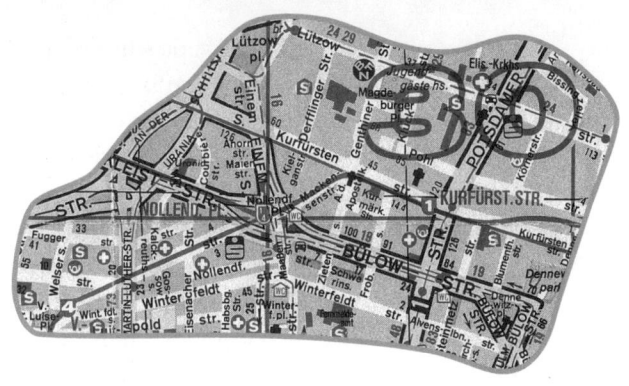

NOLLENDORF- UND
WINTERFELDTPLATZ

Alle aus der Schule waren noch verreist, und ich war ganz froh darüber. Erst mal in Ruhe ankommen. Unsere Mariendorfer Straße war lächerlich klein und schmal, die Autos waren mini und der Service überall ganz mies.

Berlin war immer noch da und hatte sich auch nicht wesentlich verändert. Meine Mutter hatte sich ein paar Tage frei genommen, und wir fuhren zu Oma nach Neukölln, gingen essen und shoppen in Steglitz. Als sie wieder arbeitete, traf ich mich zuerst mit der ebenfalls frisch zurückgekehrten Franziska. Wir fuhren zum Nollendorfplatz und liefen die Einemstraße entlang, weil wir zur «Garage» wollten, einem weiteren großen Secondhand-Laden. In der Gegend um den Nollendorfplatz schien mir Berlin ganz besonders Berlin zu sein, vielleicht, weil ich zum ersten Mal nach meiner Rückkehr in die Innenstadt kam. Ich war ganz beduselt vor lauter Heimatgefühl und urbaner Freiheit, hier in der total schmucklosen Einemstraße, mit dem Berliner Pflaster unter den Schuhsohlen.

Neben mir lief Franziska und strahlte auch.

In der Garage kaufte ich mir eine schwarz gefärbte Jeans, ein Matrosenhemd und zwei Blusen. Die Sachen wurden an der Kasse gewogen, bezahlt wurde nach Gewicht.

Anschließend überquerten wir den Nollendorfplatz noch einmal in die andere Richtung und folgten der Maaßenstraße hinunter zum Winterfeldtplatz, wo gerade Markt war. Wir schlenderten an Ständen von türkischen Obsthändlern, niederländischen Käseverkäufern und afrikanischen Taschenanbietern vorbei, tranken Saft, hörten hier und da den vertrauten Sound englischer Sprache und aßen ein asiatisches Nudelgericht. An einem Schmuckstand kaufte sich Franziska ein Paar indische Ohrringe.

Danach gingen wir weiter durch die Goltzstraße, in zwei, drei Trödelläden mit altem Nippes hinein. Wir ließen das Café M rechts liegen und setzten uns am Ende der Straße vors Café Savo, zwischen Leute mit Frisuren, wie wir sie lange nicht mehr gesehen hatten, und bestellten Milchkaffee, den wir lange nicht mehr getrunken hatten.

«Paula und Arthur sind auch wieder da», sagte Franziska. «Die wollen morgen ins Kino gehen, zu *Der Himmel über Berlin*, im Filmkunst 66. Das ist doch vielleicht genau das Richtige für die Wiedereingewöhnung.»

«Was is'n das für ein Film?»

«Von Wim Wenders. Mit Otto Sander und Peter Falk, und Nick Cave spielt auch mit.» Über diesen Nick Cave schien sich Franziska besonders zu freuen, während ich den mal wieder nicht kannte. Sie hatte einfach mehr *cooles Wissen*.

Peter Falk kannte ich natürlich aus *Columbo*, und Otto Sander hatte ich einmal persönlich getroffen. Der Zauberverein, dem mein Vater angehörte, veranstaltete manchmal öffentliche Aufführungen, und ab und zu wurden dort auch Zauberer angefragt. Für eine große Veranstaltung, bei der sich die Filmbranche in den ehemaligen UFA-Studios an der Oberlandstraße feierte, dort, wo ich schon einmal mit Judith bei der Hitparaden-Generalprobe war, hatte man sich vom Zauberverein ein paar Leute vermitteln lassen, die an den Tischen der illustren Gäste herumgehen und sie mit kleinen Tricks amüsieren sollten. Mein Vater war dabei und nahm mich mit.

Ich war davon nicht durchweg begeistert, denn ich pubertierte gerade. Ich war so sehr mit Pubertieren beschäftigt, dass ich manchmal Schwierigkeiten hatte, die anderen Dinge auch noch auf die Reihe zu kriegen. Zum Beispiel, wo und wie ich meine Arme und Beine positionieren sollte, während ich stand oder saß, und mit welchem Gesichtsausdruck. In dieser Lage die Rolle einer Tischzauberei-Assistentin mit Würde auszufüllen, empfand ich als Überforderung.

Silke war noch bei mir, bevor mein Vater mich abholte, und beriet mich bei der Garderobe. Die eventuell zu befürchtende Uncoolness der Filmfest-Situation wollte ich durch nachlässig-lässige Kleidung abfedern und zu einer schmalen schwarzen Nadelstreifenhose von meiner Mutter das silbergraue Secondhand-Jackett von Made in Berlin anziehen, das ich damals gerade frisch gekauft und mit einem Button verziert hatte. Meine Mutter fand das erwartungsgemäß entsetzlich und redete mir gut zu, lieber einen «schicken Rock» und keine Secondhand-Jacke anzuziehen. Silke schlug sich auf ihre Seite. Das war nicht weiter verwunderlich, denn bei allen Qualitäten, die sie hatte, war Silke modisch nicht besonders weit vorn. Irgendwie setzten sie sich aber durch mit ihrer Meinung, und als mein Vater eintraf, trug ich einen Rock ohne silbergraues Jackett.

Schon vor dem Eingang der Studios ging es los mit Merkwürdigkeiten. Ein Mann sprach uns an und klagte furchtbar darüber, keine Einladung zum Event bekommen zu haben, obwohl er doch mit total vielen Prominenten auf Du und Du sei. Zum Beweis schlug er ein dickes Fotoalbum auf, in das er viele Bilder von sich zusammen mit Personen aus Funk und Fernsehen geklebt hatte. Besonders viele hatte er mit Hans Rosenthal.

«Und was kann ich da jetzt tun?», fragte mein Vater.

«Vielleicht können Sie mich irgendwie mit reinbringen», sagte der Mann.

Ich flüsterte meinem Vater ins Ohr: «Ich glaube, der ist nicht ganz dicht.»

Er nickte und meinte, das habe er sich auch schon gedacht, und so gingen wir ohne den undichten Mann hinein.

Wir liefen ein bisschen herum und sahen uns das Bühnen-Unterhaltungsprogramm an, wobei mein Vater leise zu mir sagte: «Guck mal, da neben dir steht der Schamoni.»

«Wer ist Schamoni?»

«Na, der Schamoni von Radio Hundert, 6.»

«Ich mag Hundert, 6 nicht.»

«Was hast du denn gegen Hundert, 6? Ich hör den gern. Nur dass dann irgendwann immer dieses Chaotenradio kommt …»

Ich wollte jetzt nicht einsteigen in diese Diskussion, außerdem bereute ich gerade intensiv meine Kleiderwahl. Eindeutig hätte ich mich in der Nadelstreifenhose und dem alten Jackett wohler gefühlt. Das Bedauern wurde über den Abend noch größer, als wir schließlich durch den Festsaal zogen und vor angetrunkener B- und seltener A-Prominenz Zauberkunststücke vorführten.

Als wir an den Tisch kamen, an dem Otto Sander saß, freute sich Papa. Er zeigte Otto Sander alle Tricks, die er gerade parat hatte, und Otto Sander freute sich auch. Er applaudierte und war ausnehmend nett und höflich, ganz anders als einige der Knall-tüten an den anderen Tischen. Am Schluss sagte mein Vater: «Das war mir ein besonderes Vergnügen, Herr Sander. In *Das Boot* fand ich Sie übrigens großartig.»

«Das Vergnügen war ganz meinerseits», sagte Otto Sander, stand auf und gab uns beiden zum Abschied die Hand, bei mir mit einer kleinen Verbeugung.

Als nach dem Bau der Mauer die Station Potsdamer Platz geschlossen wird, verliert der verbliebene Streckenabschnitt der U-Bahn zwischen Gleisdreieck und Nollendorfplatz seine Funktion, und die Strecke wird 1972 stillgelegt. Der Bahnhof Bülowstraße wird dabei komplett außer Betrieb genommen und für einen türkischen Basar genutzt. Auf den stillgelegten Gleisen am Nollendorfplatz entsteht ein Flohmarkt, mit ausrangierten Bahnwaggons als Verkaufsflächen. Zeitweilig verkehrt auf den Gleisen zwischen dem Basar am Bahnhof Bülowstaße und dem Flohmarkt am Nollendorfplatz eine alte Straßenbahn. 1993 wird die Strecke für die neue U2 wieder in Betrieb genommen.

Die Gegend um den Schöneberger Winterfeldtplatz ist in den siebziger und achtziger Jahren eine Hochburg von Hausbesetzern und Vertretern der Alternativkultur außerhalb Kreuzbergs. Die Alternative Liste, der West-Berliner Landesverband der Grünen, kommt hier auf Wähleranteile von über 50 Prozent.

DER HIMMEL ÜBER DEM SAVIGNYPLATZ

*D*er Wim-Wenders-Film begann mit einem Engel, der oben auf der Gedächtniskirche steht und auf die Stadt hinunterblickt. Menschen laufen über den Ku'damm, Menschen laufen über den Mehringplatz am Halleschen Tor mit der Friedenssäule in der Mitte. Man sieht den Funkturm, das Messegelände, Altbauten, die Stadtautobahn. Franziska, Paula, Diana, Arthur, ich und noch ein paar mehr von uns frisch Zurückgekehrten saßen in den Kinositzen und waren selber überrascht, wie gerührt wir darüber waren, unserer vertrauten, aber lang nicht gesehenen Stadt so auf der Leinwand wieder zu begegnen. Die Leute in der U-Bahn, die spielenden Kinder in einem Neubauviertel, die alte Langenscheidtbrücke in Schöneberg, die gerade abgerissen worden war und jetzt neu aufgebaut wurde, die Siegessäule, die Magnetbahn am Potsdamer Platz und immer wieder die Mauer. Dazwischen Archivbilder der gerade zerbombten Stadt mit Menschen, die fassungslos durch Trümmer laufen und sich Tücher vors Gesicht halten, weil überall auf den Straßen die Toten liegen, darunter kleine Kinder.

Zu dem Engel gesellt sich ein zweiter Engel, gespielt von Otto Sander. Die beiden Engel bewegen sich durch die Stadt, und der eine verliebt sich in eine Zirkusakrobatin mit französischem Akzent, die ab und zu punkige Konzerte besucht. Bei einer Konzertszene in einem Club fragte Arthur mich: «Wo is'n das?» Als ob ich so etwas wüsste.

Auch ein Waschsalon war zu sehen, ich war ja inzwischen der Meinung, in jedem guten Film sollte einmal ein Waschsalon auftauchen. Dann gab es noch eine andere Konzertszene mit einem sehr eindrucksvollen Sänger an einem ungewöhnlichen Ort, nämlich in einem prunkvollen Saal mit Kronleuchtern und alten Teppichen. Diesmal fragte ich Arthur, ob er wisse, wo das sei, und er wusste Bescheid: «Das ist im alten Hotel Esplanade.»

«Und der Sänger?»

«Nick Cave.»

Am Ende des Films stand auf der Leinwand: «Fortsetzung folgt.»

Wir traten aus der Kinotür, raus auf die Ecke Bleibtreu- und Niebuhrstraße und waren ganz benommen. Wir mussten uns erst mal justieren, wie wir da jetzt selber standen unter dem Himmel von Berlin, unter dem schon so vieles passiert war, bevor es uns überhaupt gegeben hatte. Kriege und Trümmer und millionenmal geboren und gestorben, und wo weiterhin so viel passierte, und wir waren mittendrin, im Jahr 1988 in Charlottenburg, eine Gruppe heimgekehrter Austauschschüler. Ein paar verabschiedeten sich gleich, aber Paula schlug vor, noch zum Savignyplatz zu gehen. Franziska, Diana, Arthur und ich waren dabei.

Der Savignyplatz war keine mir vertraute Gegend. Wir passierten einen S-Bahn-Bogen, gingen dann ein paar Meter weiter an der Bahntrasse entlang, wo es ein paar Läden und Lokale gab, und setzten uns in eine Kneipe mit dem Namen «Jahrmarkt». Ganz legal durften wir uns fünf Biere bestellen.

«Was wird das wohl für eine Fortsetzung werden von dem Film?», fragte Paula.

Arthur sagte: «Da fällt dann die Mauer.»

«Genau», meinte Diana. «Wim Wenders geht zu Honecker und sagt: ‹In meinem nächsten Berlin-Film soll es darum gehen, dass die Mauer fällt, könnte man das vielleicht arrangieren?›»

Ich fühlte mich gut, als wir später in Richtung Zoo den dunklen Savignyplatz überquerten, der von allem etwas war, ein bisschen verkommen und gefährlich mit suspekten Gestalten auf der Grünanlage und schlafenden Pennern auf den Bänken, ein bisschen bürgerliches Charlottenburg ringsherum und ein bisschen Künstler- und Intellektuellen-Hangout mit Programmkinos und Buchläden. Neben mir hatte ich nette Leute, und über mir war der Himmel über Berlin, der niemals so riesig und sternenübersät aussah wie der Himmel über der Prärie. Dafür hatte er andere Qualitäten.

In den zwanziger Jahren gehört das alte Grand Hotel Esplanade am Potsdamer Platz zu den vornehmsten Adressen in Berlin. Nach dem Krieg steht nur noch ein kleiner Teil des Hotels einsam in einer Trümmerwüste, der bald als Restaurant und Festsaal genutzt wird. Die Mauer führt unmittelbar am Esplanade vorbei, aus der ehemals zentralen Lage ist eine Randlage geworden. Der Veranstaltungsbetrieb wird bis 1981 weitergeführt, dann muss das Hotel wegen Einsturzgefahr weitgehend schließen, ist aber weiterhin als Drehort für Filme begehrt. Schon 1972 taucht in berühmten Szenen des Musicals *Cabaret* der Kaisersaal des Hotels auf; 1986 dreht Wim Wenders dort für *Der Himmel über Berlin*. Nach einer spektakulären Versetzung der Gebäudefragmente mit Hilfe von Computermodellen und einer Luftkissenkonstruktion wird der Kaisersaal ins heutige Sony Center integriert; 2007 eröffnet dort ein Restaurant. Auch der alte Frühstückssaal des Hotels wird nebenan wieder aufgebaut und beherbergt heute das Café Josty.

Die Magnetbahn (auch M-Bahn genannt) wird 1983 über den Potsdamer Platz gebaut und 1984 als Teststrecke mit drei Stationen (Gleisdreieck, Bernburger Straße und Kemperplatz) in Betrieb genommen. 1989 dürfen auch reguläre Fahrgäste mit der M-Bahn fahren; 1991 wird die Strecke jedoch wieder demontiert, um Platz zu machen für den Wiederaufbau der U-Bahn-Linie U2. Zeitweilig diskutierte Pläne, eine M-Bahn-Strecke zum Flughafen Schönefeld zu bauen, werden nicht verwirklicht.

AVUS NACH DREILINDEN

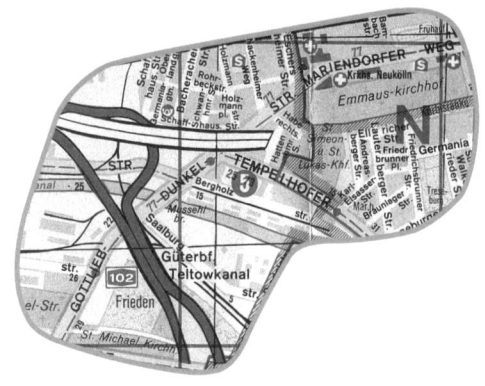

*D*as neue Schuljahr fing an, und ich fuhr jetzt oft mit dem Rad zur Schule. Der Hinweg war kein Problem, aber auf dem Rückweg verzettelte ich mich zuerst immer wieder im Neuköllner Straßengewirr. Wenn ich da wieder herausgefunden hatte, führte mich der Weg am Neuköllner Krankenhaus vorbei in die Gottlieb-Dunkel-Straße, die zuerst von einem Industriegebiet und dann von Friedhöfen gesäumt wurde. Den letzten Friedhof auf der linken Seite kannte ich, da lag der Opa begraben. Bei der Trauermesse hatte ich sein Lieblingslied «Maria, breit den Mantel aus» auf der Flöte gespielt und mein weißes Erstkommunionskleid getragen. Dass die Straße am Friedhof Gottlieb-Dunkel-Straße hieß, hatte ich mir damals gleich gemerkt, weil es so ein einprägsamer Friedhofsstraßenname war. Nach der Gottlieb-Dunkel-Straße kam die Rixdorfer Straße, wo es von der Sarotti-Fabrik her oft und intensiv nach Schokolade roch.

Für die Fortbewegung durch die Stadt hatte ich von jeher mein Rad gehabt und das öffentliche Verkehrsnetz, und am Wochenende nahm ich mir für nächtliche Rückfahrten manchmal ein Taxi. Damit war ich immer und überall gut hin- und wieder zurückgekommen, trotzdem hatte meine Mutter die Idee, mir

zum Achtzehnten den Führerschein zu schenken, beziehungsweise erst einmal die Fahrstunden. Sie selber besaß keinen Führerschein und fand es auch deshalb praktisch, wenn demnächst eine
von uns Auto fahren können würde.

Ich meldete mich bei der Fahrschule um die Ecke an, begann
mit ein paar Theorie-Stunden, und dann kam die erste Praxis-
stunde. Der Fahrlehrer hatte einen Schnauzbart und trug einen
braunen Lederblouson. In Minnesota war ich einmal mit Rosanna und ihrer Gastschwester auf einem leeren Highway Auto
gefahren, dabei war der Wagen lustig gehoppelt; Rosannas Gastschwester hatte sich ausgeschüttet vor Lachen. Jetzt hatte ich
trotzdem keine Ahnung, wo Gas, Bremse und Kupplung waren.

«Die Jungs wissen dit immer», sagte der Fahrlehrer. Aber ich
war ja kein Junge.

Das Auto durch ein paar leere Mariendorfer Seitenstraßen
zu lenken fühlte sich an wie eine unglaubliche Zumutung, und
das war noch gar nichts verglichen mit der totalen Überforderung, die sich einstellte, als es später auf Straßen ging, auf denen
auch andere Autos fuhren. Neben mir saß natürlich immer dieser Fahrlehrer, der sich halb gelangweilt und halb genervt in den
Sitz fläzte und schwerverdauliche Sprüche klopfte. Am Ende jeder
Fahrstunde war ich nass geschwitzt und hatte ein leichtes Zittern
in den Beinen.

Der Schwierigkeitsgrad steigerte sich kontinuierlich. Erst
ging es auf kleine, dann auf richtig große Kreuzungen. Schließlich fuhren wir auf dem Großen Stern einmal um die Siegessäule
herum und später sogar auf die Stadtautobahn, aber zu keinem
Zeitpunkt hatte ich das Gefühl, irgendeinen Fortschritt zu machen und an Kontrolle über das Fahrzeug oder an Überblick über
die Verkehrssituation hinzuzugewinnen. Es blieb einfach immer
gleich schrecklich. Jede einzelne Fahrstunde war schlimmer als
jede Mathe-Klausur, und in Mathe war ich schon nicht besonders
gut.

Sogar wenn ich nicht selber im Auto saß, hatte ich ab jetzt Probleme mit dem Verkehr. Ständig dachte ich, das kann ja wohl nicht wahr sein, wie viele Autos immerzu und überall um einen herum sind. Wie man sie immerzu hört, immer sieht, immer riecht. Als trostlosestes Geräusch der Welt empfahl sich mir «Autoverkehr auf nasser Fahrbahn», und wenn ich an der Ampel stand, sah ich die ganze Zeit auf den an mir vorbeirollenden Verkehr, während die Leute in den Autos mich gar nicht ansahen, und auch das war ätzend. So arrogant. Mir fiel neuerdings auf, wie manche Leute sich veränderten, sobald sie hinterm Steuer saßen. Zusammen mit der Maschinerie um sich herum entwickelten sie ein ganz neues Machtbewusstsein.

Auf der anderen Seite sah ich, dass so ziemlich jeder lernen konnte, ein Auto zu steuern. Selbst Leute, die sonst nicht viel auf die Reihe bekamen, konnten prima Auto fahren. Minski zum Beispiel. Demnach, so meinte ich, müsste es auch mir möglich sein, mich wie selbstverständlich hinters Steuer zu setzen, den Schlüssel herumzudrehen und loszufahren.

War es aber nicht.

Am Schluss mussten noch die Spezial-Fahrstunden «Nachtfahrt» und «Autobahnfahrt» absolviert werden, bevor ich mich zur Prüfung anmelden konnte.

Weil es Sommer war, fiel die Nachtfahrt sehr spät aus. Mein Fahrlehrer war mir im Dunkeln nicht sympathischer als im Hellen, fand aber, dass es eine hübsche Idee sei, mit offenen Fenstern und offenem Schiebedach über den erleuchteten Ku'damm zu cruisen. Theoretisch, in einem anderen Auto und mit anderer Begleitung, wäre es das auch gewesen, optimalerweise auf dem Beifahrersitz. So lenkte ich selber, und der Fahrlehrer machte über den Skulpturenboulevard genau die Sprüche, die ich von ihm erwartet hatte («Dit soll nun Kunst sein, na schön Dank auch»; «Die schönen Cadillacs hättense lieber mal mir jeben solln»). Allerdings, als hinter mir jemand hupte, nur weil mir auf dem Adenauerplatz der Wagen abgesoffen war, stieg er aus, mitten auf der Kreuzung, und beschimpfte den Fahrer durch dessen ebenfalls offenstehendes Fenster: «Haste Tomaten uffn Augen, oda wat? Da steht ja wohl groß und leuchtend FAHRSCHULE druff auf dem Wagen, und dit bedeutet, dass da eener fahren lernt! Da hupt man nich, wenn da mal der Wagen absäuft!»

Ich sah, wie der andere Fahrer entschuldigend die Hände hob. Mein Fahrlehrer stieg wieder ein und sagte: «Kannick nich ab, sowat.»

Als Nächstes kommentierte er dann wieder einen vor uns herzuckelnden Lada mit polnischem Kennzeichen, vollgepackt mit großen karierten Taschen: «Wat machen dien hier? Die solln ma schön zu ihrm Krempelmarkt fahrn, is aba die falsche Richtung, Leute. Komm, den musste übaholn, jetze, der stinkt.»

Für die Autobahnfahrt gab es nicht viel Auswahl, um einmal schneller als 80 Stundenkilometer zu fahren. Nachdem ich das Fahrschulauto zwischen Funkturm und ICC hindurchgesteuert hatte, musste ich rauf auf die AVUS, wobei der Fahrlehrer darauf bestand, dass ich mindestens einmal auf 120 Stundenkilometer beschleunigte, was ich wiederum völlig irre fand. Wir passierten die ewig verwaisten Zuschauertribünen, auf denen ich noch nie einen Menschen hatte sitzen sehen, außer in dem Ärzte-Film *Richy Guitar*, und steuerten auf den Grenzkontrollpunkt Dreilinden zu. Dahinter, das wusste ich, wurde man von einem sowjetischen Panzer auf einem Betonsockel begrüßt. Aber natürlich wollten wir die Grenze nicht passieren, wir wollten nur ein wenig auf die Tube drücken. Kurz vorher machten wir kehrt und rasten wieder zurück. Erneut passierten wir Funkturm und ICC und bogen dann ein in den breiten Kaiserdamm mit seinen schönen Laternen.

Zur 750-Jahr-Feier wird 1987 auf dem Kurfürstendamm der «Skulpturenboulevard» als Museum im öffentlichen Raum eingeweiht. Zu den sieben Exponaten zählen unter anderem die Beton-Cadillacs des Künstlers Wolf Vostell. Die Skulpturen stoßen bei weiten Teilen der Berliner Bevölkerung und der Boulevardpresse auf Ablehnung, sogar eine Bürgerinitiative wird dagegen gegründet. Noch heute stehen drei der sieben Skulpturen auf dem Ku'damm, unter ihnen Vostells *Zwei Beton-Cadillacs in Form der nackten Maja.*

Als die polnische Regierung Anfang 1989 die Grenze nach Westen öffnet, strömen polnische Bürger nach West-Berlin, um Zigaretten, Alkohol, Kleidung und alle möglichen Waren der östlichen Mangelwirtschaft im Westen zu verkaufen. Auf einer schlammigen Freifläche in der Nähe vom Potsdamer Platz entsteht der berühmt-berüchtigte Polenmarkt, der im Sommer vom rot-grün regierten Senat verboten wird.

Die AVUS (Automobil-Verkehrs- und Übungs-Straße) ist 1921 die erste Straße in Europa, die ausschließlich für den Autoverkehr bestimmt ist. Sie beginnt am Funkturm, verläuft weiter durch den Grunewald und führt über den Grenzkontrollpunkt Dreilinden direkt auf die Transitstrecke durch die DDR. Noch bis 1998 wird sie an manchen Wochenenden für Autorennen gesperrt; heute ist von dieser Tradition nur noch die alte Zuschauertribüne übrig, die 2007 von einem Investor gekauft wird und wahrscheinlich hinter Glas gesetzt werden soll.

KREUZBERG 61

*W*ir standen vor dem TÜV-Gelände in der Alboinstraße, und weil es regnete, warteten wir im Auto auf den Prüfer namens Baumann. Es half mir nicht, dass mein Fahrlehrer dabei die Stirn in Falten legte und vor sich hin murmelte: «Baumann, harte Nuss. Lässt viele durchfallen.»

Baumann kam schließlich, setzte sich hinten rein, schüttelte seinen Schirm aus und sagte: «Dann mal los.»

Meine Beine schlackerten derart, dass ich kaum die Kupplung durchtreten konnte. Sehr umsichtig fuhr ich an den Rechts-vor-links-Straßen vorbei, überhaupt machte ich alles sehr, sehr korrekt. Dann forderte Baumann: «Jetzt bitte auf die Stadtautobahn.»

Neben mir fuhr ein Laster. Ich wusste nicht, ob ich den jetzt besser überholen sollte oder nicht, entschied mich aber nach all der Vorsicht und Langsamkeit, die ich vorher an den Tag gelegt hatte, für etwas mehr Rasanz. Der Fahrlehrer ging auf die Bremse, es tutete.

Danach zitterte ich noch mehr, das Einparken auf dem holprigen Kopfsteinpflaster vor dem TÜV dauerte eine Ewigkeit. Am

Schluss saßen wir alle still im Auto, Baumann, der Fahrlehrer und ich, an den Scheiben rann das Wasser herunter.

«Mein Gott, waren Sie nervös», sagte Baumann, und dann hielt er einen Vortrag darüber, was ich alles nicht gut gemacht hatte, besonders in die Sache mit dem Laster steigerte er sich noch mal richtig rein. Am Schluss seufzte er, zog theatralisch einen Kuli aus seiner Innentasche, kritzelte etwas auf ein Papier in seiner Mappe, gab mir das Papier und meinte: «Weil ich heut milde gestimmt bin.» Dann reichte er meinem Fahrlehrer die Hand und stieg aus.

Mein Fahrlehrer saß da, hatte die Unterlippe nach vorn geschoben und nickte. «Glück jehabt», sagte er. «Großet Glück jehabt.»

Ich war so unendlich froh, den ganzen Fahrschulscheiß hinter mir zu haben. Meine Mutter freute sich auch, sie hatte es mir aber die ganze Zeit über nicht richtig geglaubt, dass ich Probleme mit dem Fahrenlernen hatte. Sie dachte, alles fiele mir leicht. Nun schlug sie vor, ein Auto anzuschaffen. Ich stutzte. Das mit dem Fahren hatte ich doch gerade erst überstanden. Ich brauchte jetzt dringend eine Pause und antwortete ihr, dass ich vorerst kein Auto benötigte.

Zwei Wochen später fuhr ich nach der Schule bei Stefan mit. Er war mit dem Wagen seines Vaters zur Schule gekommen, weil er sich bereit erklärt hatte, die Farbeimer zu transportieren, die wir brauchten, um den Oberstufenraum neu zu streichen. Der Oberstufenraum war eine mit alten Sofas möblierte, lehrerfreie Zone, in der wir anfallende Freistunden mit Rumdösen überbrückten.

Bei der Renovierungsaktion waren am Ende sehr viel weniger Leute dabei, als sich angemeldet hatten, und ganz zum Schluss, beim Aufräumen und Saubermachen, waren nur noch Stefan und ich da. Wir brachten Farbeimer, Farbroller und Pinsel zurück in sein Auto, dann nahm er mich mit bis nach Mariendorf. In der

Gneisenaustraße hielt er kurz an, denn er wollte aus einem Fotogeschäft seine fertig entwickelten Filme abholen. Er stellte das Auto in zweiter Reihe direkt vor dem Laden ab, kurz vor einer Baustelle, und sagte: «Wenn der andere da rauswill, fährste einfach ein Stück vor, kannste ja jetzt.»

Kaum war Stefan im Geschäft verschwunden, kam tatsächlich der andere, der, dessen Auto Stefan gerade zugeparkt hatte, und wollte raus. Ich setzte mich ans Steuer, ließ den Motor an und fuhr an der Baustelle vorbei. Dahinter kam aber gleich eine Bushaltestelle und dann schon wieder die nächste Seitenstraße. Natürlich schaffte ich es nicht, schnell in die linke Spur zu wechseln, um bei der nächsten Möglichkeit den Mittelstreifen zu kreuzen und gleich wieder zurückzufahren, also musste ich erst einmal weiter geradeaus. Den Sitz und den Rückspiegel hatte ich mir beim Wegfahren nicht eingestellt, beim Wechsel in den dritten Gang verschaltete ich mich, und das Auto machte komische Geräusche. Mir brach sofort der Schweiß aus. Die nächste Umkehrmöglichkeit war die große Kreuzung am Mehringdamm. Es wurde aber noch schlimmer, als ich beim Zurückfahren auf Höhe des Fotoladens nicht anhalten konnte, weil alles vollgeparkt war. Über den breiten, baumbestandenen Mittelstreifen hinweg sah ich Stefan auf der anderen Seite der Straße, wie er irritiert nach links und rechts guckte, aber nicht zu mir hinüber. Ich musste indessen weiter, und dann kam das Umleitungsschild, das mich nach rechts in die Zossener Straße schickte. Danach wusste ich überhaupt nicht mehr, was tun. Ich schlich im Schneckentempo durch Kreuzberg 61, wurde ab und zu angehupt, hielt an, um endlich den Sitz nach vorn zu ziehen, mich zu konzentrieren und die heraufquellenden Tränen aus den Augen zu wischen. Irgendwann, tausend Jahre später, war ich irgendwie wieder auf der Gneisenau. Stefan stand noch immer da, ratlos, mit hängenden Schultern. Er strahlte vor Erleichterung, als er mich unendlich langsam heranrollen sah. Danach setzte ich mich einfach gar nicht mehr hinter ein Steuer.

Kreuzberg teilte sich auf in die alten Postbezirke «1000 Berlin 36» und «1000 Berlin 61», wobei 61 der größere, westliche Teil ist.

HARDENBERG-STRASSE

*S*eit wir dort auf einmal zu den Ältesten gehörten, standen die einstmals so wichtigen Gemeindefeten bei uns nicht mehr sehr hoch im Kurs, denn was sollten wir auf Kindertanzveranstaltungen, bei denen uns die Jungs bis zur Schulter reichten. Die entstehende Feier-Lücke wurde größtenteils ausgefüllt von den Uni-Feten, vor allem denen in der «Alten TU-Mensa» und in der Hochschule der Künste (HdK), beides in der Hardenbergstraße. Mariola wollte nach dem Abi an der HdK Kunst studieren, sie arbeitete gerade an ihrer Bewerbungsmappe. Natürlich kannte sie auch schon diverse Kunststudenten. Ansonsten hatte aber keiner irgendwelche Kontakte in die Hochschulen. Die TU-Feten waren überall plakatiert, die großen HdK-Feten ebenfalls. Es war dort ein bisschen so wie früher auf den EKH-Feten, aber das Publikum rekrutierte sich aus Berliner Oberstufenschülern von überall her und ein paar Studienanfängern der Unis. Das ging gut zusammen, dieser Graben war weniger tief als der zwischen uns und den Fünfzehnjährigen auf den Gemeindefeten.

Auch sonst fuhr ich wieder regelmäßig zur Hardenbergstraße,

denn im Amerika-Haus fanden jetzt die Austauschschüler-Nachbereitungstreffen statt. Danach ging es meistens weiter ins Café Hardenberg, wo wir die langen Tische im hinteren Teil blockierten und beim Personal nicht besonders beliebt waren. Manchmal splitterte sich ein Grüppchen ab und ging in die Filmbühne am Steinplatz, weil da irgendwas lief. Auf dem Weg zwischen Amerika-Haus und Café Hardenberg mussten immer noch mehrere Leute telefonieren, wobei die Telefonzellen in der Hardenbergstraße nicht gut in Schuss waren, meistens roch es schlecht, auf dem geriffelten Aluboden klebten Kaugummis und die drei dicken Telefonbücher (Branchenbuch, Telefonbuch Berlin A–K und Telefonbuch Berlin L–Z) waren reichlich zerfleddert.

Wenn es sonst keine Fete gab am Wochenende, hatte irgendjemand aus der Amerika-Haus-Crew fast immer eine Idee, die besser war als der ansonsten noch optionale Spieleabend bei Heike, Johnny, Anja oder Gerald. Im Sommer gingen wir ins Open-Air-Kino in der Waldbühne und sahen dort eine Reihe von obligatorischen Open-Air-Kino-Filmen wie *Blues Brothers* oder *Tote tragen keine Karos*. Einmal waren wir spät nachts in der *Rocky Horror Picture Show* im Hollywood-Kino ganz hinten am Ku'damm, wo verkleidete Leute saßen und Reis warfen, und ein anderes Mal, ebenfalls erst nach Mitternacht, gingen wir ins Xenon zu *Koyaanisqatsi*. Das war zu Beginn der Osterferien, nachdem wir schon lange im Hardenberg gesessen hatten und ich eigentlich todmüde war. Draußen an der frischen Luft fühlte ich mich vorübergehend etwas munterer. Umso sedierender war es dann in dem schmalen, vollbesetzten und gutbeheizten Kinoraum, in dem selbstverständlich geraucht wurde, und zwar nicht nur Tabak. Der Film startete ohne Werbeblock. Ich hatte keine Ahnung, was für ein Film das überhaupt war, der merkwürdige Titel sagte mir nichts, aber als nach einer Viertelstunde klar wurde, dass eine Handlung nicht zu erwarten war, sackte ich einfach in den Sitz, starrte auf die Leinwand und verfiel in einen etwas unklaren Zustand, in dem sich

Müdigkeit, suggestive Bilder, verstörende Musik und Marihuana-Schwaden zu einem namenlosen Effekt zusammentaten.

Nach dem Film stand ich neben den anderen auf der Kolonnenstraße, es war viertel drei, und es erschien mir viel zu anstrengend, noch mit jemandem zu reden. Ich sagte tschüs in irgendeine Richtung und ging einfach los, in irgendeine andere Richtung. Dabei verfolgte ich die vage Idee, ein Verkehrsmittel zu finden, zum Beispiel einen Nachtbus. Schließlich hielt ich ein Taxi an. Dafür hatte ich zwar nicht genug Geld dabei, aber ich konnte zu Hause ja welches holen, aus der Schublade in der Küche, wo immer etwas drin war, falls ich was brauchte.

Die Taxifahrerin hörte reichlich anstrengende Musik, ein ziemliches Kontrastprogramm zur Musik aus dem Film gerade, und sie war auch noch kommunikativ gestimmt.

«Wo kommst du denn gerade her?», fragte sie.

«Xenon», sagte ich.

«Was lief?»

«Ich weiß jetzt gar nicht, wie der Film hieß.»

Sie sah mich durch den Rückspiegel an. «Weißt du denn noch, worum es ging in dem Film?»

«Puh, nee. Der hatte gar keine Handlung.»

«Aha?»

«Der war nur so mit Bildern und Musik. Vielleicht ging es irgendwie darum, dass die Menschen die Erde zerstören oder so was. Der Titel war jedenfalls ein ganz komisches Wort. Keine Ahnung.» Es kostete mich einige Anstrengung, so viel zu reden.

«Koyaanisqatsi», meinte die Taxifahrerin. «Mit Musik von Philip Glass.»

«Ah», sagte ich einfach. «Genau.»

Die Taxifahrerin erklärte mir noch, dass Koyaanisqatsi «Leben im Ungleichgewicht» bedeute und ein Wort aus der Sprache der Hopi-Indianer sei. Sie war ja wohl voll die Auskennerin. Ich fragte sie, was sie da für Musik höre.

«House.»

«Haus?»

«Genau.»

«Die Musik heißt Haus?» Heute Nacht war einfach alles sehr merkwürdig, vielleicht schlief ich ja schon.

Ich solle mal in die Turbine Rosenheim gehen, sagte die Taxifahrerin, da gäbe es immer Acid House.

«Acid House, ach so», murmelte ich, als sei mir das bestens bekannt, und sie meinte noch, das sei das neue Ding. Na ja, dachte ich, wenn sie als Auskennerin das sagt, dann muss das ja stimmen.

Mittlerweile fuhren wir den Tempelhofer Damm runter, ich sah all die U-Bahn-Stationen, an denen ich jeden Tag unterirdisch vorbeikam, mal wieder von oben. Das Flugfeld vom Flughafen Tempelhof, das Ullsteinhaus, und als wir bei der Dorfkirche Alt Mariendorf vom Tempelhofer auf den Mariendorfer Damm wechselten, sagte die Taxifahrerin: «Puh, du wohnst ja ganz schön weit draußen. Du bist wohl Berlinerin.»

Nachdem ich das Geld geholt und bezahlt hatte, raschelte mir kurz vor der Haustür ein Igel über den Weg.

Die 1950 eröffnete Filmbühne am Steinplatz ist ein kleines Programmkino mit angeschlossenem Café-Restaurant. Der Kinobetrieb wird 2003 eingestellt, das Restaurant ist noch bewirtschaftet.

Das kleine Ladenkino Xenon in Schöneberg besteht seit 1909.

Die Berliner Hochschule der Künste (HdK) wird 2001 in Universität der Künste (UdK) umbenannt.

GLEISDREIECK

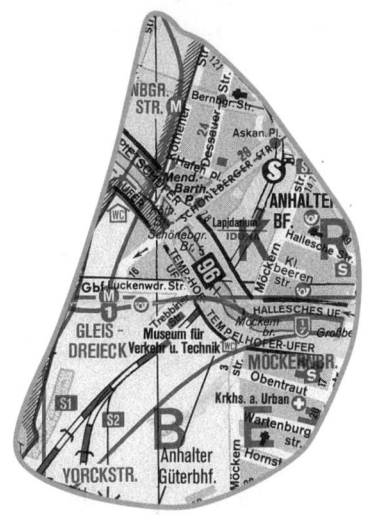

$\mathcal{V}$or Weihnachten hatte ich einen Zettel im Briefkasten, dem zu entnehmen war, dass ich ein Paket abholen konnte, und zwar im zentralen Paketamt am Gleisdreieck. Warum es nicht wie sonst in der Postfiliale am Mariendorfer Damm lag, ich wusste es nicht.

Nach der Schule fuhr ich weiter bis Möckernbrücke. Dort stieg ich aus der unterirdischen U7 durch die verglaste Überführung über dem Landwehrkanal um in die Hochbahn der U1 und fuhr eine Station bis Gleisdreieck. An diesem Hochbahnhof stiegen kaum jemals Menschen zu oder aus, denn am Gleisdreieck gab es eigentlich nichts, außer, wie ich nun zur Kenntnis nahm, eine Paketstelle. Vom Bahnsteig aus sah ich ringsherum nur überwucherte Gleise, Backsteinlagerhallen und Ruinen.

Der Ausgang, vor dem ich zuerst stand, war vergittert, und über der Vergitterung stand «Kein Ausgang!», daneben ein roter Kreis mit weißem Balken in der Mitte. Rund und rot ist ein Verbot, dachte ich. Der andere Ausgang führte zu einer desolaten Straße, die unter einer Hochbahnbrücke entlangführte, und ich musste mich fragen: «Paketstelle – jetzt wo? Diesseits oder jenseits der Brücke? Einmal um den finsteren Lagerhausblock gehen? Und wenn ja, in welche Richtung?»

Missmutig lief ich nach hier und nach dort, bis ich hinter einer Plastiküberdachung ein gelbes Schild erahnte, gelb wie die Post. Ich betrat das dahinterliegende Gebäude aus rotem Backstein und befand mich danach allein in einem Raum. Immerhin: Von irgendwo hörte ich Stimmen. Aus meiner Schultasche kramte ich den Zustellzettel, dann stand ich da und räusperte mich. Ich rief über den Schalter hinweg ein «Hallo?» in den Raum hinein. Danach ein lauteres «Hallo!», und siehe da, schon kam einer herbeigeschlurft. Ein Mann. Im Gesicht sah er gelblich aus, und allgemein wirkte er so, als würde er hier hausen.

Ich sagte: «Ich möchte ein Paket abholen.»

Der Mann sagte nichts, er sah mich auch nicht an. Er nahm nur traurig meinen Paketschein entgegen, machte «Hm» und verschwand wieder nach hinten.

Nach einer nicht ganz kleinen Weile kehrte ein anderer Mann mit einem Paket zurück. Dieser Mann war nicht schmal und gelbgesichtig wie der erste, sondern aufgedunsen und rotgesichtig, und er wollte meinen Personalausweis sehen. Ich hatte aber nur meinen Schülerausweis dabei.

«Wat?», sagte er. «Sie ham Ihrn Personalausweis nich dabei? Aba dit is Ihn schon klar, dasse ohne Ausweispapiere standesrechtlich erschossen wern könn, ja?»

«Von den Paketbeamten?»

«Von die Alliierte!»

Ich hatte überhaupt keine Angst vor den Alliierten, die Alliierten waren unsere Freunde. Noch nie hatte mich einer von denen nach meinen Papieren oder irgendetwas anderem gefragt. Ein größeres Problem als die Alliierten schien mir der Paketbeamte zu sein, der nun behauptete, mein Schülerausweis reiche nicht aus zur Identifikation.

«Und jetzt?», fragte ich.

«Na wat wohl und jetz. Müssense wohl noch mal wiedakomm mippm Ausweis.»

Ich ging. Ich ging wieder zurück zum Bahnhof, und während ich die Treppen hochstieg, war ich voller Hass. Ich stellte mir vor, wie der Paketbeamte ohne Ausweis rausging zum Schrippenholen und auf dem Weg zum Bäcker «standesrechtlich» erschossen wird, von die Alliierte.

Am nächsten Tag fuhr ich wieder zum Gleisdreieck, mit Ausweis natürlich. Immerhin kannte ich jetzt schon den Weg zur Post. In der Pakethalle wartete vor mir ein Mann, der auch ein Paket abholen wollte. Er hatte seine Papiere dabei, bekam sein Paket und ging damit hinaus. Diesmal stand eine Frau hinter dem Schalter, sie wirkte relativ normal. Ich zeigte meinen Ausweis vor und sagte, ich wolle mein Paket abholen.

«Wo hamse denn den Paketschein?», fragte die Frau.

«Den hab ich jetz nicht mehr.»

«Na, den brauchense aber.»

«Aber ich war ja gestern schon hier, da hatte ich den Paketschein ja abgegeben.»

«Wie abgegeben?»

«Na», ich vollführte verzweifelte Gesten, «ich hab dem Mann gestern doch den Paketschein gegeben. Dann hat der damit mein Paket rausgesucht, aber dann durfte ich es ja nicht mitnehmen, weil ich den Ausweis nicht dabeihatte! Den Paketschein hat er mir aber nicht zurückgegeben, und jetzt bin ich wieder da und habe meinen Ausweis dabei!»

Die Frau sah mich gequält an, dann seufzte sie und ging mit meinem Ausweis in der Hand nach hinten.

Von dort kehrte sie, nach einer den schwierigen Umständen angemessenen Wartezeit, mit dem Paket zurück. Es kam aus Quimby, und der Paketzettel lag noch dabei. Ich unterschrieb auf dem Zettel, nahm mein Paket und ging zum Ausgang. Die Frau rief mir hinterher: «Hier! Ick hab noch Ihrn Ausweis, junge Frau! Den brauchense, sonst könnse standesrechtlich …»

Familie Wood hatte mir zu Weihnachten eine in ihrer Funktion nicht näher definierbare Metallplakette mit einem Eistaucher-vogel, dem Symboltier des Bundesstaats Minnesota, geschickt, außerdem eine Tasse, ebenfalls mit Eisvogel.

Von anderen aus dem Amerika-Haus hörte ich, dass sie ihre Pakete teilweise beim Zollamt in Schöneberg abholen mussten, nach zweistündiger Wartezeit, komplizierten Erklärungen zum Inhalt und manchmal sogar erst nach Zahlung von Zollgebühren. Die Woods hatten zum Glück eine Zollerklärung mit der Auf-schrift «Weihnachtsgeschenke: Tasse, Plakette» ordnungsgemäß aufs Paket geklebt; ich war glimpflich davongekommen.

Es gehört zu den politischen Grundsätzen des Senats in West-Berlin, den Bestand der vielen nach dem Mauerbau brach-liegenden Gleisanlagen, die Verbindungen nach Ost-Berlin darstellen, unverändert zu erhalten, um auch dadurch das Nicht-Einverständnis mit der Teilung der Stadt auszudrücken.

Auf den weiten Brachen am Gleisdreieck wird 2011 eine Parklandschaft eröffnet, die neben Spielplätzen und Skater-bahn auch viel unberührte «Gleiswildnis» bietet, die sich dort während der vergangenen Jahrzehnte mitten in der Stadt ent-wickeln konnte.

Auf West-Berliner Territorium gilt das Grundgesetz zwar de facto, jedoch nicht formell. Über dem Grundgesetz rangiert das alliierte Recht, eine Ansammlung von Gesetzen und Direktiven der Siegermächte, die in Teilen kriegsrechtlicher Art sind und mit der Zeit immer anachronistischer werden. So steht laut alliiertem Recht auf Delikte wie unerlaubten Waffenbesitz (in-klusive Stichwaffen) oder unbefugtes Tragen alliierter Unifor-men die Todesstrafe, die tatsächlich jedoch niemals verhängt wird. Unter West-Berlinern hält sich das hartnäckige Gerücht, dass Personen, die sich gegenüber alliierten Militärs nicht ausweisen können, von diesen erschossen werden dürften.

ANDREWS BARRACKS

*J*n der Schule wurde ein neues, von der Schulleitung in-
itiiertes Oberstufenprojekt angekündigt, in dem es um
«Begegnung» ging, und zwar zwischen Oberstufenschülern (uns
also) und jungen, in Berlin stationierten amerikanischen Soldaten, aus unklaren Gründen auch GIs genannt.

Zur Eröffnung des Projekts gab es eine kleine Veranstaltung in
der Aula, zu der die Schulleitung sogar Pressevertreter eingeladen
hatte. Man verband offenbar einige Ambitionen mit der Sache.
Vorn saßen der Schulleiter und die stellvertretende Schulleiterin und neben ihnen vier uniformierte GIs. Die stellvertretende
Schulleiterin sprach ein paar wohlfeile, in Englisch gehaltene
Worte des Willkommens an Amerikaner, Presse und Schüler, in
denen es, wie nicht anders zu erwarten, um Austausch, Begegnung und die deutsch-amerikanische Freundschaft ging.

Dann stellten die Amerikaner sich vor, und am Schluss durften wir noch Fragen an sie richten. Markus Werkmeister wollte
wissen, wie es käme, dass ihre Schuhe alle so sehr glänzten. Der
eine mit den sehr kurzen Haaren erklärte, in der Army müsse man
immer glänzend geputzte Schuhe tragen, es gäbe aber auch dieses
schon per se glänzende Kunstleder, das man nicht dauernd polie-

ren müsste. Er besah sich die Schuhe seiner Kollegen und sagte, seine eigenen seien auf jeden Fall aus dem Kunstleder und diese und diese auch, nur der mit den längeren Haaren hätte blankpoliertes Echtleder an den Füßen.

Eine SFB-Reporterin fragte Silke und mich hinterher, wie wir das Projekt fänden und ob wir in unserem Leben schon mal was mit den hier stationierten Vertretern der alliierten Streitkräfte zu tun gehabt hätten. Wir sagten, dass wir oft auf dem Deutsch-Amerikanischen Volksfest waren, und auf dem Deutsch-Französischen auch.

Der nächste Termin des Projekts sah einen Besuch in den Andrews Barracks an der Finckensteinallee in Lichterfelde vor. Die zehn von uns, die sich nach der Einführungsveranstaltung zur Teilnahme entschlossen hatten, fuhren zusammen mit der stellvertretenden Schulleiterin in der U-Bahn bis Yorckstraße, danach mit der S-Bahn nach Süden, anschließend mit dem 3er-Bus. Wir merkten es unserer stellvertretenden Schulleiterin sofort an, dass sie öffentliche Verkehrsmittel nicht viel benutzte. Zum einen hatte sie keine Monatskarte und musste sich als Einzige einen Fahrschein kaufen, zum anderen zuckte sie bei jedem einsteigenden Freak und jedem U-Bahn-Musiker zusammen und sah sich um, als sei sie im Zoo.

Es war ein bisschen sensationell, die ganz eigene Welt der U.S.Army betreten zu dürfen. In Lichterfelde sah man oft GIs, morgens joggten sie durch die Straßen und sangen dabei diese Army-Songs, die man aus manchen amerikanischen Filmen kannte. Einer sang etwas vor, die anderen sangen es nach. In der Kirche gab es solche Wechselgesänge auch, nur weniger dynamisch. Wir hatten davon gehört, dass die Amerikaner kleine Städte in der Stadt hatten, mit eigenen Geschäften, eigenen Kinos und eigenen Clubs. Ihren eigenen Radiosender AFN kannten wir natürlich. Es gab auch ein paar Ami-Discos, die nicht auf Militärgelände, sondern frei zugänglich und mitten in der Stadt lagen, wie das

Chic am Adenauer-, das Silver Shadow am Breitenbachplatz und, bevor dort vor ein paar Jahren eine Bombe explodiert war, das La Belle in Friedenau. Die Ami-Discos galten als funky, standen aber auch im Ruf, zu viele Frauen vom Typus blondierte Sekretärin anzuziehen. Ob das stimmte, wusste ich nicht.

In Amerika war gerade Thanksgiving, und wir waren in den Andrews Barracks zum Essen eingeladen. Der GI mit den kurzen Haaren holte uns am gutbewachten Eingangstor ab und führte uns in eine Art Cafeteria, wo es schon im Eingangsbereich auf unerklärliche Art amerikanisch roch; ein wenig zimtig, irgendwie. Ich hatte einen sofortigen Quimby-Flashback.

In der Cafeteria aßen wir mit diversen Angehörigen der Armee, heute alle in Zivil, und es waren auch ein paar Frauen dabei, sogar Kinder. Es gab natürlich Truthahn mit Soße, Cranberrys und Süßkartoffelbrei und zum Nachtisch Kürbiskuchen. Silke und Nicole waren mit von der Partie und fragten, was is'n dies und was is'n das, und überall an dem langen Tisch erklärten einzelne amerikanische Soldaten einzelnen deutschen Schülern, was sie da auf dem Teller hatten. Alle fanden alles toll, und unsere stellvertretende Direktorin strahlte über die gelungene Begegnung.

Unsere Amis kamen jetzt regelmäßig zu Besuch. Mal spielten sie mit den Jungs Basketball und mal saßen sie im Englisch-Leistungskurs und unterhielten sich mit uns. Ihre Aufstellung variierte stets ein bisschen, nur einer war immer dabei, nämlich der eine kurzhaarige, der offenbar einen höheren Dienstgrad hatte als die anderen und der als einziger ausgezeichnet Deutsch sprach. Sein Name war Matt.

Einmal fanden sich Matt, ein anderer Kurzhaariger und der eine mit den längeren Haaren zu einer Diskussionsrunde über amerikanische Außenpolitik zusammen. Das war garantiert deren eigene Idee gewesen, denn auf politische Debatten wollte die Schulleitung von jeher eher weniger hinaus. Im Raum saß der halbe Leistungskurs Politische Weltkunde (PW) und ein paar einzelne Interessierte.

Der mit den längeren Haaren hatte an dem Tag zusätzlich einen Dreitagebart, außerdem trug er einen Rollkragenpullover aus dicker Wolle und Öko-Schuhe. So konnte man also auch drauf sein in der U.S. Army. Matt und der andere hatten gebügelte Hemden an, und bevor ich nach sieben Schulstunden noch mal richtig auf Empfang gestellt hatte, ging es bereits hoch her zwischen Matt und dem Öko-GI. Sie waren ziemlich schnell beim Thema Iran und Irak, wobei Matt die Haltung seiner Regierung eher verteidigte und der andere sie eher ablehnte. Matt geriet immer weiter in die Defensive, während der Unrasierte referierte, wie die USA Saddam Hussein erst verteufelt und dann plötzlich unterstützt hätten. Je nach Interessenlage sei er mal ein böser und mal ein guter Diktator. Zwischen den beiden saß der dritte Typ und sagte gar nichts, und die stellvertretende Direktorin war sichtbar unglücklich über den Verlauf der Veranstaltung.

Der Unrasierte war hinterher ziemlich schnell weg, Matt und der andere hingen noch ein bisschen herum. Die stellvertretende Direktorin klopfte Matt auf die Schulter und sagte, er sei absolut im Recht mit seiner politischen Meinung. Dann machten wir uns alle auf den Weg nach Hause.

Auf Matt und seinen Kollegen wartete vor der Schule ein großes schwarzes Auto mit Chauffeur und laufendem Motor.

«Hey», sagte Matt zu Silke, Nicole und mir. «Ich will am Samstag ins Far Out gehen, kommt ihr mit?»

Wir sahen uns an und meinten: «Ja, klar.»

«Ich finde es aber nicht gut», sagte ich dann noch und deutete auf das wartende Auto, «dass da die ganze Zeit der Motor läuft. Den kann man doch auch anmachen, wenn man wirklich losfahren will. Sonst ist das nämlich Umweltverschmutzung.»

Matt guckte mich an und sagte: «Stimmt. Ich werde es dem Fahrer sagen.»

Nach 1945 übernimmt die U.S. Army die im Krieg weitgehend zerstörten Kasernenanlagen der Königlich Preußischen Hauptkadettenanstalt in Lichterfelde und baut sie unter dem Namen «Andrews Barracks» neu auf. Nach dem Abzug der Alliierten wird das Gelände mit Wohnhäusern bebaut, einige Teile werden vom Bundesarchiv genutzt.

Auf die Diskothek La Belle in der Hauptstraße 78 in Friedenau wird in der Nacht vom 4. auf den 5. April 1986 ein Bombenanschlag verübt, bei dem drei Menschen sterben und viele verletzt werden. Die Täter werden erst 2001 vom Landgericht Berlin verurteilt, wobei auch der politische Hintergrund der Tat und die Rolle der libyschen Regierung bei dem Anschlag zur Sprache kommen.

FAR OUT, LEHNINER PLATZ

*N*icole machte am Samstag mal wieder einen Rückzieher. Dafür hatte Johnny sich angeschlossen und Anja mit Carsten. Heike kam auch, aber ohne Gerald. «Er ist unpässlich», erklärte sie mir unterwegs in der U-Bahn.

«Was hat er denn?»

Sie imitierte einen leidenden Gesichtsausdruck und ein schwächliches Husten.

«Ah», sagte ich, «tödlicher Männerhusten.»

Wir trafen Silke und Johnny am Lehniner Platz, wo gegenüber vom Rondell der Schaubühne, aus der jetzt noch einzelne Theaterbesucher herauskamen, der Eingang zur Diskothek war. Auf pinkfarbenem Hintergrund stand in geschwungenen gelben Neonbuchstaben «far out» über einer Glastür, und dahinter hing als Erstes ein gerahmtes Bhagvan-Porträt.

«Was uns da wohl erwartet», meinte Silke.

«Was soll uns schon erwarten?», fragte Heike.

«Na ja, ich weiß ja nicht, so mit Bhagvan und so.»

«Denkste, du kriegst da gleich eine Gehirnwäsche?»

«Wird schon nicht so schlimm sein», sagte ich.

Der erste Unterschied zu anderen Diskotheken war, dass das Einlasspersonal nicht betont cool, sondern betont freundlich war, was sich an der Bar fortsetzte, wo gutgelaunte, in Rottönen gekleidete Menschen ihre Cocktailshaker zur Musik schüttelten. Das Licht war angenehm, die Luft war vergleichsweise gut, der Sound so, dass man sich noch unterhalten konnte. Das Publikum war sowohl stilistisch als auch in der Altersstruktur sehr gemischt, die Musik ebenfalls. Die Tanzfläche war groß und von unten beleuchtet, und von einem großen Bild blickte gütig der bärtige Guru auf die Szenerie herunter. Alle waren zufrieden. Die Sektenanhänger-Thematik wurde ganz entspannt als Kuriosum verbucht, sollten sie ihren Guru ruhig dort aufhängen, als Katholiken waren wir da tolerant.

Matt war schon drinnen, er hatte einen Army-Kollegen mit dessen Berliner Freundin dabei, sie mit hoch angesetztem Pferdeschwanz und Ringelpulli, er im karierten, ordentlich in die Jeans gesteckten Hemd und mit großen Zähnen. Matt stellte uns alle vor und besorgte anschließend eine Runde Getränke.

Es war schön, mal wieder mit den alten, knorpeligen Schulfuzzis unterwegs zu sein. Anja und Carsten verstanden sich hervorragend mit Matts Freunden, und Johnny, der inzwischen an der Uni war, stellte Matt viele Fragen. Silke, Heike und ich tanzten, und Matt sorgte immer für Getränkenachschub. Er bestand darauf, uns einzuladen. Wir amüsierten uns bestens, es wurde sogar spät.

Als die anderen schließlich alle gegangen waren, bot Matt Heike und mir an, uns in seinem Auto mitzunehmen auf dem Weg nach Süden. Er hatte in einer Seitenstraße vom Ku'damm geparkt, und Heike und ich staunten nicht schlecht, als er auf einen nagelneuen roten Chevrolet zusteuerte, der glänzte wie das Kunstleder der GI-Schuhe und dessen Türen sich nach oben hin öffneten wie bei dem Auto aus *Zurück in die Zukunft*. Heike setzte sich nach vorn, ich quetschte mich hinten rein. Dann machte Matt Musik an, die laut und glasklar von überall her kam, aber leider von Bruce Springsteen war. Heike und ich legten Einspruch ein, und Matt zählte die Alternativen auf. Schließlich einigten wir uns auf eine Motown-Compilation. Er hatte einen CD-Player im Auto, so etwas hatten wir noch nicht mal zu Hause. In seinem Ami-Flitzer fühlten wir uns wie die Ostler.

Matt bog auf den nächtlichen Ku'damm ein, und zum Gesang der Supremes cruisten wir über den Adenauerplatz, vorbei an den teuren Boutiquen, an Filmpalast und Marmorhaus und kamen schließlich auf die Kreuzung zur Joachimstaler Straße.

«Was ist eigentlich das da?», fragte Heike, als wir dort an der Ampel stehen blieben, und zeigte auf einen schicken Glaskasten, der auf einem Betonpfeiler hoch über diesem Pavillon thronte, der vorn einen Kiosk und hinten einen Zugang zum U-Bahnhof Kurfürstendamm beherbergte. Ich sah hoch zu dem Glaskasten. Er sah vollkommen vertraut aus in seinem Fünfziger-Jahre-Design, wahrscheinlich, weil ich ihn schon tausendmal gesehen hatte. Trotzdem hatte ich keine Ahnung, was das sein sollte. Ich war sogar total überrascht, dass der da überhaupt war, dieser Kasten, mit einer schönen alten Uhr und einem bequemen Drehstuhl drin. Ich kannte ihn und hatte ihn trotzdem noch nie bemerkt, obwohl die Frage ja schon berechtigt war, warum hier, an einer der markantesten Kreuzungen der Stadt, ein so merkwürdiges Konstrukt mit so unklarer Funktion über den Dingen schwebte. Wie konnte man nur so sein, so unaufmerksam immer.

«Das ist eine alte Verkehrskanzel.» Das wusste natürlich Matt. «Ich denke, von dort aus wurden früher die Ampeln gesteuert.»

«Ich hab das Ding bislang gar nicht richtig wahrgenommen», sagte ich.

«Ich auch nicht», sagte Heike.

In einem öden Dorf wie Quimby wollte ich immer alles wissen. Warum heißt Quimby Quimby, warum führt eine Schienenstrecke durch den Ort, aber nie ein Zug, warum gibt es so viele

Kirchen, und wie heißen sie, und warum kommt an Homecoming keiner nach Hause? Alle waren genervt von meinen Fragen gewesen. Aber durch meine eigene Stadt lief ich wie blind.

Matt gefiel sich außerordentlich in der Rolle des Stadterklärers und nahm deshalb nicht den kürzesten Weg, sondern kreuzte noch ein bisschen hier und dort entlang. Immer noch zum Sound alter Motown-Hits fuhren wir unter dem als «Sozialpalast» bekannten großen Wohnhaus über der Pallasstraße hindurch, und Matt erzählte, dass hier früher der Sportpalast stand, in dem Goebbels den «totalen Krieg» ausgerufen hatte. Dann zeigte er uns ein ominöses Gebilde, den Schwerbelastungskörper an den S-Bahn-Gleisen in der General-Pape-Straße. Einen umzäunten, bröckeligen, riesigen runden Klotz, der laut Matt von den Nazis da hingestellt worden war, um zu testen, ob der sandige Berliner Boden Albert Speers monumentale Bauphantasien überhaupt mitmachen würde.

In Mariendorf dirigierte ich Matt bis zu meiner kleinen Straße, dann brauste er mit Heike weiter zu ihrer kleinen Straße. In der nächsten Woche tat Heike, was sie seit Jahren tun wollte: Sie trennte sich von Gerald.

Bevor es einigermaßen intelligente Verkehrsleitsysteme gibt, werden an verschiedenen großen Kreuzungen in Deutschland Verkehrskanzeln gebaut, aus denen heraus die Ampelphasen manuell gesteuert werden. Die Verkehrskanzel auf dem Joachimstaler Platz steht unter Denkmalschutz, ebenso wie der darunterliegende Kiosk, unter dem sich wiederum eine öffentliche Toilette und der U-Bahnhof Kurfürstendamm befinden.

1928 eröffnet am Lehniner Platz das vom Architekten Erich Mendelsohn entworfene Kino «Universum» als größtes Filmtheater der Stadt. Nach Kriegsschäden neu aufgebaut, wird das Gebäude zunächst wieder als Kino, später als Musical-Theater und Tanzlokal genutzt, bevor es von 1978 bis 1981 vom Architekten Jürgen Sawade zu einem technisch modernen Theater umgebaut und vom Ensemble der Schaubühne am Halleschen Ufer unter dem Namen «Schaubühne» als feste Spielstätte übernommen wird.

Das Far Out besteht noch bis ins Jahr 2006, am Ende bevorzugt mit After-Work-Partys und Motto-Abenden.

IN DEN ZELTEN

*W*ir waren alle ein bisschen geschockt. Natürlich redete Heike immer davon, dass sie Schluss machen wollte mit Gerald, praktisch seit sie ihn kannte. Man hatte sie bereits vor sich gesehen, wie sie am Tag ihrer Goldenen Hochzeit zu uns sagen würde: «Ich weiß nicht, ich glaub, ich sollte mich trennen», aber gerade deshalb hatte ihre Beziehung so unerschütterlich gewirkt. Nun, wir hatten uns getäuscht. Ein Amerikaner in einem roten Chevy war in ihr Leben gebraust und hatte Gerald ausgebootet, auch wenn Heike bislang noch so tat, als hätte Matt nichts zu tun mit ihrer Entscheidung, immer schön darauf verweisend, dass sie doch schon ewig gesagt hätte, sie wolle Schluss machen.

«Ja, eben», sagten wir. «Das sagst du immer schon.»

«Ja, also», sagte Heike.

Wir waren auf dem Weg ins Tempodrom, wo es seit dem letzten Sommer ein neues Festival gab, das sich «Heimatklänge» nannte und unter dem Slogan «Umsonst und draußen» firmierte. Das musikalische Thema in diesem Sommer war «Orient». Natürlich hatten wir keine Ahnung von der orientalischen Musikszene, aber das war egal. Es war umsonst, es war draußen, und es begann nicht erst um elf, sondern am frühen Abend. Bei solchen Rahmenbedingungen kamen alle möglichen Leute zusammen, Silke, Heike, Heikes Schwester Katja mit ihrem aktuellen Freund, und Holger hatte auch gesagt, dass er kommen wollte. Sogar Nicole war dabei.

Es war immer ein abenteuerlicher Weg zum Tempodrom, damals, als das Tempodrom noch ein echtes Zirkuszelt war. Der nächste Bahnhof war die S-Bahn-Station Lehrter Stadtbahnhof. Zwar war der Lehrter Stadtbahnhof von meiner Stammstrecke aus, der U6, mit nur einmaligem Umsteigen zu erreichen. Der Umsteigebahnhof jedoch war ausgerechnet Friedrichstraße, und der Weg von der U- in die S-Bahn führte durch denselben langen, surrenden Leuchtstoffröhrentunnel, durch den man auch gehen musste, wenn man Ost-Berlin besuchen wollte. Auf dem S-Bahnhof stand man dann da zwischen DDR-Beschilderung und Intershop; ein bizarrer Zwischenaufenthalt auf einem anderen Planeten, unterwegs zum Amüsement.

Der Lehrter Stadtbahnhof war nur eine Station vom Bahnhof Friedrichstraße entfernt und vor kurzem, anlässlich der 750-Jahr-Feier, komplett renoviert worden. Vorher war er mir immer wie eine Sandburg erschienen, jetzt war er eine modernisierte Sandburg. Am Lehrter Stadtbahnhof war nie viel los, es sei denn, es gab eine Großveranstaltung im Tempodrom oder auf dem Platz der Republik. Der Weg zum Tempodrom führte in Mauernähe entlang und dann über die von geflügelten Drachen aus rotem Sandstein bewachte Moltkebrücke rüber. Danach musste man gleich nach rechts in das grüne Areal hinein, aus dem bereits Musik zu hören war. Die Straße am Tempodrom hieß «In den Zelten», und lange dachte ich, sie hieße so wegen des Tempodrom-Zelts.

Auf der Bühne stand eine Band aus Marokko und spielte entsprechend marokkanische Musik. Silke und ich hatten Hunger. Wir stellten uns in der extrem langen Verpflegungsschlange an, und als wir uns mit Reis-Käse-Rollen und Getränkebechern in den Händen durch die Leute schlängelten, sagte Silke: «Da drüben ist übrigens Holger.»

Holger war mit Christian und Oliver gekommen. Silke und ich nahmen die drei mit zu den anderen, wobei ich unterwegs noch Diana begegnete, die ich wirklich lange nicht gesehen hatte. Diana hatte noch eine Freundin dabei, und die beiden schlossen sich an. Dann entdeckte ich Matt, wie er suchenden Blicks durchs Publikum ging. Er sah mich auch, kam sofort herbeigeeilt, und als ich sagte: «Die anderen sind irgendwo da vorn», strahlte er hoffnungsvoll, während ich mich fühlte wie eine menschliche Fusselrolle.

Als wir die anderen gefunden hatten, strahlte Matt noch mehr, und Heike strahlte auch. Christian und Oliver hatten sich bereits mit Diana und ihrer Freundin bekannt gemacht. Das Ganze erinnerte mich ein wenig an den Abend vor zwei Jahren, als ich am Ende sowohl Holger als auch Franziska in dem großen «Macht der Nacht»-Partyzelt an der Jafféstraße verloren hatte, und dabei spürte ich einen kleinen Stich. Da war doch noch was gewesen. Da war doch noch Georg Hacke. Mal gewesen.

«Sag mal», fragte ich Holger, «was mir grad so einfällt. Was macht eigentlich Georg Hacke?»

«Georg? Lustig, dass du fragst, der wäre fast mitgekommen.»

«Ah.» Ich trank einen Schluck aus meinem Becher. «Und dann isser aber doch nicht mitgekommen.»

«Nee, aber er meinte, vielleicht geht er später ins Rock-It.»

«Ah ja?»

Es gab eine Pause während des marokkanischen Konzerts, die ich gern dazu nutzen wollte, mal zu überlegen, wo man danach vielleicht noch hingehen könnte. Diana erwähnte eine 60s-Soul-Party im Statthaus Böcklerpark, und Christian fuhr sofort ab auf die Idee. Silke und Nicole wollten anschließend eigentlich nirgendwo mehr hin.

«Willst du auch dahin?», fragte ich Holger.

«Warum nicht», sagte er.

«Na ja, 60s-Soul-Party, weiß ja nicht.»

«Findest du doch gut, 60s Soul.»

«Ja, aber diese Partys.»

Holger sah mich etwas ratlos an. «Wo willst du denn lieber hin?»

Ich tat, als wüsste ich das grad selbst nicht so genau.

«Meintest du nicht vorhin, dass noch ein paar Leute ins Rock-It wollten?»

Die anderen wollten alle lieber 60s Soul, und so fand ich mich kurze Zeit später am Eingang zum Statthaus Böcklerpark wieder, das in einem Grünareal am Landwehrkanal in Kreuzberg lag. Dadrin war es eigentlich perfekt. Eine große Fete mit absolut phantastischer Musik, zu der alle tanzten und niemand herumstand. Aber ich war nicht zufrieden mit der Situation. Ich war sogar richtig schlecht gelaunt. Ein paar Mal wollte ich gehen, aber dann kam immer irgendein Lied, das so toll war, dass ich es noch hören musste. Zugleich ärgerte ich mich darüber, dass ich mich nicht locker machen konnte. Als Heike irgendwann neben mir stand und sagte: «Tschüs, wir gehen», womit sie wie selbstverständlich schon Matt und sich meinte, ergriff ich schnell die Mitfahrgelegenheit im Mattmobil.

Dank einer Erbschaft kann sich die Krankenschwester Irene Moessinger 1980 ihren Traum erfüllen: Sie gründet in einem Zirkuszelt am Potsdamer Platz einen eigenen Veranstaltungsbetrieb, das Tempodrom. 1985 zieht das zeitweilig insolvent gewordene Tempodrom um in den Tiergarten, auf ein Areal neben der Kongresshalle (heute: Haus der Kulturen der Welt), in die historische Straße In den Zelten, benannt nach den im 18. Jahrhundert dort aufgestellten Gastronomiezelten geflüchteter Hugenotten. Nach der Wende muss das beliebte Tempodrom dem Kanzleramt weichen, das in unmittelbarer Nachbarschaft gebaut wird. 2001 wird das neue Tempodrom eröffnet, ein in Zeltform gestalteter Festbau am Anhalter Bahnhof.

Das Weltmusik-Festival «Heimatklänge» findet 1988 bis 2006 in jedem Sommer mit wechselnden regionalen Schwerpunkten statt.

Der Lehrter Stadtbahnhof befindet sich auf der S-Bahn-Linie S3, die zwischen Friedrichstraße und Wannsee verkehrt, und ist vor dem Bahnhof Friedrichstraße der letzte Halt in West-Berlin. Die S-Bahn wird auch auf West-Berliner Gebiet bis Anfang 1984 von der Deutschen Reichsbahn der DDR betrieben (und deshalb von einem Großteil der West-Berliner boykottiert). Als die BVG die S-Bahn-Strecken am 9. Januar 1984 schließlich von der Reichsbahn übernimmt, findet am Lehrter Stadtbahnhof jedes Mal ein, von den Fahrgästen weitgehend unbemerkter, Personalwechsel zwischen BVG- und Reichsbahn-Mitarbeitern statt.

Obwohl der denkmalgeschützte Bahnhof 1987 für zehn Millionen DM saniert wurde, wird er im Sommer 2002 abgerissen, um Platz zu machen für den Bau des neuen Berliner Hauptbahnhofs.

FRIEDENAUER BÄUME

*E*s war nur eine Frage der Zeit gewesen, bis Oma umziehen musste. Erst wurde das eine Bein abgenommen, aber der olle Fuß tat ihr danach immer noch weh, wo immer er jetzt war, und dann fing der andere auch an. Die alte Wohnung im vierten Stock ohne Fahrstuhl konnte sie auch mit fremder Hilfe kaum mehr verlassen, das Bad war ihren Bedürfnissen nicht angemessen, und nachts konnte sie nicht mehr allein bleiben.

Ihre Kinder suchten ihr ein Zimmer in einem Pflegeheim in Friedenau. Sie hatte das Zimmer für sich und konnte ihre eigenen Möbel dort reinstellen; es gab große Fenster und einen großen Balkon. Vom Bett aus guckte Oma jetzt nicht mehr in einen Neuköllner Hinterhof, sondern auf einen Garten, an den sich der Spielplatz eines Kindergartens anschloss. Man konnte sie in den Rollstuhl setzen und sie durch die grünen Friedenauer Straßen fahren. Jeden Vormittag kam eine ihrer Töchter oder der Sohn und blieb bis zum Abend. Aber Oma war unglücklich. Sie vermisste die Wohnung, in der sie acht Kinder großgezogen und mit Tante Martha auf dem Sofa gesessen hatte, und das alte Bett, in dem Horden von Enkeln herumgesprungen waren und in dem der Opa gestorben war, nachts im Schlaf. Sonntags hatte meine Mutter Besuchstag bei ihr, und manchmal ging ich mit.

An dem Sonntag nach dem Abend im Statthaus Böcklerpark waren Mama und ich ausgiebig unserer gemeinsamen Passion des Spät-in-den-Tag-Reinschlafens nachgegangen, dann holte ich Schrippen, während sie den Frühstückstisch deckte. Als ich mit den Schrippen zurückkehrte, sagte sie: «Holger hat angerufen.»

Nach dem Frühstück rief ich Holger zurück.

Er sagte: «Du wolltest doch wissen, was Georg Hacke macht.»

«Wieso?»

«Wärste mal gestern noch 'ne Viertelstunde länger geblieben, dann hätteste ihn fragen können.»

«Ah ja?»

Dreck. Verdammter, verdammter Dreck.

«Ich hab aber auch noch was Gutes für dich», meinte Holger. «Nächsten Samstag ist mal wieder EKH-Fete.»

«Uff.»

«Jetzt tu nich so. Da gehn wir hin.»

«Mal gucken.»

«Kannste dir ja noch überlegen. Mariola, ich und Georg gehen jedenfalls.»

Oma lag im Bett, guckte zum Fenster raus und schnalzte mit ihrem Gebiss.

«Hallo», rief meine Mutter.

Oma drehte den Kopf, konnte aber noch nicht viel erkennen. Ich beugte mich über sie und sagte: «Hallo, Oma.»

«Ach!» Sie lachte. «Das Ulrikchen!»

An der Wand gegenüber vom Bett hing ein großes gerahmtes Foto vom Opa im Garten, wie er stolz seinen Fliederbusch präsentiert. Er hatte noch im hohen Alter dicke schwarze Haare und eine gewisse Ähnlichkeit mit Freddy Quinn. Ich sah mir das Bild genauer an, und Oma sagte: «Ja, ja. Der Papa. Mit seinem Flieder.»

Oma klagte, ihr sei warm. Meine Mutter schüttelte die Bettdecke auf und schlug sie zurück, jetzt lag die Oma da, inzwischen ganz ohne Beine, ein schmales Rümpfchen von der Länge eines dreijährigen Kindes. Wir setzten sie in den Rollstuhl, meine Mutter legte eine leichte Decke über Omas Beinstümpfe, und dann gingen wir raus in die Sonne. Schoben sie unter den Alleebäumen entlang bis zu dem grünen Platz, wo wir uns an den Brunnen mit der hohen Steinskulptur setzten, die, für einen Brunnen nicht dumm, eine Impression der Sintflut darstellen sollte. Da saßen wir wie immer eine Weile, Oma guckte in die Bäume, wiegte den Kopf nach links und nach rechts und machte: «Hmmm, hmmm», als ob sie sagen wollte: «Also, diese Bäume, die sind mir schon welche.» Und wie immer kam auch irgendein Hund angelaufen, um sich schwanzwedelnd von meiner Oma den Nacken kraulen zu lassen.

Auf dem Rückweg erzählte sie, wie immer, wenn wir die Handjerystraße passierten, dass ihre alte Neuköllner Straße früher auch Handjerystraße geheißen habe, beziehungsweise Prinz-von-Handjery-Straße, bevor sie zeitweilig in Adolf-Hitler-Straße umbenannt wurde und danach in Briesestraße.

Vor der Rollstuhlrampe zum Wohnheim verabschiedete ich mich von Mutter und Großmutter, ging zum Friedrich-Wilhelm-Platz und nahm die U-Bahn nach Hause. Mir gegenüber saß ein altes Ehepaar. Erst sagten sie lange nichts zueinander, dann sagte sie, wahrscheinlich in Bezug auf irgendetwas lang davor Gesagtes: «Weißte doch.»

Dann, nach einigen Minuten, er: «Na ja, nu.»

Ich dachte: Noch sechsmal schlafen bis Samstag.

Friedenau ist ein kleiner Ortsteil des Bezirks Schöneberg, der auch für seine Schriftstellerdichte bekannt ist. In Friedenau wohnen, unter anderem und verteilt über verschiedene Dekaden, Kurt Tucholsky, Erich Kästner, Uwe Johnson, Günter Grass und Herta Müller.

BERLIN TOURIST INFORMATION

*A*m Samstag versuchte ich lieber gar nichts zu erwarten, noch nicht einmal, dass Georg überhaupt da sein würde. Ich sah ihn aber schon von weitem vor dem EKH stehen; die Hände in den Hosentaschen, plauderte er mit Holger und Mariola. Als ich kam, grinste er und sagte: «Lange nicht gesehen.»

Ich bekämpfte eine innere Heike, die reflexhaft «Und doch wiedererkannt» sagen wollte, und sagte stattdessen: «Sehr lange.» Das war viel schöner und viel mutiger. Und zahlte sich sofort aus, als Georg danach meinte: «Viel zu lange!»

Drinnen trafen wir unweigerlich auf viele Bekannte, was in diesem Fall ein Nachteil war. In irgendeiner Disco wären wir zusammen reingegangen und dann zusammen dadrin gewesen, hätten nebeneinander herumgestanden und miteinander getanzt, aber hier wurden wir gleich zerrieben zwischen all den Leuten, die wir kannten. Ich konnte mich auf niemanden richtig konzentrieren und hielt immer mit einem Auge Ausschau nach Georg, den ich einmal mit Holger in einer Gruppe von ehemaligen Schülern stehen sah und dann mit zwei Mädchen, die ihn beide ganz offensichtlich und ganz ekelerregend anflirteten. Es war eine Scheißfete, die nur gut war für den allerletzten Beweis, dass die Ära der Feten jetzt wirklich zu Ende war. Irgendwann tauchten

Holger und Mariola wieder neben mir auf, aber nur um sich zu verabschieden.

«Ich komm mit», sagte ich.

«Wo is'n Georg?», fragte Holger.

«Keine Ahnung.»

Sie nahmen mich in Mariolas Auto mit zur U-Bahn, und ich bewunderte, wie lässig Mariola ihren VW Käfer durch die Stadt lenkte, als wäre es nichts. Als wir gerade vor einer roten Ampel standen, fragte mich Mariola, ob ich Interesse an einem Job bei der Privatzimmervermittlung in der Berliner Tourist-Information hätte. Sie habe da im letzten halben Jahr gearbeitet, wolle jetzt aber bei einer Fotografin als Assistentin anfangen, und deshalb könnte ich ihren Platz übernehmen.

«Ist total gut da», meinte sie. «Da jobben lauter Studenten, und du musst nur Zimmer finden für Touristen. Alles ganz angenehm und gut bezahlt.»

Natürlich wollte ich so einen Job übernehmen.

Die zentrale Privatzimmervermittlung des Verkehrsamts Berlin (es wurde großer Wert darauf gelegt, dass es *nicht* Fremdenverkehrsamt hieß) befand sich zusammen mit der Berlin Tourist Information ebenerdig im Europa-Center, Eingang Budapester Straße. Tatsächlich waren alle anderen, die dort arbeiteten, Studenten. Wir saßen ungefähr zu zehnt um ein großes Rondell herum, vor uns je ein Telefon und in der Mitte des Rondells die Karteikarten mit den verfügbaren Privatzimmern, geordnet nach Standard, Lage und Bettenzahl und bekritzelt mit allerlei Vermerken: «Total unfreundliche Zicke»; «Nur bei mehr als einer Übernachtung!»; «Keine Englischkenntnisse»; «Achtung: ohne Frühstück!». Oder: «Will keine Schwarzen und keine Schwulen (angeblich ‹wegen der Nachbarn›)».

«Der Tante möchte ich gern mal einen afrikanischen Transvestiten vermitteln», kommentierte ein Kollege.

«Und zwar im Rollstuhl und mit Augenklappe und Papagei auf der Schulter», ergänzte ein anderer.

Ins Foyer kamen Touristen, die entweder kein Hotelzimmer mehr finden konnten oder keines wollten. Deren Wünsche und Bedürfnisse wurden auf Zettel geschrieben und zu uns nach hinten gereicht: «Spanisches Ehepaar, bisschen Englisch, 3 Nächte, möglichst zentral.» «Möglichst zentral» stand fast immer drauf. Dann fing man an, etwas Passendes aus der Kartei herauszusuchen und die Gastgeber anzurufen. Für gewöhnlich dauerte das eine Weile, denn meistens war keiner zu Hause, und wenn jemand ans Telefon ging, hieß es oft: «Passt leider gerade gar nicht, aber sonst immer gerne.» Oder man sollte erst einmal ausführlich erklären, «was das denn für welche sind». («Wie gesagt, ein Paar aus Spanien, so um die fünfzig vielleicht, besser kenne ich die jetzt auch nicht.»)

Wenn endlich jemand gesagt hatte: «Könnse vorbeischicken, die Leute, sagense denen aber nochma deutlich, sie müssen bei 27 B klingeln, die Letzten habens ewich nich jefunn, weilse imma bei 27 jesucht ham, is aba 27 B, sagense dis denen!», notierte man sich die Adresse auf einen Zettel, ging damit ins Foyer, rief sich das spanische Ehepaar herbei, erklärte denen auf einem großen laminierten Stadtplan an der Wand den Weg zu ihrem Gastgeber und kringelte das Ziel auch noch mal mit Kuli auf deren eigenem Stadtplan ein. Ich war immer froh, wenn die Leute nicht mit dem Auto unterwegs waren. Den schnellsten Weg mit der U-Bahn hatte ich ruck, zuck herausgesucht, aber wie man wo mit dem Auto am besten durchkam, war mir natürlich nicht geläufig. Die meisten wollten ohnehin ein Taxi nehmen.

«And be sure to go to number 27 B, okay?»

«¿…?»

«Numero 27 B! B!»

«B. Sí, sí, B.»

Das Verkehrsamt im Europa-Center machte morgens um halb

acht auf und hatte bis um halb elf am Abend durchgängig geöffnet, sieben Tage in der Woche. So viel Service bot sonst keine
Institution, die das Wort «Amt» im Namen trug. Meistens arbeitete ich am Wochenende, wenn es am vollsten war. Wenn einmal
ein paar Minuten nichts zu tun war, unterhielt man sich mit irgendwem, der auch gerade nichts zu tun hatte, normalerweise
darüber, was man studiert und woher man kommt. Mit meiner
Auskunft: «Ich komme aus Berlin und gehe noch zur Schule», war
ich dabei das exotischste Tier im Zoo. Am zweitexotischsten in
der Privatzimmervermittlung waren Leute, die nicht Kunst- oder
Geisteswissenschaften studierten, sondern Chemie oder Elektro-
technik. Früher hatte ich mal in einer Buchbinderei in der Bülowstraße gearbeitet; ich hatte Englisch-Nachhilfe gegeben und ein
paar Wochen Töpfe geschrubbt in einer Fachhochschul-Kantine
in Reinickendorf. Silke und Nicole jobbten beide bei C&A in der
Karl-Marx-Straße und Johnny und Stefan als Kartenabreißer
bei *Menschen Tiere Sensationen* in der Deutschlandhalle. Aber
nach allem, was ich gesehen und gehört hatte, war der allerbeste Job, den man überhaupt finden konnte, genau der hier, in der
Privatzimmervermittlung des Fremdenverkehrsamts, hier im
Europa-Center, zwischen Studenten, denen ich schon mal dabei
zuhören konnte, wie sie über die Uni redeten, Touristen, in
deren Stadtpläne ich Kringel reinmalte, und Berlinern, die in
ihren Wannseevillen, Schöneberger Altbauten und Spandauer
Reihenhäusern ein Zimmer hatten, das sie an Touristen vermieten
wollten.

Einmal wurde ich zum Telefondienst in der Verwaltungszen-
trale im Rathaus Schöneberg eingeteilt. Dort saßen wir zu viert in
einer Amtsstube und nahmen Anrufe von Leuten entgegen, die
ein Hotelzimmer in Berlin suchten. Uns fiel die Aufgabe zu, ihnen
zu erklären, dass bis Mitte September in der ganzen Stadt keine
Hotelzimmer mehr frei seien, allein schon wegen der Funkaus-
stellung. Es gäbe nur noch die Privatzimmer, und die würden ein-

zig vor Ort vermittelt. Fast alle Anrufer jaulten, tobten und weinten und erklärten uns, welche desaströsen Auswirkungen das jetzt für sie hätte. Ein Kollege hatte immer den Spruch parat: «Tut mir wirklich leid, aber Berlin hat nur eine begrenzte Zahl von Hotelzimmern, und ein Ausweichen nach außerhalb ist, wie Sie wissen, in dieser Stadt nicht möglich.»

Den übernahm ich. Diese Erklärung hatte etwas Seriöses und Offizielles, das den persönlichen Ärger der Anrufer in eine geopolitische Perspektive setzte, gegen die sie nichts sagen und schon gar nichts ausrichten konnten. Die meisten beruhigten sich daraufhin und sahen ein, dass vor allem die Mauer schuld war. Die Mauer, die DDR, die Russen, der Zweite Weltkrieg, Hitler.

«Jaja», sagten sie dann. «Natürlich, ist ja klar.»

Was waren ihre Hotelprobleme schon gegen die Probleme einer bipolaren Welt, die aufgeteilt war in Ost und West.

Die Freiheitsglocke läutete, endlich hatten wir Mittagspause.

Nachdem der amerikanische Militärgouverneur Lucius D. Clay die Blockade West-Berlins durch Einrichtung der Luftbrücke erfolgreich aufgebrochen hat, initiiert er als Vorsitzender des Nationalkomitees für ein freies Europa eine Spendenaktion, bei der eine Replik der berühmten «Liberty Bell» von Philadelphia (sie wurde geläutet, als die Unabhängigkeitserklärung 1776 verlesen wurde) für die Stadt Berlin gegossen werden soll. 1950 wird die neue Freiheitsglocke im Turm des Rathauses Schöneberg, dem West-Berliner Regierungssitz und Amtssitz des Regierenden Bürgermeisters und der alliierten Verbindungsoffiziere, aufgehängt und täglich um zwölf Uhr geläutet.

Sonntagnachmittags wird das Läuten der Freiheitsglocke im RIAS übertragen, begleitet vom feierlich gesprochenen Freiheitsgelöbnis: «Ich glaube an die Unantastbarkeit und an die Würde jedes einzelnen Menschen. Ich glaube, dass allen Menschen von Gott das gleiche Recht auf Freiheit gegeben wurde.

Ich verspreche, jedem Angriff auf die Freiheit und der Tyrannei Widerstand zu leisten, wo auch immer sie auftreten mögen.»

Im Sommer 1963 hält US-Präsident John F. Kennedy vor dem Rathaus Schöneberg seine berühmte Rede, in der zweimal die auf Deutsch gesprochenen Worte «Ich bin ein Berliner» fallen. Drei Tage nach seiner Ermordung im selben Jahr wird der Platz vor dem Rathaus in «John-F.-Kennedy-Platz» umbenannt.

MADHOUSE

*D*er eine Verkehrsamt-Kollege, der mit dem guten Telefon-
spruch, lud mich nach der Schicht im Rathaus noch auf
ein Getränk in eine Kneipe in der Akazienstraße ein. Er studierte
Soziologie an der Freien Universität und beschäftigte sich für ein
Referat gerade intensiv mit dem Untergang der Titanic, worüber
er sehr interessant reden konnte. Wir glichen unsere Dienstpläne
ab und verabredeten, nach der nächsten gemeinsamen Schicht im
Europa-Center irgendwo ins Kino zu gehen.

Unterdessen braute sich weiterhin allerlei zusammen. Erst
waren ja schon die vielen Polen gekommen, weil sie das plötzlich durften, um zwischen Schlammlöchern am Potsdamer Platz
zu verkaufen, was sie hatten. Dann fingen DDR-Bürger an, in
westdeutschen Botschaften zu campieren, dann sah man in den
Nachrichten Michail Gorbatschow mit seinem freundlichen runden Gesicht, wie er vor dem 40. Jahrestag der DDR erklärte, Erich
Honecker sei nicht mehr ganz auf der Höhe der Zeit. Man sah,
wie sich Legionen von DDR-Bürgern nicht nur zum Rufen versammelten, sondern auf die Straße gingen, um gut organisiert zu
demonstrieren.

Am Tag der Verabredung mit dem Titanic-Experten merkte

ich, wie wenig Lust ich auf dieses Date hatte. Wir sahen einen Film in dem kleinen, auf den letzten Metern der Kantstraße versteckten Olympia-Kino am Zoo, aber als der Typ danach vorschlug, irgendwo noch was zu trinken, sagte ich, dass ich nach Hause müsse. Als ich dort ankam, war Honecker ganz frisch abgesägt.

Manche Leute stellten jetzt schon Mutmaßungen darüber an, wie lange es die DDR überhaupt noch geben würde. Und diese Mauer.

Mariola meinte: «Nächstes Jahr ist die Mauer weg.»

Wir standen im Rock-It herum und lachten.

«Nicht lachen!», rief sie. «Nächstes Jahr: Mauer weg.»

«Ja», sagte Holger, «so schnell geht das nicht. Leider.»

«Geht ratzfatz.» Mariola zündete sich eine Zigarette an.

Keine zwei Wochen später krachte es. Im Fernsehen sagte Günter Schabowski etwas Unfassliches über unverzügliche Erteilung von Ausreisevisa, und kurz danach sah man schon die Bilder von denen, die ihn umgehend beim Wort genommen hatten. Alle riefen sich gegenseitig an, damit keiner aus Versehen unwissend zu Bett ging, und Holger sagte, man werde sich morgen Nachmittag bei Mariola treffen, um dann irgendwohin zu fahren, wo sich die Ost-West-Massen entgegentaumeln. Meine Mutter und ich blieben noch lange wach und sahen die Dauer-Sondernachrichten.

Am Morgen hörte ich im Radio, dass die Senatorin für Bildung, Jugend und Sport es den Berliner Schulen freistellte, nach den ersten zwei Unterrichtsstunden zu schließen, damit die Schüler Gelegenheit hätten, da hinzugehen, wo sich die historischen Vorkommnisse ereigneten. Als ich danach das Haus verließ, prallte ich schon auf dem Weg zur Bushaltestelle auf solche Vorkommnisse. Vor dem Obststand an der Ecke stand eine Ostfamilie, sich in wechselnden Konstellationen vor Obst fotografierend, und auf dem Mariendorfer Damm war jedes zehnte Auto ein Trabbi. Der Bus war um einiges voller als sonst, speziell auf dem Oberdeck war ordentlich was los. Vor dem Postamt, an dem der Bus auf halber

Strecke zur U-Bahn vorbeikam, hatte sich eine rätselhafte Schlange gebildet, und an der Station vor der Post rumpelten einige Leute vom Oberdeck herunter, um sich noch hintendran zu stellen.

In der U-Bahn herrschte fast wieder Normalität, nur ein paar wenige Ostler waren zu sehen, gut erkennbar an ihren fisseligen Frisuren, den Stonewashed-Jeans und den grauen Schuhen. Bis auf die Schuhe sahen sie eigentlich genauso aus wie Amerikaner vom Dorf. Ab Mehringdamm herrschte dann erneut kompletter Irrsinn. Bahnsteige, Treppen, Rolltreppen, Züge, alles total überlaufen, mit einem Ost-West-Quotienten von ungefähr fünfzig zu fünfzig.

Auf dem Weg durch die Passage, wo nach längeren Bauarbeiten endlich das prächtige Kino eröffnet hatte, spekulierten wir auf einen kurzen Schultag. Immerhin lag der Grenzübergang Sonnenallee gleich um die Ecke, da könnte man doch hinfahren. Nur Nicole war der Meinung, dass unsere Schule, an der man mit Stolz darauf blickte, dass niemals auch nur eine einzige Unterrichtsstunde ausfiel, selbst heute nicht von ihrer Linie abweichen würde.

«Schulfrei? Träumt weiter.»

«Nicole, falls du es noch nicht bemerkt hast, es geht hier nicht um Hitzefrei oder so. Es ist ein historischer Tag», sagte Anja.

«Dem historischen Tag ist es nur vollkommen schnurz, ob wir frei bekommen oder nicht, und die Schulleitung gibt uns niemals frei, auch wenn die ganze Mauer fällt.»

«Die ganze Mauer fällt doch gerade!»

«Ja, sag ich ja.»

Über den zentralen Lautsprecher gab es eine Durchsage vom Direktor: Kein schulfrei. Die historischen Ereignisse, sagte er, würden auch nach Schulschluss nicht beendet sein, noch früh genug könnte heute jeder daran teilhaben.

Wir waren empört. Das Sowjetimperium mochte dieser Tage abweichen von allen möglichen Doktrinen, aber unsere Schuldoktrin ficht das nicht an. Die stand fester als der antifaschistische Schutzwall. Nur Nicole blieb gelassen in ihrem Triumph.

«Hab ich euch doch gleich gesagt», meinte sie in der Pause.

Alle anderen Schulen machten dicht, und während wir versuchten, uns auf Vektorenrechnung zu konzentrieren und im Kunstunterricht ein Piktogramm für die Cafeteria zu entwerfen, strömten deren Schüler schon zu den Grenzübergängen oder zum Brandenburger Tor.

Gleich nach dem Unterricht fuhr ich zu Mariola, die am Südstern eine kleine Wohnung zur Zwischenmiete bezogen hatte, von irgendeiner Bekannten, die zum Studieren nach Frankreich gegangen war. In Berlin eine Wohnung zu finden war fast zu einem Ding der Unmöglichkeit geworden, auch von daher käme es ganz gelegen, wenn sich das räumlich abgezirkelte Halbstadtleben etwas erweiterte.

«Komm rein», sagte Mariola. «Ich mach gerade Spaghetti.»

Auf ihrem Bett saß Holger mit einer Zeitung in der Hand. Und auf ihrem Schreibtischstuhl saß Georg Hacke. Das traf mich etwas unvorbereitet.

«Oh», sagte ich. «Hallo.»

Georg stand auf und bot mir den Stuhl an.

Ich setzte mich auf den Stuhl, Georg auf den Fußboden. Er strahlte mich an und sagte: «Wahnsinn, oder?»

Darüber war ich einen Moment lang sehr irritiert, aber dann dachte ich: Ach ja, die Mauer, und antwortete: «Ja, unglaublich.»

Holger sah von der Zeitung hoch: «Ach so! Wisst ihr, warum da überall Leute an den Postämtern Schlange stehen?»

«Nee», meinte ich. «Warum denn?»

«Begrüßungsgeld abholen.»

Mariola reichte jedem einen Teller Nudeln. Ich bekam vor Aufregung kaum etwas herunter, konnte aber nicht mehr genau unterscheiden, woher die Aufregung rührte, von den «Vorkommnissen» oder von Georg.

«Wo wollen wir denn nun hin?», fragte Holger.

«Ku'damm», sagte Mariola.

Georg nickte. «Ja, Ku'damm.»

«Kommen noch mehr Leute?», fragte ich.

«Nö», sagte Holger. «Würde sonst auch etwas voll werden im Auto.»

Es war gerade noch hell, als wir in Mariolas Käfer stiegen; Georg und ich kletterten nach hinten auf die Rückbank. Die Wege in die City waren verstopft mit Autos von überall her, aber wir kamen trotzdem durch bis zur Lietzenburger Straße, wo wir den Wagen stehen ließen. Zu Fuß gingen wir weiter Richtung Ku'damm.

Schon in der Augsburger gab es ein Riesengedrängel, und wir wurden dreimal in starkem Ost-Berlinerisch gefragt, ob man denn auf dem richtigen Weg zum Ku'damm sei, einmal von einem vielleicht fünfzehnjährigen Mädchen, das in der überfüllten U-Bahn ihre Freundinnen aus den Augen verloren hatte.

«Wir wollten alle zum Ku'damm», sagte sie. «Da find ick die ja vielleicht wieda.»

«Könnte schwierig werden», meinte Holger. «Aber kannst ja erst mal mit uns kommen.»

Sie hieß Vera und kam aus Hohenschönhausen. Ich blamierte mich mit der Frage, ob das in Berlin sei, worauf sie mich ansah und meinte: «Wo'n sonst?» Den anderen war das mit Sicherheit auch nicht klar gewesen.

Auf dem Ku'damm lief alles zusammen, die ganze Stadt, Ost und West, Tempelhof und Treptow, Mariendorf und Hohenschönhausen. In zwei großen Strömen gingen die Menschen auf der einen Seite den Ku'damm hoch und auf der anderen Seite hinunter, und für die Größe dieses Auflaufs war es merkwürdig still. Es war kein Volksfest, es gab keine Buden und keine Bühnen, keine Musikbeschallung und keine Hüpfburgen. Es war ein ungeplantes, unorganisiertes Dortsein mit dem einzigen Ziel, offenstehenden Mundes herumzugehen, zu gucken und zu begreifen.

Einzig an der Kreuzung zur Joachimstaler gab es ein wenig Gelärme, dort war der Verkehr zum Stillstand gekommen. Die Leute turnten auf den Autos herum, hupten, grölten und reichten Sektflaschen herum, manche hatten ihre Autoradios auf Anschlag gedreht. Jetzt da oben in der Verkehrskanzel sitzen, dachte ich.

Ein paar Meter weiter, bei *Joe am Ku'damm*, gab es Freibier und moderate Musikbeschallung nach draußen. Vera sagte ein paar Mal: «Ick fass dit allet nich.»

In der Uhlandstraße sahen wir eine Schlange vor einem Geschäft, es war ein Erotik-Center. Ganze Familien standen davor, das verblüffte sogar Mariola.

«Da woll'n Sie doch nicht rein», sagte ich zu einer Frau, die mit zwei halbwüchsigen Töchtern auf Einlass wartete. «Das ist ein Pornokino.»

Mit konfusem Blick sah sie mich an.

«Doch!», rief sie. Dann wischte sie mit einer Hand durch die Luft und sagte, damit ich es ein und für alle Mal wisse: «Wir ham doch so wat noch nie jesehn!»

Vera strahlte plötzlich. «Tante Hertha!», rief sie und stürzte auf eine ältere Dame weiter vorn in der Sexshop-Schlange zu, der sie tränenreich in die Arme fiel. Sie drehte sich noch einmal zu uns um und winkte. Wir winkten zurück, dann setzten wir unseren Weg ohne sie fort. Holger und Mariola gingen vorneweg, Georg legte seinen Arm um meine Schulter.

Später an diesem Abend fuhren wir noch zum Tanzen ins Madhouse an der Hauptstraße in Schöneberg. Dort saßen an diesem wie an jedem anderen Freitag auch, auf einem Treppenpodest in einer dunklen Ecke, schwarz gewandet und deshalb quasi unsichtbar, die Gruftis und warteten, bis ihre Musik kam, um dann fledermausartig auf die Tanzfläche zu schwärmen und dort, in leicht nach vorn gebeugter Haltung, den Drei-Schritte-vor-drei-Schritte-zurück-Tanz zu performen.

Am 9. November 1989 verliest Günter Schabowski in seiner neugeschaffenen Position als «Sekretär für Informationswesen im Zentralkomitee der SED» während einer live übertragenen Pressekonferenz aus seinen Unterlagen einen Text über die Neuregelung der Ausreiseverfahren für DDR-Bürger vor, der zu diesem Zeitpunkt eigentlich noch nicht zur Veröffentlichung bestimmt war und aus dem praktisch hervorgeht, dass es keine Ausreisebeschränkungen mehr gibt, vulgo, dass die Mauer offen ist. Nachrichtenagenturen vermelden Minuten später die Öffnung der innerdeutschen Grenze.

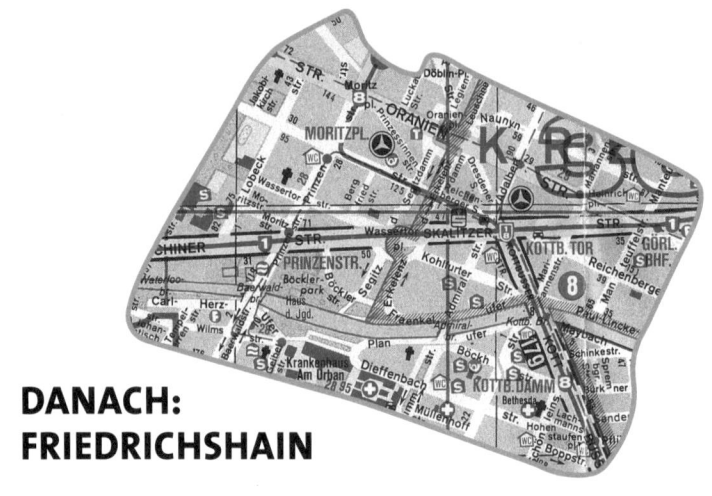

DANACH:
FRIEDRICHSHAIN

*W*ährend der nächsten Wochen fuhr ich morgens in einem äußerst komfortablen Reisebus zur U-Bahn. Weil die Busflotte der BVG nicht mehr ausreichte, um die vielen Menschen zu befördern, wurden alle möglichen Fahrzeuge als Linienbusse eingesetzt. Immer noch standen Menschen vor dem Postamt Schlange, immer noch war die U-Bahn sehr voll.

Kurz vor Weihnachten gingen Georg und ich, Holger und Mariola, Silke und Johnny und Heike und Matt zur offiziellen Öffnung des Brandenburger Tors. Es regnete die ganze Zeit, und keiner von uns hatte einen Schirm dabei oder eine Regenjacke. Völlig durchnässt fuhren Georg und ich hinterher mit zu Mariola, wo wir alle unsere Sachen auf die Heizung legten und danach wieder Mariolas Spaghettinudeln aßen.

Mit Holger und Mariola startete ich im nächsten Jahr diesen ersten Ausgehversuch in Ost-Berlin, bei dem Holger sich ausgiebig verfuhr und wir nach einem Bier irgendwo in Prenzlauer Berg wieder im Rock-It gelandet waren. Danach ließen wir den Osten vorerst in Ruhe. Manchmal kaufte ich mir eine *Zitty*, und nachdem ich die Comics alle durchhatte, las ich mit nicht allzu großem Interesse, was es jetzt für neue Clubs gab im Osten. Im Sommer, nach meinem Abi, fuhren wir raus ins neue Umland, an alle möglichen Seen, deren Namen meistens auf -itz endeten. Im Radio hörte ich den neu aufgestellten DDR-Jugendsender DT64, der so energiegeladen und experimentierfreudig klang wie lange nichts mehr.

Wenn wir ausgingen, fuhren wir weiterhin nach Neukölln oder nach Schöneberg oder in die Oranienstraße nach Kreuzberg. Die neuen Kommilitonen an der Uni aber gingen ausschließlich im Osten aus, und nachdem ich mal vom Trash und vom Sox und der Schnabelbar in der Oranienstraße erzählt hatte, kam ein paar Tage später einer an und meinte, er habe da letztens auch hingewollt, konnte aber keinen der von mir erwähnten Läden finden. Je ausführlicher ich es ihm beschrieb, umso ratloser sah er mich an. Erst an seiner Nachfrage: «Also, wenn ich jetzt vorm Tacheles stehe, ist das dann so schräg gegenüber?», merkte ich, dass er die ganze Zeit dachte, es ginge um die Oranien*burger* Straße in Mitte.

«Nein!», rief ich. «Doch nicht in der Oranienburger! Nicht im Osten! In der Oranienstraße ist das!»

«Ach so. Und wo ist die Oranienstraße?»

So waren die drauf, meine neuen Kommilitonen. Keinen Schimmer vom Westen.

Natürlich ging ich auch mal mit ihnen aus, dorthin, wo die eben so ihre Nächte verbrachten, in die Clubs von Mitte und Prenzlauer Berg. Einmal stand ich mit Anja plus Kommilitonen in so einem Ost-Laden. Es war voll und laut und stickig, und plötzlich sackte Anja in sich zusammen. Zwei Umstehende hoben sie auf und brachten sie nach draußen. Der eine von den beiden hatte sein Auto in der Nähe geparkt, da legten wir Anja schließlich auf den Rücksitz mit den Beinen nach oben. Sie war wach, aber ganz blass und benommen.

«Hat sie was genommen?», fragte der Typ, aber Anja hatte in

ihrem Leben noch nie «was genommen». Wahrscheinlich trank sie an Silvester immer noch am liebsten Tee.

«Ich fahr euch mal besser ins Krankenhaus.» Er war Medizinstudent.

In der Notaufnahme vom Klinikum am Friedrichshain war nicht viel los. Nur eine Frau von schwer abschätzbarem Alter mit langen fettigen Haaren saß dort im Warteraum. Als ich mich zu ihr setzte, nickte sie mir gleich zu und wollte wissen, weshalb ich denn da sei.

«Meine Freundin ist umgekippt», sagte ich.

Die Frau lachte und zeigte dabei ihre schlechten Zähne. «Drogen, wa.»

«Nein.»

«Denn Kreislauf.»

«Wahrscheinlich.»

«Ick warte auf mein Mann, der hat'n Messer in' Hals jekricht.»

«Weia!»

Sie winkte ab: «Halb so schlimm.»

Ein junger, leicht verschrammter Rechtsradikaler betrat den Raum und fläzte sich auf einen freien Stuhl.

«Na», sagte die Frau. «Habta euch jekloppt?»

Der Glatzköpfige spitzte die Lippen und nickte.

«Und mit wem habta euch jekloppt?»

«Na, mit so Zecken.»

«Und wegen wat habta euch jekloppt?»

«Na, wegen Deutschland.»

«Aha.» Sie lachte wieder diebisch. «Wo issn Deutschland?»

«Fängt im Westen anner Maas an und jeht bis zur Memel im Osten.»

Die Frau sah mich an, hoch amüsiert: «Hörste dit?»

Der Typ wollte noch etwas sagen, aber die Frau hatte ihren Aufmerksamkeitsfokus schon wieder verschoben. Sie guckte an mir vorbei zur Tür und stand dann auf. Ich drehte mich um und sah einen Mann mit einem Loch im Hals. Die Frau stellte sich zu ihm.

«Jeht schon, jeht schon», sagte der Mann.

«Und, wat haste jesagt?» Sie sprach jetzt etwas leiser.

«Na, nüscht hab ick jesacht.»

«Tut mir ja ooch leid.»

«Jajaja.»

«Wat sagenwa, wenn die Polizei nochma nachfragt?»

«Na, willste in Knast?»

«Nee.»

«Denn sagenwa janüscht.»

Als Nächstes kam Anja durch die Tür. Sie war immer noch ein bisschen blässlich, aber das war jetzt wirklich halb so schlimm.

Aufgrund von Verbindungen zum Neuen Forum steht der DDR-Jugendsender DT64 unter Beobachtung des Ministeriums für Staatssicherheit (MfS). Am 8. November 1989, dem Tag vor der Grenzöffnung, spricht die Belegschaft des Senders ihrer Leitung das Misstrauen aus, zwei Tage später wird eine Morgensendung live vom Kurfürstendamm ausgestrahlt; erste Kontakte zum SFB werden aufgenommen. Ab dem 1. April 1990 sendet DT64 ein eigenes 24-Stunden-Programm unter dem Motto «Power from the Eastside», ein langfristiges Bestehen des Senders ist aber nicht gesichert. Trotz breiter Proteste wird DT64 Ende 1991 abgeschaltet.

TIERGARTEN

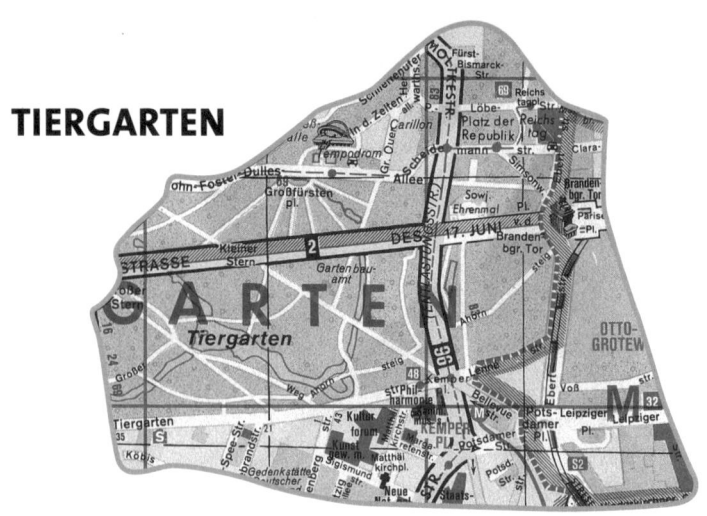

*J*m Frühling unternahmen Georg und ich abermals einen
Ausflug zum Brandenburger Tor, das nun für Fußgänger
geöffnet war. Es war meine Vorstellung, eine fixe Idee von mir,
dass wir zusammen da durchflanieren, und zwar von Osten nach
Westen.

Wir fuhren zur Friedrichstraße, bogen Unter den Linden ein
und spazierten in der Mitte der Straße, die territorial und politisch immer noch zur Hauptstadt der DDR gehörte, auf das Tor
zu. Georg hatte seinen Arm wieder um meinen Hals geschlungen,
ich hielt meinen Daumen in seiner Gürtelschlaufe eingehängt.
Genau so gingen wir dann auch durch das Tor, das erstaunlich
groß und breit war, wenn man direkt darunter stand.

Mit den nächsten Schritten verließen wir die Hauptstadt wieder und betraten den uns bekannten Teil von Berlin, die Noch-
nicht-Hauptstadt. Wir gingen nach links in den Tiergarten, bis
wir kurz vor der Entlastungsstraße an einen kleinen See kamen,
auf dem wie von oben ausgekippt lauter beschriebene Papierblätter schwammen, die sich bis ans Ufer verteilt hatten. Ein kleiner

Hund preschte auf die weißen Blätter zu, jagte ihnen kurz nach, drehte dann ab und preschte weiter über die Wiese. Einen Besitzer konnten wir nicht sehen. Am Seeufer hoben wir ein paar Blätter auf, sie hatten offensichtlich mal ein Tagebuch gebildet, das Tagebuch eines Mannes, der darin fast ausschließlich seine nicht ganz unkomplizierte Beziehung zu einer gewissen Monika protokollierte. Georg ließ die Blätter zurück auf den feuchten Boden fallen. Von weiter hinten kam ein Punker-Pärchen näher. Wir gingen weiter, während die beiden ans Seeufer traten, ein paar Seiten aufhoben, lasen, sie wieder fallen ließen und schließlich ihren Hund riefen, den sie originellerweise Honecker nannten.

Georg und ich überquerten die Entlastungsstraße und spazierten noch eine ganze Weile durch den Tiergarten.

Am Abend waren wir bei Franziska, die eine Auszugsparty in ihrer kleinen Corbusierhaus-Wohnung am Olympiastadion feierte, weil die eigentliche Mieterin sie wieder beziehen wollte. Es war sehr voll, und Georg und ich blieben die meiste Zeit auf dem Balkon, der nach Osten hoch über der Stadt lag. Je dunkler es wurde, umso heller glitzerten die Lichter, der Mercedesstern auf dem Europa-Center, das Postbankhaus am Halleschen Ufer, dahinter der Fernsehturm in Mitte, und alles andere dazwischen und ringsherum. Georg schlang seinen Arm um meinen Nacken.

Neben uns tauchte einer auf, den wir nicht kannten. Er öffnete eine Bierflasche und sagte: «Schön, wa?»

Im Juni 1990 wird an der Bernauer Straße mit dem offiziellen Abriss der Berliner Mauer begonnen. Im September 1994 sind alle alliierten Streitkräfte aus Berlin abgezogen: Franzosen, Briten, Amerikaner und Russen. Einzelne von ihnen bleiben als Privatiers in der Stadt. Die Entlastungsstraße wird zurückgebaut und durch den Tiergartentunnel ersetzt. Der Potsdamer Platz wird neu bebaut, im Jahr 2000 schlägt die Berlinale, die Internationalen Filmfestspiele Berlin, dort erstmals ihr Hauptquartier auf. Nach wie vor bleiben die meisten Berliner auch bei Umzügen innerhalb ihres angestammten Bezirks wohnen, selten ziehen sie vom Westen in den Osten oder umgekehrt. Der innerstädtische Verlauf der Mauer wird nach ihrem vollständigen Abriss durch einen Doppelstreifen von Pflastersteinen gekennzeichnet; um das ehemalige West-Berlin herum führt nun die Rad- und Wanderroute «Berliner Mauerweg».

DANK

Besonderer Dank gilt Carola Pietsch und den Mitarbeitern der Polizeiwache vom Abschnitt 55 für den Einblick in ihre Arbeit; Albrecht Metzger, dem Regisseur des Films *Der Doppelgänger*, fürs spontane Vorbeibringen seiner Filmdokumente; Lutz Göllner für den Zugang zum Analog-Archiv der *Zitty* und meinen Tanten für die alten Geschichten.

Geschichten vom Arsch der Welt

«Gut ist an einer Kindheit auf dem Land: Natur, Baumhäuser, nette Nachbarn und viel Platz. Danke dafür! Sorry, für all das, was jetzt folgt. Eine Pubertät auf dem Land ist nämlich die Hölle.»

Mit viel Witz erzählt Philipp Mattheis von seiner Jugend in Dingenskirchen, vom aussichtslosen Flirten mit der Dorfschönheit, von Randale an der Bushaltestelle, Saufgelagen hinter der Scheune und von der Sehnsucht nach der großen, weiten Welt – pointiert, sarkastisch und manchmal auch ein bisschen wehmütig.

Sb 011/1 · Rowohlt online: www.rowohlt.de · www.facebook.com/rowohlt

rororo 62764